保安与反海盗技术

主　编　邓术章　任　威

副主编　周兆欣　张　强

主　审　赵同岳　郭好乐

大连海事大学出版社

图书在版编目（CIP）数据

保安与反海盗技术 / 邓术章，任威主编. 一 大连：大连海事大学出版社，2012.7
ISBN 978-7-5632-2738-9

I. ①保… II. ①邓… ②任… III. ①船舶安全一保卫工作 IV. ①U698

中国版本图书馆 CIP 数据核字（2012）第 175801 号

大连海事大学出版社出版
地址：大连市凌海路 1 号 邮编：116026 电话：0411-84728394 传真：0411-84727996
http://www.dmupress.com E-mail:cbs@dmupress.com
大连华伟印刷有限公司印装 大连海事大学出版社发行
2012 年 7 月第 1 版 2012 年 7 月第 1 次印刷
幅面尺寸：185 mm×260 mm 印张：17.25
字数：403 千 印数：1～1500 册
责任编辑：姜建军 李明阳 版式设计：晓 江
封面设计：王 艳 责任校对：杨 淼
ISBN 978-7-5632-2738-9 定价：35.00 元

《保安与反海盗技术》编写人员名单

主　　编：**邓术章　任　威**

副 主 编：**周兆欣　张　强**

参编人员：（依姓氏笔画为序）

王才范　王　涛　吕　静　陈洪瑞　张安西

序

保障船舶营运安全及防海盗工作是我们海运业同仁和一线船员们都在探索的课题。从海运业诞生的那一天起，海上武装抢劫、海盗就与海运业如影随形。“9·11”事件后，恐怖活动也逐渐成为海运业巨大的潜在危险。更令人担心的是，新型的恐怖活动与海上武装抢劫相结合，船舶所面临的非传统安全威胁越来越大。近年来，亚丁湾、索马里海域海盗活动猖獗，过往商船频遭劫持，给航运企业的生产经营和船员的生命安全造成严重威胁。虽然许多国家都派军舰护航，海盗仍然有恃无恐的对过往船只频繁袭扰，并没有从根本上解决海盗问题，船舶的防海盗工作依然面临着严重的压力。针对更为严重的反恐形势需求，国际海事组织（IMO）修订了《1974年国际海上人命安全公约》（SOLAS公约）第XI-2章，出台了《国际船舶和港口设施保安规则》，并于2010年6月在马尼拉召开的外交大会上修订了STCW公约，新增了保安培训和与训练有关的强制性最低要求、防海盗和武装抢劫的相关内容，为加强船舶和港口设施的安全起到重要的促进作用。

作为国际海事组织A类理事国，我国坚决反对一切形式的恐怖主义活动，同时也意识到构筑海上保安网络对建立安定的海上运输环境、促进航运业持续健康发展是至关重要的。为更好地履行国际公约，做好船舶和港口设施保安工作，中华人民共和国海事局制定和颁布了《中华人民共和国国际船舶保安规则》，规定了国际船舶保安工作的具体要求；修改、起草了涉及保安培训的“基本安全——个人安全与社会责任”、“船舶保安员”、“保安意识”、“保安职责”等专项培训考试大纲；同时针对保安局势的发展，海事局出台了一系列指南和指导意见，例如《中国籍国际航行船舶防海盗安全舱室功能设计指导意见》、《预防和应对亚丁湾及索马里水域海盗袭击工作指南》等。

船舶保安是海事安全的重要保障之一，是SOLAS公约强制性要求。随着STCW公约马尼拉修正案的全面实施，针对所有船员和航海教育在校学生的保安培训正全面展开。

《保安与反海盗技术》一书正是以《中华人民共和国国际船舶保安规则》为基础，结合STCW公约马尼拉修正案的要求，广泛借鉴船公司和船舶保安计划，以及船舶防抗海盗的成功经验，详细介绍了船舶和港口设施保安的诸项内容以及船舶保安工作中的重点和难点——反海盗技术，针对各地海盗不同的作案特点，对反海盗技术展开了全面的探讨。该书作者长期从事航海教学与科研工作，认真研读STCW新旧公约保安部分内容，查阅各国船舶保安相关规定及资料，采取多种形式广泛调研，并结合多次在远洋船舶工作的实践经验，在实践中整理完成了本书，这是团队合作的心血与结晶。

在《保安与反海盗技术》出版之际，希望山东辖区海事机构、航运公司、港口和培训机构共同携起手来，进一步研究保安防范措施，加强保安培训，提高船员的保安意识，为履行国际新公约、保证海上交通安全做出我们应有的贡献。

编者的话

2011年9月11日是“9·11”事件发生十周年纪念日。十年来，恐怖主义活动和“反恐”行动从没有停息，已经成为人类社会一项长期、艰苦和复杂的斗争。“9·11”事件惨重教训告诉人们，在今天的文明世界里，恐怖分子可能随时随地用各种办法制造事端，我们必须加强对恐怖活动的警觉，提高自身防范意识。

与此同时，国际海上的海盗活动甚嚣尘上。国际海事局（IMB）公布，截至2010年底，全年全球共发生海盗袭击和海上武装抢劫事件489起，被劫船只57艘，仅索马里附近海域就发生近300起海盗袭击事件，49艘船只遭劫持，被扣人质1 016人，海盗问题日渐升级。发生在索马里、红海、亚丁湾、阿拉伯海和印度洋海域的攻击范围更大、更加频繁、更具暴力。海盗劫持活动的筹码也变得更高：赎金高涨，“三湖梦幻”号油船的赎金高达950万美元。由此，国际海事组织（IMO）理事会一致同意2011年世界海事日的主题是“协调一致，打击海盗”，希望通过全方位的全球合作来最终根除海盗大患。在海上安全委员会（MSC）第89届会议上，IMO秘书长米乔普勒斯（Mitropoulos）先生谈到的第一个问题就是“加强对索马里沿岸海盗问题严重性的认识；敦促政府、航运业、商船和海军加倍努力消除非洲之角及更远水域的海盗事件；向海员传达信息，让他们知道我们非常关注他们的安危，特别是当他们不幸遭到海盗劫持时，我们更要将工作重点放到打击海盗上。”

为提高海员对海上保安、海盗和武装抢劫危险的意识及警惕，STCW公约马尼拉修正案将海上保安与反海盗技术条款纳入有关培训要求中，并于2012年开始实施。出于对配合相关培训项目的开展考虑，我们组织了一批曾直航过美国、保安经验丰富的船长及曾与海盗对峙过的船员，以及部分教学经验丰富的老师编写了本书，希望借此提高船员的保安意识和技能，改进船岸保安防范措施。

本书的编写分工是：邓术章、任威担任主编并编写了绪论和第一、二章，最后负责全书的统稿；陈洪瑞编写了第三章；王涛编写了第四、七章；吕静编写了第五章；周兆欣编写了第六章；王才范编写了第八、九章；张强编写了第十章。

本书在编写过程中，得到了青岛远洋运输公司安监部赵同岳部长、山东海事局船员处各位领导和专家，以及参加过索马里海域海军护航任务的郭好乐船长、威海东润国际船舶管理有限公司副总经理王兆奎船长和威海海事局王圣冰处长的大力支持。各位专家为本书的编写提供了大量珍贵资料，赵同岳部长、郭好乐船长还担任了本书的主审，在此一并表示衷心感谢。

囿于时间和水平，书中难免存在不足和错误，诚请批评指正。

编　者

2012年7月11日

目　录

绪　论

2001 年发生在美国的“9・11”事件表明，在今天的文明世界里，恐怖分子可能随时随地用各种办法制造事端，反恐怖活动是人类社会一项长期、艰苦和复杂的斗争。该事件发生后，以美国为首的西方发达国家在全球发起了加强保安、打击恐怖主义的活动。与此同时，在国际海事组织（IMO）内部，也加快了海上保安措施的立法步伐。2001 年 11 月，IMO 第 22 届大会同意制定关于船舶和港口设施保安的新措施，同月，IMO 海上安全委员（MSC）第一次召开特别会议，成立了保安工作组，开展 IMO 范围内的加强海上保安措施的立法工作。2002 年 12 月，国际海事组织召开缔约国政府大会（又称海上保安外交大会），对《1974 年国际海上人命安全公约》（SOLAS 公约）关于海上保安的第 V 章和第 XI 章进行了修改，将原来的第 XI 章改为 XI-1，新增了第 XI-2 章，通过了新的《国际船舶和港口设施保安规则》（International Ship and Port Facility Security Code，即 ISPS 规则），该规则于 2004 年 7 月 1 日全面生效并实施。

IMO 对 SOLAS 公约的修正，解决了危及国际海上安全、影响国际海运便利和效益的恐怖主义、海盗与武装抢劫、海上贩毒、走私、偷渡和其他非法行为等一系列历史上难以解决的国际立法难题。新的 SOLAS 公约修正案在立法上表现为三个特点：一是在缔约国政府、海事和/或港口主管机关、航运业、货主和相关的国际组织之间形成了紧密的国际合作框架；二是将海上保安这一特殊的法律范畴用修正 SOLAS 公约的方式来实现，大大加快了保安立法进程，为有效实施保安措施提供了更为快捷的途径；三是使 SOLAS 公约的法律性质发生了变化，即在纯技术和管理性的国际公约中加入了包含政治妥协的管理措施。

IMO 一系列的工作得到了联合国的肯定，2002 年 12 月，联合国大会在有关决议中赞赏国际海事组织关于海上保安的行动，并要求相关国家给予积极支持。一些国际组织也积极响应，2003 年 6 月，国际劳工组织第 91 届会议用 185 号公约替代了 108 号公约，制定了更加严密的海员身份证件制度。

近几年，海盗及武装劫持船舶事件频频发生，索马里海域及亚丁湾地区已经成了海盗事件高发区域。大量的海员被海盗所劫持，并作为人质来换取救赎金，无辜的海员、渔民及游客受到了身体及精神上的双重伤害，使得公众对海盗事件倍加关注。

随着航海环境日益恶化，IMO《1978 年海员培训、发证和值班标准国际公约》（STCW 公约）纳入了船舶保安培训的要求。2005 年，STW 第 36 次会议制定了船舶保安员的适任证书发证标准；2007 年 STW 第 38 次会议提出了对 STCW 公约和规则的修订，再次修改了船员保安知识和技能培训有关规定：将船上人员保安知识和技能培训分为三级，分别为基本保安意识培训、专业保安知识培训以及海上熟悉保安技能的培训（除船舶保安员培训外）。同时要求所有船上人员都应按照规则 VI/1 和第 A-VI/1 部分的内容要求接受基本保安意识训练；所有受雇或在船上工作并负有保安职责的人员还应接受符合规则 VI/6 要求的与船舶保安计划有关的专业保安知识培训；在船工作期间，船公司还应对所有受雇或船上人员进行熟悉保安技能的培训，这种熟悉保安技能的培训应由船舶保安员或具有同等资格的人员提供。

作为 SOLAS 公约和 STCW 公约的缔约国，我国交通运输部很早就制定了《中华人民共和国港口设施保安规则》和《中华人民共和国船舶保安规则》，细化了执行国际公约的强制要求，并且规定由交通运输部水运局和海事局分别负责这两个规则的实施工作。马尼拉会议后，中华人民共和国海事局又修改、起草了涉及保安培训的“基本安全——个人安全与社会责任”、“船舶保安员”、“保安意识”、“保安职责”等专项培训考试大纲。随着马尼拉修正案的全面实施，针对所有船员和航海类专业在校学生的保安培训正全面展开。

第一章 船舶保安法规

2001年9月11日，美国发生了震惊世界的“9·11”恐怖事件，对21世纪的国际关系和世界格局产生了猛烈冲击和深远影响，同时也给错综复杂的国际关系和地缘政治增添了更多新的变数，日益突出的非传统安全问题对世界的和平与稳定构成了严重威胁。该事件发生后，各国都迅速地采取了一系列保安措施。相比航空领域来说，海运业具有船员流动性强、来源广、海运中间环节多、货物多样性以及船舶登记管理制度不规范等特点，使其更易遭受恐怖分子袭击。各国政府对海上领土的管辖能力明显弱于对陆地领土的管辖。广阔的公海水域为恐怖活动的组织和准备提供了广阔的空间。

为防止恐怖分子将攻击目标转移到防护措施较弱的远洋船舶和港口设施上，提高船舶及港口的防范能力，2001年11月国际海事组织第22届大会一致同意制定关于船舶和港口设施保安的新措施，并于2002年12月召开的《1974年国际海上人命安全公约》缔约国政府大会（又称海上保安外交大会）上获得通过。

2002年12月9～13日，国际海事保安外交大会(Diplomatic Conference on Maritime Security)在伦敦召开，大会上通过了《1974年国际海上人命安全公约》（SOLAS 1974）第XI章有关海上保安一系列修正案，即“加强海上保安的特别措施”（Special Measures to Enhance Maritime Security)。另外还通过了影响深远的《国际船舶和港口设施保安规则》(International Ship and Port Facility Security Code—ISPS Code，即ISPS规则)，该规则分为强制性A部分和建议性B部分。上述修正案和规则按SOLAS公约的默认接受程序，于2004年7月1日生效。通过一系列海上保安强化措施，建立了海上保安新制度。

第一节 SOLAS公约修正案

《国际海上人命安全公约》（SOLAS公约）是涉及海上安全最早的国际公约，也是国际海事组织主持制定的基本公约。1912年，“泰坦尼克”（Titanic）号碰撞冰山沉没，造成1 503人死于非命。事隔两年，第一个海上人命安全公约（SOLAS 1914）出台了，虽然该公约一直未生效，但其建立的原则沿袭了下来。历经同样未生效的SOLAS 1929、SOLAS 1948之后，SOLAS 1960终于在1965年5月26日生效，我国政府于1973年10月5日加入该公约。

1974年，国际海事组织对SOLAS公约做了进一步修改，最终通过了《1974年国际海上人命安全公约》(SOLAS 1974)。公约适用航行于国际航线的客船（包括高速客船）、500总吨及以上的货船（包括高速货船）和移动式海上钻井平台设施，于1980年5月25日生效。目前该公约已有130多个国家参加，其商船合计吨位占世界商船总吨位的98%。

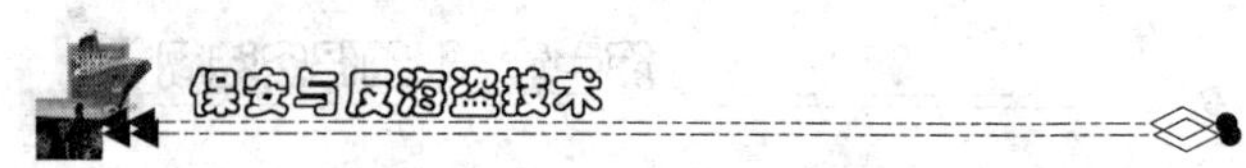

“9·11”事件后，国际海事组织迅速做出了反应，制定了《1974年国际海上人命安全公约》（SOLAS1974）修正案，对第V章及第XI章进行了修正，新增了第XI-2章，并于2002年12月在伦敦举行的IMO外交大会上通过了该修正案。

一、对SOLAS公约第V章的修正

SOLAS公约第V章修正案要求：2002年7月1日后建造的所有300总吨及以上的国际航行船舶、500总吨以上的非国际航行船舶和所有的客船均需配备船载自动识别系统（Automatic Identify System, AIS）；对于2002年7月1日以前建造的300总吨及以上的国际航行船舶、500总吨以上的非国际航行船舶，按吨位和船型规定了从2003年至2008年不同的配备日期。

此次修正将除客船和液货船外，300总吨及以上但小于50 000总吨的船舶配备AIS的日期全部改为2004年7月1日以后的第一次安全设备检验日之前，包括年度检查、定期检查或换证检查，但无论如何不得晚于2004年12月31日。如果在2004年7月1日到年底没有设备安全检查的安排，则要在修正案生效之前就必须做好准备。

二、对SOLAS公约第XI章的修正

原先的第XI章被重新编排为XI-1章“加强海上安全的特别措施”。

（一）对第3条船舶识别号的要求

2004年7月1日以前建造的100总吨及以上的所有客船，以及300总吨及以上的所有货船，应在不迟于2004年7月1日以后的第一次计划干坞检验之日，在船尾或船体中部左舷和右舷的最深核定载重线以上，或上层建筑左舷或右舷，或上层建筑正面等可见、明显的位置和机器处所、泵舱、滚装处所的舱壁上，永久性标注清晰可见的船舶IMO号码。

（二）第5条《连续概要记录》（CSR）

从2004年7月1日起，所有船舶均需配有由船旗国签发的《连续概要记录》（CSR），内容包括：船旗国、登记日期、船舶识别号、船名、船籍港、登记船东及其地址、光船承租人姓名及地址、公司名称及地址、所入级的船级社名称、ISM证书签发机关、保安证书签发机关和终止登记日期等。

上述记载内容有关的任何变化均应记录在《连续概要记录》中，以便提供最新的和当前的信息以及变化的历史。如果《连续概要记录》所记载的内容发生任何变化，主管机关应在自发生变化之日起的3个月内，向悬挂其国旗的船舶签发一份经修订和更新的《连续概要记录》或该记录的适当修正文件。在此之前，授权公司或船长进行修改，并随即通知主管机关。记录应使用英文、法文或西班牙文，还可以另外译成主管机关的官方语言，有统一的标准格式，不得修改、删除。当船舶变更船旗时，《连续概要记录》应保存在船上，随时可供检查。

三、新增第XI-2章“加强海上保安的特别措施”

第XI-2章分为13条，分别为：定义、适用范围、缔约国政府的保安义务、对公司和船舶的

要求、公司的具体责任、船舶保安警报系统、对船舶的威胁、船长对船舶安全和保安的决定权、控制和符合措施、对港口设施的要求、替代保安协议、等效保安安排和资料的送交。

第 1 条 定义

对船舶、公司、船/港界面活动、港口设施、船对船活动、指定当局、国际船舶和港口设施保安（ISPS）规则、保安事件、保安等级、保安声明、认可的保安组织做出了明确定义。

第 2 条 适用范围

适用于从事国际航行的客船（高速客船）、500 总吨及以上的货船（高速货船）、海上移动式钻井平台以及为此类国际航行船舶服务的港口设施，不适用于军舰、海军辅助船，或由缔约国政府拥有或经营的并仅用于政府非商业性服务的其他船舶。

第 3 条 缔约国政府的保安义务

主管机关应为悬挂其国旗的船舶规定保安等级，并确保向其提供保安等级方面的信息。缔约国政府应为其境内的港口设施和进入其港口前的船舶或在其港口内的船舶规定保安等级，并确保向其提供保安等级方面的信息。

第 4 条 对公司和船舶的要求

公司和船舶应满足本章节和 ISPS 规则 A 部分的要求，并参考 ISPS 规则 B 部分的指南。在进入缔约国港口前，或在缔约国境内的港口期间，如缔约国设定的保安等级高于船旗国设定的保安等级，船舶应满足缔约国设定的保安等级的有关要求。

第 5 条 公司的具体责任公司

应确保船长在任何时候都能提供资料，以供缔约国政府正式授权的官员使用并能确定：当前以船舶业务方面的任何职能在船上受雇或工作的船员或其他人员、谁负责决定船舶的使用、谁是租船合同的签约方。

第 6 条 船舶保安警报系统

规定需要安装船舶警报系统的船舶类型、安装最后时限。船舶保安警报系统启动后，应开始向主管机关指定的主管当局、船公司发送船对岸保安警报；不向任何其他船舶发送船舶保安警报；不在船上发出任何警报；在关闭和/或复位前持续发送船舶保安警报。该系统应：能从驾驶台和至少一个其他位置启动，不低于本组织通过的性能标准并可防止误发。当主管机关收到船舶保安警报通知时，应立即通知船舶当时所在位置附近的国家。当缔约国政府从非悬挂其国旗的船舶收到船舶保安警报通知时，该缔约国政府应立即通知有关主管机关，并在适当情况下通知船舶当时所在位置附近的国家。

第 7 条 对船舶的威胁

缔约国政府应规定保安等级并确保在其领海内营运或已向其通报进入其领海意图的船舶提供保安信息，并提供一个联络点，使得上述船舶能够通过该联络点请求建议或援助并报告关于其他船舶动向或通信的任何保安问题。如果已确定存在受到袭击的风险，有关缔约国政府应将以下情况告知有关船舶及其主管机关：当前的保安等级，按照 ISPS 规则 A 部分的规定有关船舶为防备受到袭击而应采取的任何保安措施，以及沿岸国已决定采取的相应保安措施。

第 8 条　船长对船舶安全和保安的决定权

船长根据其职业判断而做出或执行的为维护船舶安全或保安所必需的决定，应不受公司、承租人或其他人员的限制。若船舶操作中出现与该船的安全和保安要求发生冲突的情况，船长应执行为维护船舶安全所必须的要求。在这种情况下，船长可以实施临时性保安措施并应随即通知主管机关，并通知该船所在或拟进入的港口所属缔约国政府。

第 9 条　控制和符合措施

缔约国政府港口内船舶均应受到该国政府正式授权官员的控制，应限于验证船上有根据 ISPS 规则 A 部分规定签发的有效的《国际船舶保安证书》或《临时国际船舶保安证书》（以下简称“证书”）。如有明确理由不能按要求出示有效证书，缔约国政府应对其采取控制措施，包括：检查船舶、延误船舶、滞留船舶、限制操作（包括限制在港内移动）、将船舶驱逐出港等。

缔约国对于拟进入该国港口的船舶，可以要求其在进港之前提供以下信息，包括：船舶具有的有效证书、船舶当前营运中所处的保安等级；在其曾进行船/港界面活动的任何港口内营运处所的保安等级和所采取的任何特别或附加保安措施；在任何船对船活动中维持的适当船舶保安程序及与保安有关的其他实际信息。如果未能解决问题或该官员有其他明确理由相信该船不符合本章或 ISPS 规则 A 部分的要求，该官员可以对该船采取如下措施：要求纠正不符合的情况、要求该船驶往该缔约国政府领海或内陆水域中的一个指定位置，如果该船在所拟进入港口的缔约国政府的领海内，对该船进行检查或拒绝该船进港。

缔约国政府正式授权的官员应随即通知主管机关，说明已采取的控制措施或步骤及其原因，还应通知向有关船舶签发证书的认可的保安组织和本组织。如果拒绝船舶进入港口或船舶被驱逐出港，港口国当局应将有关事实通报该船已知的随后各停靠港口的国家当局，以及任何其他有关沿岸国，并应考虑到本组织制定的指南。应确保此类通知的保密性和安全性。

缔约国政府应尽一切可能避免船舶被不当滞留或延误。如果船舶受到了不当滞留或延误，船舶有权就其所受任何损失或损害取得赔偿；不得阻止出于紧急或人道主义原因和出于保安目的而在必要时进出船舶。

第 10 条　对港口设施的要求

港口设施应符合本章和 ISPS 规则 A 部分的相关要求，并考虑到 ISPS 规则 B 部分提供的指导。缔约政府应确保按照 ISPS 规则 A 部分的规定，开展其境内港口设施保安评估，并对其予以评审和批准；规定制订、评审、批准并实施港口设施保安计划；通报港口设施保安计划所应涉及的各保安等级的对应措施，包括在何时要求提交保安声明。

第 11 条　替代保安协议

缔约国政府在实施本章和 ISPS 规则 A 部分时，缔约国政府可以与其他缔约国政府关于在它们境内的港口设施之间的固定航线上的短程国际航行的替代保安安排达成双边或多边协议，该协议应不降低协议范围以外的其他船舶或港口设施的保安水平。

第 12 条　等效保安安排

主管机关可以允许悬挂其国旗的某一特定船舶或一组船舶实施等效于本章或 ISPS 规则 A 部

分所述措施的其他保安措施；缔约政府在实施本章和ISPS规则A部分时，可以允许其境内的某一特定港口设施或一组港口设施（根据第11条达成的协议范围以内的港口设施除外）实施等效于本章或ISPS规则A部分所述措施的保安措施。

第13条　资料的送交

规定了缔约国政府应不迟于2004年7月1日向国际海事组织递交有关资料及资料明细清单。

第二节　船舶和港口设施保安规则（ISPS规则）

一、适用对象及目的

ISPS规则的适用对象为：客船、包括高速客船；500总吨及以上的货船，包括高速船；海上移动钻井平台和为从事国际航运的船舶提供服务的港口设施。

实施ISPS规则的目的在于：一是在缔约国政府、政府部门、当地主管机关、航运界和港口业之间建立一个国际平台，以便识别保安威胁并采取预防措施，防止从事国际贸易的船舶或港口设施发生保安事故；二是确立缔约国政府、政府部门、当地主管机关、航运界和港口业各自在确保海上保安的作用和责任；三是确保及时有效地收集、交流和共享海上保安有关的信息；四是提供一套用于保安评估的方法，建立、实施和保持一个有效的保安管理体系，方便实施计划和程序以应对变化的保安等级；五是确保采取了充分且适当的保安措施。

二、主要内容

规则的主要内容包括三个方面。

（一）对缔约国的要求

包括批准《船舶保安计划》及其以后的修改；审核船舶是否符合SOLAS公约第XI-2章和ISPS规则的规定，并向船舶签发《国际船舶保安证书》；为船舶规定保安等级并向船舶通报有关保安信息；规定船舶何时应按要求签署《保安声明》；向国际海事组织通报公约和ISPS规则的保安信息。

缔约政府要为船舶和港口设施规定保安等级，ISPS规则规定了3个国际通用的保安等级：

（1）保安等级1为普通状态，船舶和港口设施通常要在这个等级上运作。

（2）保安等级2为加强状态，此等级适用于保安事件风险加大的情况。

（3）保安等级3为一段时间内的特殊状态，适用于有发生保安事件的可能性或出现迫在眉睫的保安威胁时。

（二）对公司和船舶的要求

船公司要为公司指定一名或数名公司保安员，为每艘船舶指定一名船舶保安员。公司保安员的职责是确保船舶开展保安评估、制订《船舶保安计划》。船舶保安员主要负责船舶日常营运的保安工作。《船舶保安计划》是指为确保船舶采取保护船上人员、货物、船舶物料以及船舶免受保安事件威胁的措施而制订的计划。《船舶保安计划》应能保证船舶通常保持在保安等级1上营运，在接到指令时，能够采取额外的或加强的保安措施而升级到保安2，并在保安等级3时对可能接到的保安指令做出反应。公司和船舶保安员应监督《船舶保安计划》持续有效，开展独立的内部审核。《船舶保安计划》的任何修改，必须报经主管机关批准。

ISPS 规则规定船舶将必须携带有效的《国际船舶保安证书》（International Ship Security Certificate），表明其符合 SOLAS 公约第 XI-2 章和 ISPS 规则 A 部分的要求。当船舶停靠一港口或正驶向一缔约国政府的港口，根据公约第 XI-2/9 的规定，缔约国政府有权实施针对该船舶的各种控制和遵从措施（Control and compliance measures）。船舶接受港口国监督检查，但这种检查将通常不扩大至《船舶保安计划》本身的细查，在特定场合除外。如果实施控制和遵从措施的缔约国政府有理由相信该船舶的保安或其服务的港口设施已受到威胁，该船舶还可能受到附加控制措施管理。

（三）对港口设施的要求

无论是船舶还是港口设施，需要采取的保安措施包括人员进入船舶或港口设施、船上或港口设施内的限制区域、货物装卸、船舶物料交付、非随身携带行李的装卸，以及监督船舶和港口设施的保安。各缔约国政府须确保对港口设施开展港口设施保安评估并加以审查和批准。

港口设施保安评估有三个要素：第一，它们必须确定并评价对港口设施来说的重要财产和基础设施，以及一些区域和结构，这些区域和结构如果被破坏的话，将造成重大的生命损失或对港口设施的经济和环境造成重大损失。第二，评估必须确定对关键财产和基础设施的实际威胁，以便为保安措施排定优先次序。第三，评估必须通过确定物理保安措施、结构完整性、保护系统、程序方针、通信系统、运输基础设施设备和其他在港口设施内可能会成为攻击目标的弱点，解决港口设施的薄弱环节。

上述港口设施保安评估将用于确定哪些港口设施需要指定港口设施保安员和制订《港口设施保安计划》。《港口设施保安计划》应指出港口应采取的操作性和物理保安措施以确保其在保安等级1的水平营运。该计划还应指出为了升级到保安等级2港口设施所能采取的额外或加强保安措施。另外，计划中还应指明港口设施可以进行的可能准备工作，以使其能够对在保安等级3时为应对保安事件或威胁可能发出的指令做出迅速反应。

港口设施保安员应执行经批准的计划的规定，并监控计划的持续有效性和相关性，包括对计划的执行情况开展独立的内部审核，还应接受适当的培训并定期进行演练和演习。缔约国政府或其指定当局可以测试计划的有效性，对涉及某港口设施的保安评估还应予以定期审查。

第三节 “吉布提行动守则”简介

“吉布提行动守则”全名为《关于打击西印度洋和亚丁湾海域海盗及武装抢劫船只吉布提行动守则》（以下简称守则）。2009 年 1 月 26 日，IMO 召集来自西印度洋、亚丁湾以及红海地区的 17

个国家在吉布提举行高层领导会议，通过了旨在打击西印度洋及亚丁湾地区海盗和海上武装抢劫行为的“吉布提行动守则”。

守则认识到此区域海盗及海上武装抢劫行为的严重程度，所有签署国声明将依据国际法的要求进行全面合作，通过国家联络点和信息中心系统分享和报告相关信息；阻截疑似从事海盗或海上武装抢劫行为的船只；确保逮捕并起诉所有进行或打算进行海盗或海上武装抢劫行为的人员；对遭遇以上事件（特别是暴力事件）的海员、渔民及船上其他人员和乘客进行适当照顾、治疗并护送回国。

所有参与国应进行全面合作，以对海盗或有理由认为已有海盗行为嫌疑的人员进行逮捕、调查和起诉；扣留可疑船只及船上财物；营救被劫船舶、人员和财产。当然，此类行动应依据国际法的规定实施。

守则还规定了共同行动的责任，例如指派执法人员或授权官员登上其他签署国的巡逻船或飞机。

守则进一步要求设立打击海盗和海上武装抢劫的国家联络点、分享所报事件的相关信息。签署国意欲利用分别设在肯尼亚、坦桑尼亚和也门共和国的信息交换中心，设在蒙巴萨的地区海上救援协调中心，设在达累斯萨拉姆的次区域合作协调中心，以及正在萨那建立的区域海上信息中心进行沟通并获得相关信息。

会议还建议根据守则通过一项决议，建立地区性培训中心；并感谢吉布提提议承担此项任务。

每个签署国应审查其国家立法，确保具备相关法律以惩处海盗和海上武装抢劫行为，并制定适当指南以指导对犯罪嫌疑人行使管辖，进行调查和起诉。

守则欢迎该区域内的21个国家签署，其中吉布提、埃塞俄比亚、肯尼亚、马达加斯加、马尔代夫、塞舌尔、索马里、坦桑尼亚联合共和国和也门9个国家在会议闭幕时已经签署。至此，协议于2009年1月29日生效。

IMO 秘书长米乔普勒斯先生对守则的通过表示祝贺，并表示这是一个具有重大意义的里程碑。他说：“守则的通过体现了该地区各国愿意共同采取一致行动，与国际社会合作，打击海盗及海上武装抢劫行为。IMO 已准备好通过技术合作帮助各国实施该区域协议。我本人呼吁各国政府和工业界积极响应，为打击海盗提供物质及财政的支持。”“正如2004年11月由16个亚洲国家签署通过的《亚洲对付海盗及持械抢劫船只区域合作协定》一样，我相信守则的实施将成为该区域成功协作的起点，并会取得丰硕成果”。他还强调这些国家的共同努力固然重要，但问题的彻底解决方案仍然取决于索马里本身。

吉布提会议邀请了IMO各成员国以及一些相关国际组织，如联合国毒品和犯罪问题办公室、联合国索马里事务处、世界粮食计划署、非洲联盟、欧盟和欧盟委员会、阿拉伯国家联盟、国际刑警组织和《亚洲对付海盗及持械抢劫船只区域合作协定》（ReCAAP）组织信息分享中心，海军代表，如联合海上部队（Combined Maritime Force）、欧盟海军、北大西洋公约组织（北约），以及海事界方面的人士，为守则有效实施提供物质和财政支持。

第二章　船舶保安评估

为制订船舶保安计划，应开展初次全面的船舶保安评估，以评价防止非法行为的保安措施和程序的有效性，并确定船舶针对非法行为的脆弱性。船舶保安评估（SSA）是辨识可能导致船舶保安破坏的船舶实地结构、人员保护系统、程序或其他区域的薄弱点，并提出旨在消除或减轻这些薄弱点的措施的过程。船公司应确保由具有适宜能力评价船舶保安情况的人员按照 SOLAS 公约第 XI-2 章和 ISPS 规则进行评估。

第一节　船舶保安评估概述

一、相关定义

船舶保安评估是指辨识可能导致船舶保安破坏的船舶实地结构、人员保护系统、程序或其他区域的薄弱点，并提出旨在消除或减轻这些薄弱点的措施的过程。保安评估过程中涉及的相关定义包括：

船舶保安计划（SSP）

系指为确保在船上执行旨在保护船上人员、货物或船舶免受保安事件危险的措施而制订的计划。

船舶保安员（SSO）

系指由公司任命的在船上负责船舶保安并对船长负责的人，其责任包括实施和保管《船舶保安计划》以及与公司保安员和港口设施保安员进行联络。

公司保安员（CSO）

系指由公司任命负责确保船舶保安评估得以开展，《船舶保安计划》得以制订、提交批准、而后得以实施和保管，并与港口设施保安员和船舶保安员进行联络的人。

保安威胁

系指根据威胁情景和发生可能性经过船舶保安评估加以确定的对船舶、人员或港口设施形成潜在威胁的状况。

非法行为

系指针对船舶、海上钻井平台、人员、货物以及港口设施保安所实施的犯罪行为。

破坏保安状况

系指由于非法行为对船舶、财产、设施以及人员造成的后果。

保安事件

系指威胁船舶（包括海上移动式钻井平台）、船员、乘客、船上备品和货物的保安，或港口设施保安的任何蓄意的可疑行为。

保安等级

系指企图造成或将会发生保安事件的风险级别划分。包括：

（1）保安等级 1，正常。系指应始终保持的适当最低保护性保安措施的等级。

（2）保安等级 2，加强。系指由于保安事件危险性升高而应在一段时间内保持适当的附加性保安措施的等级。

（3）保安等级 3，特殊。系指当保安事件可能或即将发生（尽管可能尚无法确定具体目标）时应在一段有限时间内保持进一步的特殊保护性保安措施的等级。

关键操作

系特指那些因任何人为的过失或疏忽均可能导致人员非法登船、非法进入限制区域、威胁船舶及人员安全、非法行动等严重后果的所有操作活动。

限制区域

系指船上那些一旦出现具有非法攻击行动目的人员进入即可能对船舶、人员等造成严重威胁的敏感区域（包括进入这些区域的通道），包括如果损坏或非法窥视，可能对船舶、船上人员、操作构成危险的任何区域。

船舶通道

系指外部人员能够合法或非法登船的可能的通道。

船/港界面活动

系指当船舶受到涉及船舶与港口之间人员、物品移动或港口服务提供等行为直接和密切影响时所发生的互交活动。

船对船活动

系指涉及物品或人员从一船向另一船转移的任何与港口设施无关的活动。

保安威胁辨识

系指识别海上保安威胁的存在并确定其特性的过程。

（注：特性可包括实施保安破坏、制造保安事件的行为模式、逃避保安措施的方法以及攻击目标等。）

风险

系指某一特定危险情况发生的可能性和后果的组合。

风险评价

系指评估风险大小以及确定风险是否可容许的全过程。

可容许风险（Tolerable risk）

根据 ISPS 规则目标和海上安全方针，已降至公司可接受程度的风险。

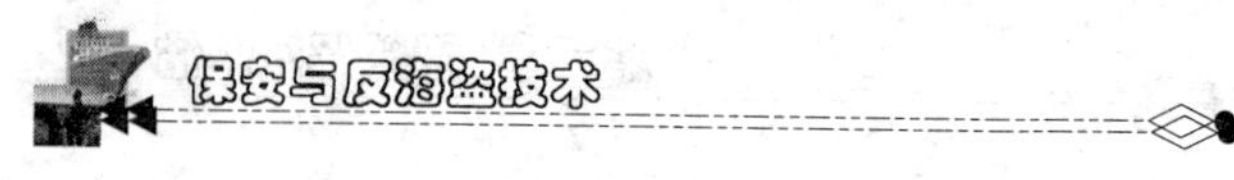

绩效

基于安全方针和目标，与公司海上安全和保安风险控制有关的船舶保安管理体系的可测量结果。

约束条件

系指与船舶保安有关的贸易航线区域、港口设施、船舶结构特点、货物、人员（包括船员和乘客）特点的设定。

实地保安

系指保安管理的一部分，旨在为阻挠侵入保安防御的企图而布置的有关物理性障碍。

二、船舶保安评估的目的和意义

船舶保安评估是船舶保安计划制订和更新过程的重要和必要组成部分。通过保安评估，可以确定影响船舶保安的各种因素，包括受保安威胁的可能性（即保安风险）、存在的薄弱环节以及现有保安措施的有效性等，从而为制订或修改船舶保安计划提供依据。船舶保安评估与船舶保安计划的关系如图 2-1 所示。

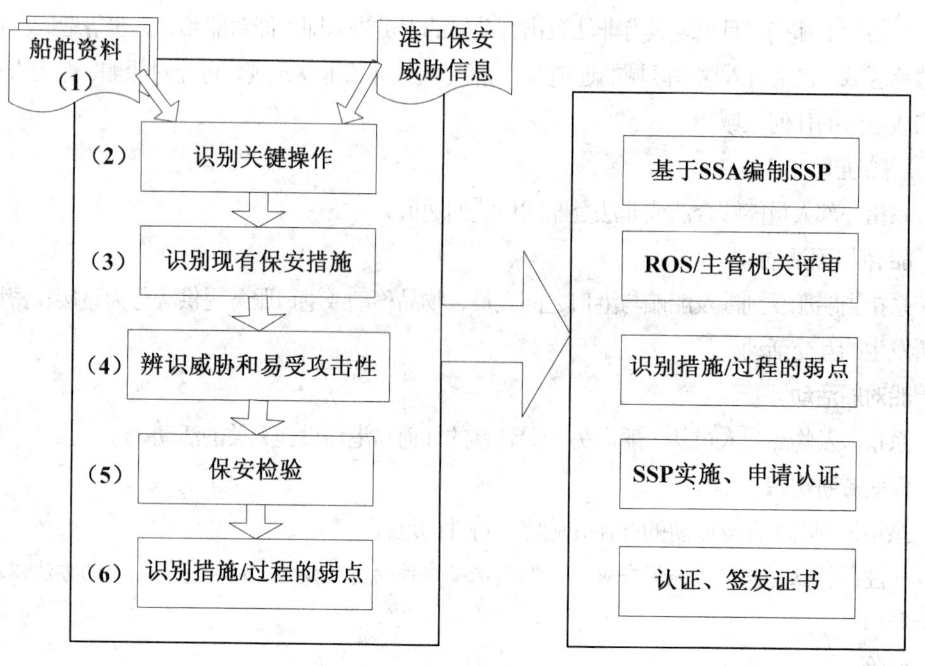

图 2-1　SSA 与 SSP 的关系

公司和船舶应采用风险评价的方法，确定影响船舶保安的船上关键操作，并采取必要而有效的防范措施和应急响应措施，以使船舶处于适当的安全水平。船舶保安评估结果应用于决定应对船上考虑当地状况的保安威胁需要的保安措施。通过船舶保安评估，应确定需要保护的目标、已经实施的保安措施以及要求的附加保安措施和程序。船舶保安评估应解答的问题如图 2-2 所示。

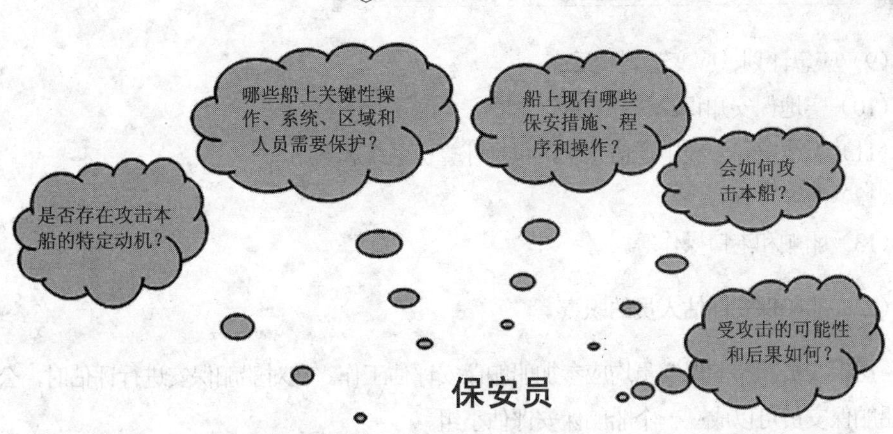

图2-2 SSA应解答的问题

船舶保安评估应定期评审，并在必要时更新船舶保安计划。任何一次船舶保安评估结果仅适用于特定的船舶营运环境，包括船舶结构状况、航行区域、所载货物等。当船舶营运环境发生实质性变化，对船舶保安评估结果应予以重新评审，必要时，进行保安评估。

三、船舶保安评估应确定并评估的基本要素

船舶保安评估应包括现场保安检验，并至少包括以下要素：

（1）确定现有保安措施、程序和操作。

（2）确定并评价应予重点保护的船上关键操作。

（3）确定船上关键操作可能受到的威胁及其发生的可能性，以确定并按优先顺序排定保安措施。

（4）确定基础设施、方针和程序中的弱点，包括人为因素。

四、船舶保安评估人员

（一）船舶保安评估人员应具备的专业知识

船舶保安评估应由具备评价船舶保安的适当技能的人员来进行。参与船舶保安评估的人员应具备下列相关专业知识，必要时，能够取得专家在这些专业知识方面的帮助：

（1）有关当前保安风险及其特征的知识。

（2）辨认和探查武器、危险物质和装置的方法。

（3）在非歧视基础上辨认可能威胁保安者的特点和行为模式。

（4）用来逃避保安措施的技术。

（5）制造保安事件的方法。

（6）爆炸物对船舶结构和设备的影响。

（7）船舶保安技术。

（8）船舶/港口界面商务活动。

（9）应急计划、应变部署和反应。

（10）实地保安知识。

（11）无线电和无线电通信系统，包括计算机系统和网络。

（12）海洋工程。

（13）船舶和港口操作等。

（二）船舶保安评估人员的职责

公司保安员和船舶保安员均应参加船舶保安评估工作。在对船舶保安进行评估时，公司保安员和船舶保安员可以成立一个船舶保安评估小组。

1. 公司保安员（CSO）在船舶保安评估中的职责

公司保安员负责确保为公司船队中其所负责的每一艘船舶开展保安评估，并符合 SOLAS 第 XI-2 章和 ISPS 规则 A 部分的要求，并考虑 ISPS 规则 B 部分的指南。尽管公司保安员不必亲自履行与其职责范围相关的所有工作，但须对确保船舶保安评估得以妥善实施负责。

公司保安员的有关船舶保安评估的职责和责任还应包括，但不限于以下内容：

（1）利用适当的保安评估和其他相关信息，就船舶可能遇到威胁的等级提出建议。

（2）确保船舶保安评估得以开展。

（3）确保船舶保安计划得以制订、提交批准以及而后得以实施和保管。

（4）确保对船舶保安计划进行适当修改，以纠正缺陷并符合各船的保安要求。

（5）加强保安意识和警惕性。

（6）确保负责船舶保安的人员受到合适的培训。

（7）确保船舶保安员和有关港口设施保安员之间的有效沟通与合作。

（8）确保保安要求和安全要求的一致性。

（9）若采用了姊妹船或船队的保安计划，确保每艘船的计划均准确反映该船具体信息。

（10）确保为某一特定船舶或某一组船舶批准的任何替代或等效安排得以实施和保持。

2. 船舶保安员（SSO）在船舶保安评估中的职责

鼓励船舶保安员掌握更多的船舶保安评估知识。经过良好培训的船舶保安员应有能力自行完成船舶保安评估工作。

船舶保安员在船舶保安评估方面的职责和责任还应包括，但不限于以下内容：

（1）定期对船舶进行保安检查，确保适当的保安措施得以保持，并在必要时，建议 CSO 重新进行船舶保安评估。

（2）保持和监督船舶保安计划（包括对该计划的任何修正）的实施。

（3）对船舶保安计划提出修改建议。

（4）加强船上的保安意识和警惕性。

（5）确保已为船上人员提供了合适的培训。

（6）与公司保安员和相关港口设施保安员协调实施船舶保安计划。

（7）确保正确操作、测试、校准和保养保安设备（如有）。

（8）协助公司保安员在船舶保安评估过程中进行现场保安检验。

（三）其他保安组织的介入

经认可的保安组织可以为某一具体船舶开展船舶保安评估工作，但该保安组织不得再为同一船舶进行保安认证方面的工作。

五、船舶保安评估的基本过程

船舶保安评估的基本过程如下：

（1）对船舶的营运环境进行分析，包括航线、船员、船东、船舶管理人、贸易合作方及港口等方面的资料，分析潜在的船舶保安威胁诱发因素。

（2）根据船舶营运环境所存在的潜在的船舶保安威胁诱发因素，识别船舶潜在的保安威胁。

（3）调查船舶的保安能力，识别船舶保安薄弱环节。

（4）进行船舶保安风险评估，确定船舶保安风险的等级。

（5）对不可接受的船舶保安风险，策划控制（减轻）措施，并据此制订船舶保安计划。

（6）现场保安检验，发现存在着的船舶保安缺陷以及薄弱点。

（7）针对现场保安检验中发现的船舶保安缺陷以及薄弱点，重新进行保安风险评估和制定减轻风险措施，完成对船舶保安计划的修订。

（8）当船舶营运环境发生了变化时，重新进行船舶保安评估，并根据保安评估的结果对船舶保安计划进行必要的修订，从而使得船舶保安评估和保安计划的修订工作始终处于动态和持续过程中，以适应船舶在不同的营运环境下可能面临的保安风险。

船舶保安评估的基本过程如图 2-3 所示。

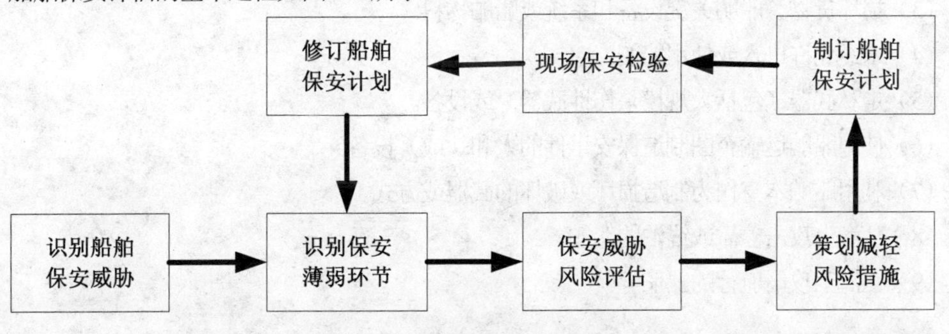

图 2-3　船舶保安评估的基本流程

六、船舶保安评估过程中应考虑的因素

（一）常规和紧急情况

常规和紧急情况下，船上的现有保安措施、指南、程序和操作的有效性，其中包括：

（1）限制区域。

（2）火灾或其他紧急情况的应急程序。

（3）对船舶人员、乘客、来访者、商贩、机修工和码头工人等的监控等级。

（4）保安巡逻的频次和有效性。

（5）通道控制系统，包括身份查验系统。

（6）保安通信系统和程序。

（7）保安门、栅栏和照明。

（8）保安和监视设备与系统等。

（二）重点保护的人员及操作

重点保护的人员及关键操作包括：

（1）船舶人员。

（2）乘客、来访者、商贩、机修工、港口设施人员等。

（3）保持安全航行和应急反应能力方面的操作。

（4）货物、特别是危险货物或有害物质的装卸与船上移动操作。

（5）船舶物料的收受与存放操作。

（6）船舶保安通信设备和系统的操作等。

（三）可能受到的潜在保安威胁

船舶所有可能受到的潜在的保安威胁包括：

（1）对船舶或港口设施的损坏或破坏。

（2）劫持或夺取船舶或船上人员及财物。

（3）损坏货物、船舶关键设备和系统或船舶物料。

（4）未经允许进入或使用船舶。

（5）走私武器（包括大规模杀伤性武器）或设备。

（6）使用船舶运输企图制造保安事件的人和（或）设备。

（7）利用船舶本身作为制造损坏或破坏的武器或方式。

（8）从海上攻击停靠或锚泊的船舶。

（9）在海上攻击航行的船舶等。

（四）保安薄弱环节

船舶保安薄弱环节包括：

（1）安全和保安措施之间的矛盾。

（2）船上职责和保安任务之间的矛盾。

（3）值班职责、船员数量及其对船员疲劳、警觉性和工作的影响。

（4）任何已发现的保安培训不足。

（5）包括通信系统在内的保安设备和系统的有效性等。

第二节 船舶保安风险评估

国际海事组织在 ISPS 规则中引入了船舶保安评估的要求，但未提出具体的评估方法。虽然 SOLAS 公约和 ISPS 规则的条文并没有要求必须采用风险评估的方法，但是基于风险的决策方法已是公认的进行船舶保安评估的有效方法。

一、风险评估

（一）目的

保安风险评估的目的是分析各种潜在威胁情景发生的可能性及后果，综合确定该威胁情景的风险等级，以此来判定是否需要采取新的保安对策与措施，并对降低风险的效果进行评估。

（二）风险及风险管理

风险可以通过一给定保安破坏的发生概率和后果的乘积表示

$$R = P \times C \tag{2-1}$$

式中，R 为一个给定保安破坏的风险值；P 为一个给定保安破坏的发生概率；C 为一个成功的保安事件所产生可能后果的综合，后果可以声明、经济、象征价值、环境影响等为基础。

保安破坏的发生概率可以进一步定义为威胁（T）和薄弱点（V）的乘积，即

$$P = T \times V \tag{2-2}$$

根据风险管理原则，通常认为风险总是存在而不能完全被消除，但风险可以通过调整减少后果程度（C），防止威胁（T）发生或减少薄弱点（V）的措施予以减轻。通常，减少薄弱点比减少后果或威胁更为容易控制，风险管理的最终目标就是获得一个适当的低风险水平。海上保安的目标是确保当威胁（T）等级增加时，通过采取措施减少后果（C）或减少薄弱点（V）以抵消威胁的增加。如一艘停靠在一个港口设施的船舶可以在受到炸弹威胁（T）之后采取增加保安检查（V）的措施。又如，船舶在保安人员不足期间（V），要求停止货物操作、控制外部人员登船，或移动船舶远离易受攻击的位置（C）。

二、风险评估的步骤

保安风险评估包括 5 个步骤：

（1）选择一个潜在的威胁情景。

（2）评估威胁情景可能造成的后果。

（3）评估威胁情景发生的可能性。

（4）确定威胁情景的风险等级，判定是否需要采取降低风险的保安措施。

（5）选取相应的保安对策措施，并评估其效果。

具体流程如图 2-4 所示。

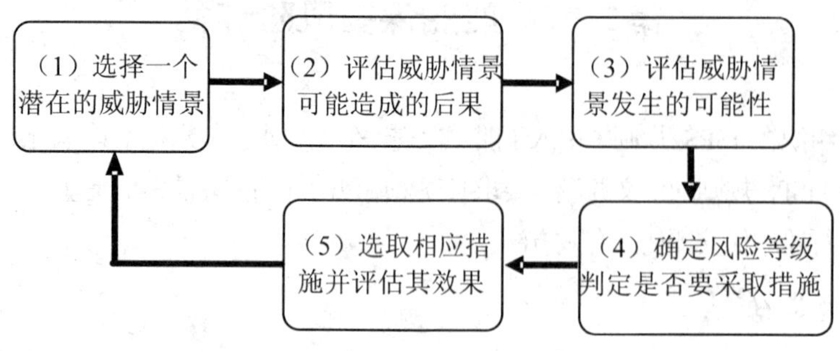

图 2-4　风险评估步骤

船舶保安风险评估应针对各种威胁情景的风险逐一进行评估。

（一）步骤1　潜在的威胁情景的选择

构成威胁的保安事件类型主要有如下几种：

（1）通过爆炸、纵火、恶意行为等，对船舶进行破坏或损坏。

（2）劫持、扣留船舶或船上人员。

（3）损坏或盗窃货物、船舶基础设备和系统或船舶物料。

（4）未经允许使用或进入，包括偷渡人员。

（5）武器或设备，包括大规模杀伤性武器的走私。

（6）使用船舶本身作为损坏或破坏的武器。

（7）在港或锚泊时从海上发动攻击。

（8）在海上攻击。

（9）利用船舶制造污染或释放有毒物质。

评估人员需认真分析可能对船舶构成潜在威胁的情景，尤其是那些最严重的情景，但这种情景应被认为是有可能发生的和可信的。例如在集装箱码头，一个安放有爆炸装置的集装箱被装上了船，并被恐怖分子引爆，导致码头、船舶受损，人员伤亡及环境污染，这样一个情景是有可能发生的，是可信的。但是在和平时期，恐怖分子远距离用导弹攻击商船这样的情景就不太可信。

在描述威胁情景时通常应考虑以下几个要素：

（1）特定环境或条件。

（2）攻击/袭击的制造者。

（3）攻击/袭击的目标。

（4）攻击/袭击的方式。

（5）可能造成的后果等。

表 2-1 给出了船舶潜在的威胁情景选定结果的示例。

表 2-1 船舶潜在的威胁情景选定结果示例

序号	潜在的威胁情景				
	特定环境	攻击/袭击的制造者	攻击/袭击的目标	攻击/袭击的方式	可能造成的后果
1	集装箱码头	恐怖分子	集装箱船	在集装箱内安放爆炸装置，并远距离引爆	船舶、码头受损，人员伤亡，社会影响大
2					

（二）步骤2 对所选事态后果的评估

1. 衡量威胁情景的后果指标

衡量威胁情景的后果主要有 4 个方面的指标：

（1）人员伤亡。

（2）经济损失。

（3）环境污染。

（4）社会影响（负面）。

2. 后果的等级划分

综合考虑上述 4 项指标的影响程度，将每个威胁情景的后果划分为 3 个等级，并分别赋值为 1、2、3。具体划分标准如表 2-2 所示。

表 2-2 威胁情景的后果等级划分标准

等级（分值）	人员伤亡	经济损失	环境污染	社会影响	总后果
1	很少或没有造成人员伤亡	轻微的经济影响	轻度的环境污染	较小影响	中等
2	众多人员伤亡	对较重要的区域经济造成不利影响，或对经济体系的一部分造成长期破坏	严重的环境污染	在国内外产生较大影响	严重
3	大量人员伤亡	对较重要的国家经济或长期经济造成不利影响，或对经济体系的多方面造成严重影响	大面积、长期的环境破坏	在国内外产生很大影响	灾难性

表 2-2 列出了后果分级或“等级”，这种等级是相对和粗略的。等级应综合以上 4 个因素，以最高的等级为准。例如，如果伤亡和经济影响的后果是中等或“1”，而对环境的潜在影响的后果是严重或“2”，则总的后果分级应给予等级“2”。

（三）步骤3 威胁情景发生的可能性评估

1. 发生可能性的衡量指标

衡量船舶的某个威胁情景发生可能性的指标主要有以下几点：

（1）可利用性。船舶是否存在以及对攻击的预测性，这与攻击事件的策划、组织能力有关。

（2）易接近性。指接近船舶进行攻击的容易程度，这涉及在没有组织保安时阻止威胁的实地和地域屏障。

（3）组织保安。保安人员阻止攻击的能力，包括保安计划、通信能力、保安队伍、侵入检测系统以及及时的外部执法力量。

（4）船舶的坚固性。船舶承受攻击的能力，这与船舶的结构和材料等有关。

由于船舶对可利用性和船舶坚固性的控制能力较为有限，对易接近性和组织保安有较大的掌控能力，所以在评估威胁情景的发生可能性时，主要采用易接近性和组织保安两项指标衡量。

通常先采用现有的保安对策措施进行可能性的初始评估，以便了解目前存在的问题，然后针对采取新的风险控制措施后的情况进行第二次评估，并同初始评估结果进行比较，以便了解新措施在降低风险方面的效果。

2. 发生可能性的分值判定

针对每个威胁情景进行评估，分别得到易接近性和有组织保安这两个指标的分值，然后相加，得到发生可能性分值，即

$$发生可能性分值P=易接近性分值+有组织保安分值$$

其中，易接近性和有组织保安的分值判定标准如表 2-3 所示。

表 2-3　易接近性和有组织保安的分值判定标准

类型	易接近性	保安组织
3	无阻止（例如船舶通道以及内部均不受限）	无阻止能力（例如无计划、无保安队伍、无紧急通信、外部执法队伍不能及时到达、无检测能力）
2	有良好的阻止（例如单个牢固的屏障；船舶周围 100 码（91.44 m）范围内通道受限）	良好的阻止能力（例如制订有最起码的保安计划、有一些通信、有限的保安部队、少量的检测系统、外部执法队伍可以较快到达）
1	极好的阻止（能阻止攻击；船舶周围 500 码（457.2 m）范围内通道受限；多重物质/地域屏障）	极好的阻止能力（例如有详细的保安计划、有效的应急通信、装备精良训练有素的保安部队、多级探测系统、外部执法部门能及时阻止攻击/袭击）

（四）步骤4　风险等级的划分

1. 风险值的计算和等级划分

威胁情景的风险值等于后果分值与发生可能性分值的乘积，即

$$风险值R=后果分值C\times发生可能性分值P$$

威胁情景的风险可划分为 3 个等级：

（1）1 级（低），风险值 $R\leqslant4$。

（2）2 级（中等），$4<$风险值 $R\leqslant8$。

（3）3 级（高），风险值 $R\geqslant9$。

按照上述划分标准，根据计算得到的风险值 R，即可确定所评估的威胁情景的风险等级。

2. 风险控制措施的等级

对应威胁情景的风险等级，风险控制措施的等级也划分为3级：

（1）1级（记录）。对应风险等级1，表示不需要采取新的保安措施，只需对评估过程和结果进行记录和建立档案。但是，对于成本很低、效果却很好的保安措施，还是值得考虑。

（2）2级（研究）。对应风险等级2，表示根据威胁情景的具体情况，研究和采取相应的新的保安措施，以进一步降低风险等级。

（3）3级（缓解）。对应风险等级3，表示必须采取相应的保安措施，以降低该威胁情景的风险。

表2-4以矩阵表的形式给出了威胁情景的风险等级与风险控制措施等级的判定标准。

表2-4　威胁情景的风险等级与风险控制措施等级的判定标准

等级		发生可能的总分值 P		
		2	3～4	5～6
后果分级 C	3	2级（中等）（研究）	3级（高）（缓解）	3级（高）（缓解）
	2	1级（低）（记录）	2级（中等）（研究）	3级（高）（缓解）
	1	1级（低）（记录）	1级（低）（记录）	2级（中等）（研究）

（五）步骤5　风险控制措施的选取及其效果评估

1. 风险控制措施的选取

在选取风险控制措施时，应考虑两个因素，即有效性和可行性。如果能降低风险等级，如从3级降至2级或1级，就可以认为该方案是很有效的。如果通过该措施或综合其他一种或几种措施能降低风险等级，则可认为该措施部分有效。如果选取的风险控制措施成本很高，或者难以实施，即使对降低风险等级的效果很好，也是不大可行的。总之，在选取风险控制措施时，有必要进行科学的成本—效益分析，即费效比分析。

另外，保安评估小组应注意根据具体的保安威胁等级选取相应的风险控制措施。对于不同的保安等级，同一措施的可行性、必要性是不同的，因此对于保安等级1不适合的措施，在保安等级3中可能适用。例如采用保安等级1时，甚至保安等级2时，都可能没有必要派遣潜水员检查码头水下结构和船舶，但是采用保安等级3时可能是必需的。

在前面工作的基础上，将所有威胁情景的初始风险评估结果列表，如表2-5所示。

表2-5　所有威胁情景的初始风险评估结果

威胁情景	后果分值	发生可能性分值			风险等级	拟采取的风险控制措施
		易接近性＋	组织保安＝	可能性分值		
情景1	2	1	2	3	2	配备探测装置
情景2						
情景3						

2. 风险控制措施的效果评估

如果针对某个威胁情景提出了风险控制措施，则应进行第二次风险评估，确定在采取措施后的新的风险等级，以评估措施的效果，如表2-6所示。

表2-6　采取风险控制措施后有关威胁情景的二次风险评估结果

威胁情景	后果分值	发生可能性分值			风险等级	拟采取的风险控制措施
		易接近性＋	组织保安＝	可能性分值		
情景1	2	1	1	2	1	配备探测装置
情景2						
情景3						

倘若在采取风险控制措施后，威胁情景的风险等级仍旧无法降低到满意的等级，则有必要考虑采取更加严格、完善的保安措施，并进行第三次评估，直到将风险等级降到满意的等级。

第三节　船舶保安评估的实施

一、进行船舶保安评估前的准备

在进行船舶保安评估之前，为有效地进行保安威胁评价，评估人员应通过各种途径，如港口国和船旗国主管机关、认可的保安组织、港口当局、代理、IMO出版物、海事组织和协会，有关网站数据、以往的保安事故、船长的信息以及公司管理系统等，获取如下方面的信息：

（1）船舶资料，包括船东、公司、租船人、货物贸易合作方、船员代理、航行区域和港口。

（2）船舶所涉及航线和港口保安状况。

（3）缔约国政府特定的保安方面的指导。

特别应关注船舶所服务的航区以及港口的保安威胁情报的收集，以便充分地识别保安威胁的主要类型和航线的风险程度。

在进行船舶保安评估时，评估人员还应收集和记录船舶保安评估所需的相关信息，并对这些收集到的信息做必要的评估。这些信息包括：

（1）船舶总布置图。

（2）限制进入的区域，如驾驶台、A类机器处所和SOLAS公约第II-2规定的其他控制站等。

（3）每一实际和潜在的可进入船舶的通道及其功能。

（4）可能会影响船舶安全和保安的潮汐变化。

（5）货舱和储藏室（间）的布置。

（6）船舶物料、备件和主要维修设备的存放地点。

（7）非随身携带行李的存放地点。

（8）维持关键服务的应急和备用设备。

（9）船员人数、船舶已有的保安职责和公司的培训要求。

（10）用于保护乘客和船上人员的现有保安和安全设备。

（11）确保船舶安全有序疏散的应急疏散路线和集合点。

（12）与私人保安公司签订的协议中规定的由其提供的保安服务。

（13）现行的保安措施和程序，包括检查、控制程序、身份查验系统、监控和监视设备、人员身份证件、保安通信、报警、照明、通信控制和其他有关系统等。

二、保安威胁识别和评价

（一）保安威胁评估的目的

保安威胁评估的目的是对所评价的船舶在其约束条件范围内遭受非法行为袭击的可能性，对众多的潜在威胁按其威胁程度进行排序，以便对主要保安威胁进一步分析和提出相应的控制方案。

（二）与保安威胁识别相关的船舶因素

可以通过对海事界普遍认同的典型保安事件和其他保安情报资料的分析，就船舶的如下方面因素进行识别和评价保安威胁。

（1）船舶悬挂的主管机关国旗。

（2）所属公司性质。

（3）所承载货物的经济性和危险性。

（4）船员、旅客的组成和国籍/民族。

（5）船舶航行区域及停靠港口的特点。

表 2-7 举例说明了这些因素之间的相关性。

表 2-7　不同船舶因素的保安威胁相关性

船舶因素 / 保安事件	相关性（大、中、小、无）						
	船旗	公司	货物	船员	旅客	航区	港口
恐怖事件	大	大	大	大	大	大	大
抢劫/劫持	小	小	大	中	大	大	大
海盗	小	中	大	小	无	大	无
偷窃	小	小	大	小	无	小	大
偷渡	小	小	中	中	中	大	大
运送大规模杀伤性武器	大	大	大	无	无	大	大
运送犯罪人员和设备	大	大	中	中	中	大	大
走私	小	大	大	大	中	大	大

注：①恐怖事件包括船舶爆炸、纵火、恶意破坏公共财产、损坏货物、劫持、扣押人质等。

②劫持也可能包括恐怖事件。

③航区因素可包括与海上保安有关的航区，包括恐怖主义地区、冲突地区、海盗活动地区、走私地区、标志性建筑等。

④港口因素可包括高国际影响的城市的港口、靠近人口密集地区、保安状况差、缺乏保护、重大经济和政治事件等。

（三）船舶需要考虑的威胁因素和潜在的保安事件类型

根据船舶业务特点，特别考虑承载货物的因素，确定船舶在其拟定的航行区域内在各航线、港口设施内潜在的保安威胁类型，并可结合航区的风险程度，确定船舶在各航区和港口时的威胁程度，为船舶采取适当的保安措施提供依据。表 2-8 提供了各类船舶需要考虑的威胁因素，以及潜在的保安事件类型。

表 2-8　各类船舶需要考虑的威胁因素和潜在的保安事件类型

船舶类型	需要考虑的因素	潜在保安事件
客船、邮轮	高价值、船旗、船东、停靠的国家/港口、高收入乘客人群等	恐怖事件、抢劫、海盗
油船、LPG 船、化学品船	敏感货物、潜在环境影响、灾害后果等	恐怖事件、偷盗、海盗
客滚船	对汽车炸弹的脆弱性，导致损坏、沉船、火灾和人员伤害等	恐怖事件
集装箱船	隐藏运输特殊货物，如危险品、核材料、大规模杀伤性武器等	海盗、偷盗、运送大规模杀伤性武器、偷渡、走私
散货船		海盗、偷盗、运送大规模杀伤性武器
其他船舶		劫持、海盗、偷盗

三、船上关键操作识别和评价

（一）船上关键操作评估的目的

船上关键操作评估的目的是确定可能成为攻击目标而需要重点保护的船舶关键操作、设备、系统、区域，确定其重要程度，为评估船舶保安要求、确定保护措施的优先次序提供信息，为识别和评价现有船舶保安措施、程序的有效性和充分性提供依据。

（二）影响船舶保安的关键操作

影响船舶保安的关键操作如表 2-9 所示。

表 2-9　影响船舶保安的关键操作

船舶关键操作	潜在保安威胁因素	保安活动
船员受雇登船	恐怖分子伪装船员，隐蔽地制造非法行为	船员聘用
船员登离船	被利用，隐蔽地从事间谍、颠覆活动	通道控制
乘客登离船和船内活动	犯罪分子以旅客身份登船，并携带武器、爆炸装置或危险物质，或直接从事非法行动	船/港配合 通道控制 限制区域控制
港口设施人员登离船和船内活动	犯罪分子以旅客身份登船，并携带武器、爆炸装置或危险物质，或直接从事非法行动，偷渡、隐藏犯罪分子	
有正常业务的外部人员登船和船内活动		
无正常业务的外部人员登船和船内活动		

续表

<table>
<tr><th>船舶关键操作</th><th>潜在保安威胁因素</th><th>保安活动</th></tr>
<tr><td>货物装卸</td><td>装运违禁物品、爆炸装置和危险物质、武器，包括运送大规模杀伤性武器</td><td>货物装卸和监督</td></tr>
<tr><td>船舶狭水道航行</td><td>因船舶航行速度慢、离岸近等条件，非法分子易登船或直接攻击，包括设置水上障碍</td><td rowspan="2">船舶航行
航行值班和瞭望</td></tr>
<tr><td>船舶能见度不良航行</td><td>因船舶视线限制，船速慢，非法分子易登船或直接攻击</td></tr>
<tr><td>船舶在港靠泊</td><td rowspan="2">因船员数量、疲劳、责任性、警惕性因素，潮汐变化等，非法分子自由出入船舶，实施非法行为</td><td>停泊值班</td></tr>
<tr><td>船舶锚泊</td><td>锚泊值班</td></tr>
<tr><td>船舶补给品交付</td><td>船舶补给品中藏匿爆炸装置、危险物质、毒品</td><td>补给品供船</td></tr>
<tr><td>船舶修理</td><td>伪装正当的修理人员暗中破坏船舶系统</td><td>通道控制
工作监督</td></tr>
</table>

（三）对船上关键操作的重要性评价应考虑的因素

（1）船舶安全操作的功能和作用。

（2）未经许可的人员、武器、爆炸装置或危险物质的易接近性。

（3）环境和经济的影响程度。

（4）船舶操作的安全性。

（5）船舶功能的恢复程度。

（四）评价船舶关键操作应获得和记录的信息

进入船舶的通道，包括正常人员出入船舶和船上限制区域的通道和非正常人员可进入的通道，以及这些通道的实际功能。

限制区域是涉及船舶的操作、控制和安全的重要场所，应通过评估予以全面识别，并在船舶总布置图中标志其在船上的位置。限制区域可包括：

（1）驾驶台。

（2）机器控制室。

（3）无线电/通信室。

（4）A 类机器处所和控制站。

（5）通风机及其控制室。

（6）饮用水、泵、总管处所。

（7）保安、监视设备和系统及其控制处所。

（8）危险物质和货物、非随身行李存放处所。

（9）货泵及其控制处所。

（10）船员和人员舱室。

（11）安全和应急设施存放处所。

（12）电力控制/设备室。

（13）照明控制室。

（14）舵机室。

（15）货物处所。

（16）甲板货储存区域。

（17）船舶备件和重要维修设备的储存场所。

（18）船舶操作的紧急和备用设备场所。

（19）紧急出口和疏散路线以及集合站。

易受攻击的区域，但需要适当控制的场所可包括：

（1）甲板储藏室。

（2）货物机械储藏室。

（3）氧气和乙炔气瓶储存场所。

（注：进入船舶通道、限制和非限制区域，因不同船舶而有变化。）

四、识别现有船舶保安措施和程序

（一）识别现有船舶保安措施和程序的目的

识别现有船舶保安措施和程序的目的是确定船舶在三个保安等级下进行保安操作的船舶保安能力，以便识别确定船舶应对其潜在的保安威胁的风险程度，确定不可接受风险的薄弱点。

（二）现有船舶保安措施和程序的内容

现有船舶保安措施和程序，可包括如下几个方面：

（1）检查和控制程序。

（2）身份识别系统。

（3）监控和监视设备。

（4）人员身份文件。

（5）通信系统。

（6）报警系统。

（7）照明系统。

（8）通道控制系统。

评估人员通过调查上述保安措施和程序的信息，并研究其在常规和紧急情况下的应用有效性，以确定采取良好保安的指导原则，包括如下方面：

（1）限制区域。

（2）对船舶人员、乘客、来访者、卖主、修理人员、港口设施人员的监控程度。

（3）保安巡逻的区域、范围和频次。

（4）通道控制系统，包括识别系统。

（5）保安通信系统和程序。

（6）门锁、栅栏和照明系统。

（7）保安监视设备和系统。

（8）火灾、炸弹威胁、船舶或人员劫持等其他紧急状态的应急程序。

（三）船舶关键操作及其保安措施评估工作表

评估人员应根据《船舶关键操作及其保安措施评估工作表》，确定每一个识别的船舶关键操作所采取的保安措施，并通过评价标志适当的关键词，以识别现有措施的性质。并对所识别的船舶操作、系统、区域和人员评价其保安措施局限性或不足之处。

表 2-10 给出了《船舶关键操作及其保安措施评估工作表》的例表及其至少应具备的要素。

表 2-10 船舶关键操作及其保安措施评估工作表

有关系统、人员、区域的关键操作		位置	重要性		是否有保安措施		现有措施、程序、操作、薄弱环节及其局限性
			低	高	是	否	
2	船上限制区域						
2.1	驾驶台						
2.2	机器处所						
2.3	船舶电站						
2.4	货物处所						

五、威胁情景识别和风险评价

（一）威胁情景识别

威胁情景是指船舶面临的潜在保安威胁，可能遭受具体攻击的手段和途径。威胁情景应是保安威胁与船舶具体目标的组合。表 2-11 列出了对船舶的威胁事态的两种主要类型和表现形式。

表 2-11 船舶威胁事态的类型

<table>
<tr><th>攻击类型</th><th>保安事件</th><th>形式</th><th>途径</th></tr>
<tr><td rowspan="4">水线以上</td><td>爆炸</td><td rowspan="4">自杀式攻击
隐秘登船
货物或供给品中藏匿（武器、炸弹等）
无障碍登船</td><td>身体炸弹（工人、访问者登船）
车辆（码头）
小型飞机（锚地或航行中）</td></tr>
<tr><td>故意破坏</td><td>船员或港口工人
非正式通道（船边、锚链、缆绳）
随货物或供给品，如偷渡者</td></tr>
<tr><td>海盗</td><td rowspan="2">水上登船（小艇）
码头登船（车辆）</td></tr>
<tr><td>走私</td></tr>
<tr><td rowspan="2">水线以下</td><td>故意破坏</td><td rowspan="2">水下目标，如舵、螺旋桨等导致船舶沉没或不能移动
破坏船体</td><td>潜水员</td></tr>
<tr><td>水下爆炸</td><td>迷你潜水器</td></tr>
</table>

表 2-12 列出了典型船舶保安威胁情景。

表 2-12　典型船舶保安威胁情景

典型威胁情景		适用范围
1. 闯入和/或控制船舶以及……	（1）使用爆炸物破坏/摧毁船只	闯入者放置爆炸物
	（2）通过蓄意的操作/行动破坏/摧毁船只	闯入者控制船舶使其搁浅或撞向其他目标 闯入者打开阀门释放危险物质破坏船舶（例如船上纵火/爆炸）
	（3）制造污染或释放有毒物质但不摧毁目标	闯入者打开阀门/通气口释放有毒物质 闯入者破坏连锁装置制造破坏/毁坏事件
	（4）劫持人质/杀死人员	闯入者的目的就是杀人
	（5）破坏船舶主要功能（例如推进装置、操舵和动力）	闯入者破坏船上关键设备使其容易受环境或搁浅的影响
2. 通过……进行外部攻击	（1）把爆炸物移近船舶（从水路；从岸上；水下）	汽车/火车炸弹 潜水/游泳者放置爆炸物
	（2）撞击船舶（采用船只和/或采用岸上工具）	蓄意撞击以破坏/摧毁目标
	（3）从远处向船舶发射或射击	使用步枪、火箭弹、导弹等
3. 使用船舶运输……	（1）运输用作武器的材料进/出国	
	（2）运送人员进/出国	

船舶保安威胁情景识别过程存在不确定因素，不必苛求非常详细，只需考虑船员、货物、贸易区域、港口等因素的船舶特点。

经过本节第二部分保安威胁识别和评价的步骤，如果确定没有针对船舶的特别威胁，则可以使用按 ISPS 规则 B/8.9 提及的可能的保安威胁情景的标准清单；如果有特别保安威胁时，则可对该标准清单进行特别细化。当评价对船舶的可能保安威胁情景时，应充分考虑上述保安威胁、船舶保安需优先考虑关键操作、现有保安措施和程序三个环节所识别和评价的信息。

（二）风险评估

船舶保安风险评估应按公司确定的方法和程序进行，详细内容在本章第二节中已经介绍，在此不再赘述。

六、现场保安检验

现场保安检验是船舶保安评估的组成部分，其目的是确保《船舶保安计划》能反映船舶特点。通过现场保安检验，可以明确船舶保安的薄弱点以及针对这些薄弱点应采取的相应措施。

（一）现场保安检查确定的内容

现场保安检验应检查和评估船上的现有保护措施、程序和操作，从而确定：

（1）船舶所有保安职责是否得以履行。

（2）限制区域是否被监控，是否只有经过授权的人员才能进入限制区域。

（3）是否对进入船舶进行控制。

（4）甲板区域和船舶周围区域是否被监控。

（5）人员及其行李（包括随身携带行李以及船员的个人物品）的上船是否得到了监控。

（6）货物装卸和船舶物料交付是否得到了监控。

（7）船舶保安通信和设备是否随时可用。

（二）现场保安检验采用的主要方式

在现场保安检验过程中，评估人员可以使用现场保安检验清单的方法，以确保不遗漏任何重要的保安检验项目。通过与船上人员的交谈、核查船舶正在执行的船上操作程序、规定并进行现场实地检查，核实船舶现场保安检查清单上的每一项目，并做出评价和记录。

（三）现场保安检验的主要内容

现场保安检验过程应检查和评估现有的保安措施、程序和操作，包括紧急和常规操作状态，主要有：

（1）现有船上人员的职责和任务，增加保安任务对船舶安全操作的影响。

（2）现有的保安通信程序和措施，以及在受到保安威胁时，保持通信畅通的必要措施。

（3）评估保安状况的程序及保持保安监控设备和系统持续有效程序（包括识别和响应保安设备或系统失效或故障的程序）。

（4）保护敏感信息的程序和实践。

（5）保安设备和系统的维护。

（6）危险货物的控制。

（7）人员登船。

（8）限制区域。

（9）货物装卸和船上物料交付。

（10）处置无人照看的行李。

（11）保安监视方法。

（12）应急措施（包括安全设备、应急撤离路线、应急计划）。

此外，现场保安检验应检查和评价用于进入通道控制的方法和程序，包括：

（1）人员和随身物品的检查、控制和监视。

（2）货物、船舶补给品和行李的检查、控制和监视。

评估人员应检查每一个通道，包括露天甲板，评估其被可能从事非法行为人员所利用的可能性，包括以合法身份进入以及企图以未经许可进入的通道。

七、薄弱点识别和减轻措施

船舶保安薄弱环节系指在船舶保安体系中应对、戒备保安威胁或攻击的能力缺陷。船舶保安薄弱环节通常包括人员、保安设备与系统、管理方针以及保安程序方面的缺陷。船舶保安薄弱环节包括，但不限于以下方面：

（1）船舶保安组织不健全。

（2）船上人员的保安警觉性不高。

（3）与船上保安有关的人员对自己的职责不明确。

（4）由于疲劳而不能保持有效的保安警戒。

（5）不能有效地控制接近和进入船舶。

（6）不能有效地监控船舶内部（包括甲板和限制区域）及船舶周围。

（7）不能及时获得公司和其他外部支持。

（8）不能有效地实施船舶保安应急程序。

（9）船舶保安计划及保安措施不能适应船舶当时的营运环境。

（10）船舶保安设备和系统不能经常保持有效状态等。

评估人员应通过现场保安检查识别船舶保安措施的薄弱环节，并分析确定改进措施。针对船舶保安薄弱环节所制定的改进措施的有效性，应该通过上述第五部分中的风险评价所获得的脆弱性程度予以评价。

八、船舶保安评估报告的撰写和认可

完成船舶保安评估后，评估人员应组织编写评估报告。船舶保安评估报告的内容至少应包括如下几个方面：

（1）船舶保安评估实施概要。

（2）评估所发现的每一个薄弱环节。

（3）解决薄弱环节的对应措施。

船舶保安评估报告应由公司保安员组织审查并认可，如果船舶保安评估不是由公司执行，公司保安员也必须对该报告进行评审和认可。

船舶保安评估报告应予以保密，未经授权不得查阅或泄露。

九、定期和重新评估

当船舶发生如下方面的变化，公司保安员应组织重新进行保安评估，包括现场保安检验：

（1）船舶航线发生变更。

（2）船舶管理和操作发生变化，若船员的重大调整，包括数量来源、船舶用途变化等。

（3）船舶结构、保安设备和系统发生重大变化。

若有以下情况，应对船舶保安评估进行定期评审，必要时对评估报告及保安计划进行相应修改：

（1）每 12 个月的时间间隔。

（2）训练和演习结果认为必要时。

（3）发生重大保安事件并认为需要时。

第三章　船舶保安计划

《船舶保安计划》是为确保船舶采取保护船上人员、货物、船舶物料以及船舶免受保安事件威胁的措施而制订的计划。《船舶保安计划》应能保证船舶通常保持在保安等级1上营运，在接到指令时，能够采取额外的或加强的保安措施而升级到保安2，并在保安等级3时对可能接到的保安指令做出反应。公司和船舶保安员应监督《船舶保安计划》持续有效，开展独立的内部审核。《船舶保安计划》的任何修改，必须报经主管机关批准。

ISPS 规则规定船舶必须持有《国际船舶保安证书》，还规定了公司保安员和船舶保安员以及其他负有保安职责的船上和岸上人员的知识培训、演练和演习的要求。

本章结合《船舶保安计划》编制样本，以中英文对照的形式比较详尽地介绍《船舶保安计划》涉及的内容、措施和程序，以帮助大家理清编制思路，掌握船舶保安工作要点，为进一步做好船舶保安工作奠定基础。

第一节　概述

一、《船舶保安计划》概述

ISPS 规则对《船舶保安计划》有如下规定：

1. 每艘船均应随船携带经主管机关批准的《船舶保安计划》。该计划应就规则本部分所定义的三个保安等级做出规定。经认可的保安组织可为某一具体船舶编制《船舶保安计划》。

2. 主管机关可将《船舶保安计划》的审查和批准工作或对以前已批准计划的修正的审查和批准工作委托给经认可的保安组织。

在此情况下，从事审查和批准特定船舶的《船舶保安计划》或其修订内容的经认可保安组织，应不曾参与过被审船舶的保安评估的准备或《船舶保安计划》的编写或修订。

3. 提交审批的《船舶保安计划》或对以前经过批准的《船舶保安计划》的修订内容应附有编制该计划或修订内容所依据的保安评估。

4. 此种计划的制订应考虑到本规则B部分的指导，并应以该船的一种或几种工作语言写成。如果所用语言不是英文、法文或西班牙文，还应包括其中一种文字的译文。该计划至少应涉及以下内容：

（1）防止将企图用于攻击人员、船舶或港口的武器、危险物质和装置擅自携带上船的措施。

（2）对限制区域的确定以及防止擅自进入限制区域的措施。

（3）防止擅自上船的措施。

（4）对保安威胁或保安状况的破坏做出反应的程序，包括维持船舶或船/港界面的关键操作的规定。

（5）对缔约国政府在保安等级 3 时可能发出的指令做出反应的程序。

（6）在保安威胁或保安状况受到破坏时的撤离程序。

（7）船上负有保安责任的人员和船上其他参与保安事务人员的职责。

（8）保安活动审核程序。

（9）与计划有关的培训、演练和演习程序。

（10）与港口设施保安活动进行配合的程序。

（11）定期审查和更新该计划的程序。

（12）报告保安事件的程序。

（13）指明船舶保安员。

（14）指明公司保安员，包括 24 h 联系细节。

（15）确保检查、测试、校准和保养船上装备的任何保安设备（如有）的程序。

（16）测试或校准船上装备的任何保安设备（如有）的频度。

（17）指明船舶保安警报系统启动点的安装位置。

（18）船舶保安警报系统的使用，包括试验、启动、关闭、复位和减少误报警的程序、说明和指导。

对计划中规定的保安活动进行内部审核或评估计划实施情况的人员，应独立于所审核的活动，除非由于公司或船舶的大小和性质方面的原因，这样做不可行。

5. 主管机关应决定，对已批准的《船舶保安计划》或已批准计划中所述的任何保安设备的那些改变，在主管机关批准对计划的相关修正前不得实施。任何此类变动均应至少与第 XI-2 章和规则本部分规定的措施同样有效。

根据上述规定，经主管机关特别批准的对《船舶保安计划》或保安设备做出改变的性质，应以明确说明该批准的方式做出书面记录。此批准应与《国际船舶保安证书》或《临时国际船舶保安证书》一起保留在船上。如果这些改变是临时性的，一旦原批准措施或设备被恢复，船上不需再保留该记录。

6. 该计划可以用电子格式保存。在此情况下，应通过程序对其加以保护，以防止其被擅自删除、破坏或修改。

7. 应对计划予以保护，防止擅自接触或泄露。

8. 除了下面规定的情况外，《船舶保安计划》不受按第 XI-2/9 条规定采取监督和符合措施的缔约国政府正式授权官员的检查。

如果缔约国正式授权的官员有明确理由相信船舶不符合第 XI-2 章或规则本部分的要求，且核实或改正不符合情况的唯一办法是审查《船舶保安计划》的相关要求，允许在特殊情况下查看计划中与不符合情况有关的具体章节，但必须征得有关船舶的缔约国政府或船长同意。且无论如何，计划中与上述第 4 条第（2）、（4）、（5）、（7）、（15）、（17）和（18）项有关的规定被视为保密信息，不能受到检查，除非有关缔约国政府另行同意。

9. 记录。《船舶保安计划》涉及的以下活动的记录应按主管机关规定的最低期限保存在船上，并注意第 XI-2/9.2.3 条的规定：

（1）培训、演练和演习。

（2）保安威胁和保安事件。

（3）保安状况受到破坏。

（4）保安等级改变。

（5）与船舶保安状况直接相关的通信，例如对船舶或对船舶所在或曾经在的港口设施的具体威胁。

（6）保安活动的内部审核和审查。

（7）对船舶保安评估的定期审查。

（8）对《船舶保安计划》的定期审查。

（9）保安计划任何修订内容的实施。

（10）保安设备（如有）的保养、校准和测试，包括对船舶保安警报系统的测试。

应采用船上的一种或几种工作语言来保持记录。如果所用语言不是英语、法语或西班牙语，应包括这三种语言之一的译文。记录可以用电子格式保存，在此情况下，应通过程序对其加以保护，以防止其被擅自删除、破坏或修改。应对记录予以保护，防止擅自接触或泄露。

10. 公司保安员。公司应指定一名公司保安员。被指定为公司保安员的人可作为一艘或数艘船的公司保安员，视公司所经营的船舶数量或类型而定，但须明确指定此人所负责的船舶。公司视其所经营的船舶数量或类型，可指定数人作为公司保安员，但须明确指定每人所负责的船舶。

除规则本部分规定的其他内容外，公司保安员的职责和责任还应包括，但不限于以下内容：

（1）利用适当的保安评估和其他相关信息，就船舶可能遇到威胁的水平提出建议。

（2）确保船舶保安评估得以开展。

（3）确保《船舶保安计划》得以制订、提交批准以及随后得以实施和维护。

（4）确保对《船舶保安计划》进行适当修改，以纠正缺陷并符合各船的保安要求。

（5）安排对保安活动进行内部审核和审查。

（6）安排由主管机关或经认可的保安组织对船舶进行初次和后续的核验。

（7）确保迅速解决和处理在内部审核、定期审查、保安检查和符合核验期间确定的缺陷和不符合项。

（8）加强保安意识和警惕性。

（9）确保负责船舶保安的人员受到适当的培训。

（10）确保船舶保安员和有关港口设施保安员之间的有效沟通与合作。

（11）确保保安要求和安全要求的一致性。

（12）若采用了姊妹船或船队的保安计划，确保每条船的计划均准确反映该船具体信息。

（13）确保为某一特定船舶或某一组船舶而批准的任何替代或等效安排得以实施和保持。

11. 船舶保安员。在每艘船上均应指定一名船舶保安员。

除本规则本部分规定的其他内容外，船舶保安员的职责和责任还应包括，但不限于以下内容：

（1）承担船舶的定期保安检查，确保适当的保安措施得以保持。

（2）保持和监督《船舶保安计划》（包括对该计划的任何修订）的实施。

（3）与船上其他人员并与有关港口设施保安员协调货物和船舶备品装卸中的保安事项。

（4）对《船舶保安计划》提出修改建议。

（5）向公司保安员报告内部审核、定期审查、保安检查和符合核验期间所确定的缺陷和不符合项，并采取任何纠正行动。

（6）加强船上保安意识和警惕性。

（7）确保为船上人员提供充分的培训。

（8）报告所有保安事件。

（9）与公司保安员和有关港口设施保安员协调实施《船舶保安计划》。

（10）确保正确操作、测试、校准和保养保安设备（如有）。

12. 船舶保安培训、演练和演习：

（1）应考虑到本规则 B 部分提供的指导，使公司保安员和适当的岸上人员具备知识并接受培训。

（2）应考虑到本规则 B 部分提供的指导，使船舶保安员具备知识并接受培训。

（3）船上承担具体保安职责和责任的人员应理解《船舶保安计划》中为其规定的船舶保安责任，并应考虑到本规则 B 部分提供的指导，具备充分的知识和能力履行其所承担的职责。

（4）为保证《船舶保安计划》的有效实施，应考虑到船舶类型、船上人员的变动、所挂靠的港口设施和其他相关情况，按适当的间隔期开展演练，并考虑到本规则 B 部分提供的指导。

（5）公司保安员应确保通过参加按适当间隔开展的演习，有效协调和实施《船舶保安计划》，并考虑到本规则 B 部分提供的指导。

二、《船舶保安计划》编制要求与思路

（一）编制要求

《船舶保安计划》的制订和修订应依据对船舶保安所有方面全面评估的结果，计划中的相关保安措施应按照保安评估所确定的船舶可能受到的威胁及其发生的可能性排定优先顺序。

《船舶保安计划》的编制应符合 SOLAS 公约第 XI-2 章和 ISPS 规则 A 部分对船舶的各项适用要求，同时还应考虑 ISPS 规则 B 部分给出的各项建议。

船公司应任命一名或数名公司保安员，并明确指定公司保安员所负责的船舶，同时为每艘船舶指定一名船舶保安员。公司保安员的职责是确保船舶开展保安评估、制订《船舶保安计划》。船舶保安员主要负责船舶日常营运的保安工作。《船舶保安评估报告》被公司接受后，公司应当根据船舶保安评估已经确定的船舶特点、潜在威胁和薄弱环节等情况编制《船舶保安计划》。

公司应向中华人民共和国海事局或者其指定的海事管理机构提出《船舶保安计划》审查申请。《船舶保安计划》被批准后，船舶不得擅自更换该计划中所述的任何保安设备。船舶更换已经批准的《船舶保安计划》涉及的任何保安设备，应当与 ISPS 规则规定的内容等效。更换保安设备后的《船舶保安计划》应当经批准该计划的海事管理机构重新认可后方可实施。船舶重新进行保安评估，公司或者公司保安员应当对《船舶保安计划》做出相应的修订后，按本节规定的程序提出申请。

《船舶保安计划》应当保密。在符合下列条件时，执法人员可以查看《船舶保安计划》中与不符合情况有关的具体部分：

（1）有明确理由相信船舶不符合 SOLAS 公约第 XI-2 章或者 ISPS 规则 A 部分的要求，且只能通过审查《船舶保安计划》的相关要求验证或者纠正不符合情况。

（2）中国籍船舶征得船籍港海事管理机构或者船长的同意，但对计划中的保密信息未经中华人民共和国海事局另行同意，不能受到检查；外国籍船舶征得其所属缔约国政府或者船长的同意，但对计划中的保密信息未经其所属缔约国政府同意，不能受到检查。

计划中的保密信息包括：

（1）对限制区域的确定以及防止擅自进入限制区域的措施。

（2）对保安状况受到的威胁或者破坏做出响应的程序，包括维持船舶或者船/港界面的关键操作的规定。

（3）对缔约国政府在处于保安等级 3 时可能发出的任何指令做出响应的程序。

（4）船舶上负有保安责任人员的职责和船舶上其他人员在保安方面的职责。

（5）确保检查、测试、校准和保养船上任何保安设备的程序。

（6）指明船舶保安警报系统启动点所在位置。

（7）船舶保安警报系统的使用，包括试验、启动、关闭和复位以及限制误发警报的程序、说明和指导。

如果同一公司所有、租赁或者管理的船舶的种类、通信、报警、消防、救生等主要设备、结构相同或者相近，事先取得船籍港海事管理机构同意，可以共同编制一份《船舶保安计划》。

（二）编制思路

如何来编制一份内容翔实、结构完整的《船舶保安计划》，是船舶非常关心的问题，《船舶保安计划》编制样本，或许可以帮助我们梳理一下编制思路。

《船舶保安计划》编制样本，框架结构基本上能够满足 ISPS 规则的相关要求，可以说是一套比较完整的《船舶保安计划》编制纲要，船公司可以根据自身情况，以船舶保安评估为依据，结合《船舶保安评估报告》确定的船舶特点、潜在威胁和薄弱环节，参考《船舶保安计划》编制样本，考虑 ISPS 规则 B 部分提供的指导，完善补充相关程序、措施细节，制订出行之有效的《船舶保安计划》。

以下为一份《船舶保安计划》的编制样本。

《船舶保安计划》编制样本

目 录

6 保安记录和保安声明

6.1 保安记录

6.2 文件保密

6.3 PSC 检查本计划的明显理由

6.4 保安声明

7 与港口设施联络与协调

7.1 进港前保安信息报告

7.2 信息说明

7.3 协调船/港保安等级

7.4 提供联络点

8 登船通道

8.1 登船通道的限定

8.2 登船通道的保安措施

8.3 保安巡逻

9 登船人员

9.1 登船人员的控制

9.2 搜查程序

9.3 船员管理

9.4 码头工人识别和控制

9.5 梯口值班

10 限制区域

10.1 限制区域的限定

10.2 限制区域的保安措施

10.3 限制区域的警示标志

10.4 万能钥匙及钥匙控制和管理

11 货物操作

11.1 货物装卸保安措施

11.2 货物检查方法

11.3 可疑货物的处理

11.4 记录本

12 船舶物料交付

12.1 供应商的控制

12.2 船舶物料交付保安措施

12.3 可疑物料的处理

13 **无人照管行李处置**

13.1 无人照管行李处置保安措施

14 **船舶保安监控**

14.1 保安监控区域的限定

14.2 保安监控措施

14.3 保安照明

15 **船舶保安设备**

15.1 保安设备

15.2 保安设备的维护、校准和测试

15.3 警报系统

16 **通信**

16.1 保安通信规定

16.2 对外通信系统

16.3 内部通信

16.4 识别求救信号

17 **各保安等级的要求**

17.1 船舶在不同等级时的行动要求

17.2 保安等级3时对缔约国政府指令的响应

18 **各保安等级的保安措施**

18.1 控制进入船舶通道保安措施

18.2 船上限制区域控制措施

18.3 货物装卸保安措施

18.4 交付船舶物料保安措施

18.5 处置无人照管的行李保安措施

18.6 监控船舶保安

19 **保安事件报告程序**

19.1 保安事件的报告

19.2 保安事件报告格式

20 **船舶保安应急反应程序**

20.1 目的

20.2 船舶保安应急反应程序

20.3 职责

20.4 炸弹或其他可疑物质搜索

20.5 撤离应急程序

20.6 海盗行为和武装袭击保安须知

20.7 可疑小船接近船舶的反应

20.8 船舶或人员被劫持时的操作须知

20.9 电话炸弹威胁反应程序

20.10 禁毒和发现毒品及违禁物品的应对程序

20.11 偷渡事件应对须知

20.12 失去稳性

20.13 船舶进厂维修的保安程序

20.14 货物破坏的应急程序

21 与未执行 ISPS 规则的港口设施或船舶进行界面活动时的保安措施

21.1 活动种类

21.2 保安风险评估

21.3 应采取的措施

22 审核、评估和评审程序

22.1 目的

22.2 职责

22.3 船舶保安内部审核程序

22.4 船舶保安的定期评估程序

22.5 船舶保安计划的定期评审程序

本章以下部分将以中英文对照的方式，比较详尽地阐述《船舶保安计划》涉及的内容，尤其对船舶人员、乘客、来访者等进入船舶；船上的限制区域；货物装卸；船舶物料交付；无人照管行李的处置；船舶保安监控等方面所采取的各等级的保安措施，以及船舶应急反应程序进行重点介绍，以期更好地理解和掌握船舶保安知识，有效实施《船舶保安计划》，进一步做好船舶保安工作。

第二节　前言、定义、公司信息和船舶资料

一、前言 Preface

（一）目的和依据 Purpose and regulatory basis

编制和实施本《船舶保安计划》目的旨在为船舶提供保安方面的指导，采取有效的保安防范措施，以防止对本船和船员的非法行为。

The purpose of this Ship Security Plan (SSP) is to provide security instructions for the ship and take effective security measures to prevent illegal acts against the ship and the crew.

编写依据 Criteria for preparation:

（1）SOLAS 74 公约第 XI-2 章。

Chapter XI-2 of SOLAS 1974.

（2）《国际船舶和港口设施保安规则》（ISPS 规则）A 部分。

The International Ship and Port Facility Security (ISPS) Code, Part A.

（3）《国际船舶和港口设施保安规则》（ISPS 规则）B 部分，特别是 8.1 至 13.8 节。

The International Ship and Port Facility Security (ISPS) Code, Part B, paragraphs 8.1 to 13.8.

（二）批准和实施 Approval and implementation

本计划经主管机关或经主管机关认可的保安组织（RSO）审查和批准，然后在船舶贯彻实施、维护和更新。本计划的任何修改必须经公司保安员和船长批准后，由船舶保安员负责实施。计划的重大更改，必须经船旗国主管当局或其授权的保安组织批准。

Before the implementation, maintenance and renewal of this SSP on board the ship, it should be audited and approved by the flag administration or a Recognized Security Organization (RSO). The Ship Security Officer (SSO) is responsible for issuing revisions to this plan after the revisions have been approved by the Master and the Company Security Officer (CSO). Major changes to this plan are not effective until it has been approved by the flag administration or RSO.

（三）信息披露和保密 Information publish and confidentiality

本计划包含了某些限制和保密信息，应予以保护，防止擅自接触和泄露。

This SSP contains restricted and confidential information which should be protected from unauthorized access and disclosure.

本计划接受主管机关或经主管机关批准的保安组织的审查和批准，也接受公司保安员、船长和船舶保安员的查阅、保管、维护和更新。

This SSP is to be audited and approved by the Administration and RSO and to be consulted, maintained, kept and renewed by CSO, the Master and SSO.

本计划不接受港口国监督检查官的审查，除非有明确理由认为审查该计划是唯一办法。同时，这种审查必须经船舶主管当局或船长同意。

This SSP is not subject to inspection by officers of Port State Control (PSC) unless there are clear grounds to believe the inspection of the plan is the only means, but only with the consent of the flag administration or the Master.

（四）文件的控制 Document control

本计划为公司的受控文件，对其发放和管理予以严格控制，只限制发放至与计划实施或评估密切相关的人员。公司对计划进行“保密文件，注意保护”和“受控文件”的特别标志并予以严格管理。

This SSP is the Company’s controlled document. Its distribution and management must be strictly controlled. It is restricted to personnel that have a need to know for purposes of implementation or assessment. The plan should be clearly marked with "confidential document" and "controlled document".

（五）修改记录 Revision sheet

（1）如有必要对本计划修改，应加入新的章节。

When it becomes necessary to revise this manual revision will be made by the issue of the new relevant section.

（2）修改页应标志修改编号，经船长或主管人员签署后插入本计划并在本修改记录中记载（参见表3-1）。

These revised pages will bear a new revision number that must be entered on this revision sheet and initialled by the Master or responsible manager after insertion into this book (see Table 3-1).

表3-1 保安计划修改记录（样表）

文件章节编号 Document Section Number	修改号 Revision Number	修改日期 Date Inserted	主管人员或 船长签名 Manager's or Master's Initials
初始文件 Initial Edition	1.0		XXXXX

二、定义 Definitions

1. 公司系指船舶所有人或其他组织或个人, 诸如管理者或光船租借人, 他们已从船舶所有人处接受船舶经营的责任。

Company means the owner of the ship or any other organization or person such as the manager, or the bareboat charter, who has assumed the responsibility for operating the ship from the ship's owner.

2. 船舶保安计划系指为确保在船上采取旨在保护船上人员、货物、货物运输单元、船舶物料及船舶免受保安事件威胁的措施而制订的计划。

The Ship Security Plan (SSP) means a plan developed to ensure the application of measures on board the ship designed to protect persons on board, the cargo or the ship from the risks of a security incident.

3. 公司保安员（CSO）系指由公司所指定的人员，负责确保船舶保安评估得以开展、《船舶保安计划》得以制订、提交批准，而后得以实施和维持，并与港口设施保安员和船舶保安员进行联络。

Company Security Officer (CSO) means the person designated by the Company for ensuring that a ship security assessment is carried out; that a Ship Security Plan is developed, submitted for approval, and thereafter implemented and maintained and for liaison with Port Facility Security Officers and the Ship Security Officer.

4. 船舶保安员（SSO）系指由公司指定的承担船舶保安责任的船上人员，其对船长负责，责任包括实施和维护《船舶保安计划》以及与公司保安员和港口设施保安员进行联络。

Ship security officer (SSO) means the person on board the ship, accountable to the Master, designated by the Company as responsible for the security of the ship, including implementation and maintenance of the Ship Security Plan and for liaison with the company security officer and port facility security officers.

5. 港口设施保安员（PFSO）系指被指定负责制订、实施、修订和维持《港口设施保安计划》以及与船舶保安员和公司保安员进行联络的人员。

Port facility security officer (PFSO) means the person designated as responsible for the development, implementation, revision and maintenance of the Port Facility Security Plan and for liaison with the ship security officers and company security officers.

6. 保安事件系指威胁船舶（包括海上移动式钻井平台）、船员、乘客、船上备品和货物的保安，或港口设施保安的任何蓄意的可疑行为。

Security incident means any deliberate suspicious act threatening the security of a ship, including a mobile offshore drilling unit, its crew, passengers, store and cargo, or of a port facility.

7. 非法行为系指构成对船舶（包括海上移动式钻井平台）、船员、乘客、船上备品和货物的犯罪行为。

Unlawful act means any criminal act directed against ships (including mobile offshore drilling units), crew, passengers, stores and cargo on board.

8. 保安等级系指企图造成保安事件或发生保安事件的风险级别划分。

保安等级 1：系指应始终保持最低限度的适当防范性保安措施的等级。

保安等级 2：系指由于保安事件危险性升高而应在一段时间内保持适当的附加防范性保安措施的等级。

保安等级 3：系指当保安事件可能或即将发生（尽管可能尚无法确定具体目标）时应在一段时间内保持进一步的特殊防范性保安措施的等级。

Security level means the qualification of the degree of risk that a security incident will be attempted or will occur.

Security level 1 means the level for which minimum appropriate protective security measures shall be maintained at all times.

Security level 2 means the level for which appropriate additional protective security measures shall be maintained for a period of time as a result of heightened risk of a security incident.

Security level 3 means the level for which further specific protective security measures shall be maintained for a limited period of time when a security incident is probable or imminent, although it may not be possible to identify the specific target.

9. 船/港界面活动系指当船舶受到往来于船舶的人员货物移动或港口服务提供等活动的直接和密切影响时发生的交互活动。

Ship/ port interface means the interactions that occur when a ship is directly and immediately affected by actions involving the movement of persons, goods or the provisions of port services to or from the ship.

10. 港口设施系由缔约国政府或由指定当局确定的发生船/港界面活动的场所其中包括锚地、

候泊区和进港航道等区域。

Port facility is a location, as determined by the Contracting Government or by the Designated Authority, where the ship/port interface takes place. This includes areas such as anchorages, waiting berths and approaches from seaward, as appropriate.

11. 船对船活动系指涉及物品或人员从一船向另一船转移的任何与港口设施无关的活动。

Ship to ship activity means any activity not related to a port facility that involves the transfer of goods or persons from one ship to another.

12. 《保安声明》（DOS）系指船舶与作为其界面活动对象的港口设施或其他船舶之间达成谅解的书面记录，规定各自将实行的保安措施。

Declaration of Security (DOS) means an agreement reached between a ship and either a port facility or another ship with it interfaces specifying the security measures each will implement.

三、公司联络信息和船舶资料 Company Contact Information and Ship's Particulars

（一）公司联络信息 Company contact information

1. 公司总部 Company headquarters

（1）公司名称（Company Name）。

（2）地址（Address）。

（3）调度室电话号码（Office Phone Number）。

（4）传真号码（Fax Number）。

2. 公司保安员 Company security officer (CSO)

（1）姓名（Name）。

（2）办公室电话号码（Office Telephone Number）。

（3）地址（Address）。

（4）电子邮箱（E-mail）。

（5）家庭电话号码（Home Telephone Number）。

（5）移动电话号码（Mobile Phone Number）。

3. 船舶保安员 Ship security officer (SSO)

见本章第十三节。

（二）船舶资料 Ship particulars

船名： Ship's Name:	船旗： Flag:
呼号： Call Sign:	IMO 登记号： IMO Number:

船型：
Ship Type:
贸易区域：
Trading Area:
总长（m）：
Length Overall (m):
型宽（m）：
Moulded Breadth (m):
总吨（t）：
Gross Tonnage (t):
净吨（t）：
Net Tonnage (t):
夏季满载吃水（m）：
Summer Draft (m):
夏季干舷高度（m）：
Summer Freeboard (m):
夏季排水量（m^3）：
Summer Displacement (m^3):
夏季载重吨（t）：
Summer Deadweight (t):

船舶经营/管理人：（名称和地址）

Ships Operator/ Manager: (Name and Address):

××××××××公司/中国××市×××区××路××号

×××××××× CO., LTD. / ×××××

第三节　船舶保安组织结构和职责

一、保安方针 Security Policy

××公司的保安方针是：提供相应的资源，建立和执行船舶保安计划，与船旗国和港口一起合作，防止非法行为，为船舶提供一个良好的保安环境。

The Security Policy of XX CO., LTD is to provide relevant resources to establish and implement Ship Security Plan, to co-operate with flag state and port authorities, to protect the ship and her crew from threats posed by illegal actions and to provide the fleet of the Company a safety and security environment.

二、保安组织结构 Security Organization

以下部分描述了保安组织结构及船长、公司保安员、船舶保安员和其他保安人员的职责。

The following section describes the structure of security including the duties of the Master, CSO, SSO and security personnel.

公司及船舶的保安组织结构（见图 3-1）：

The security organizational structure of the company and ships (see Fig. 3-1):

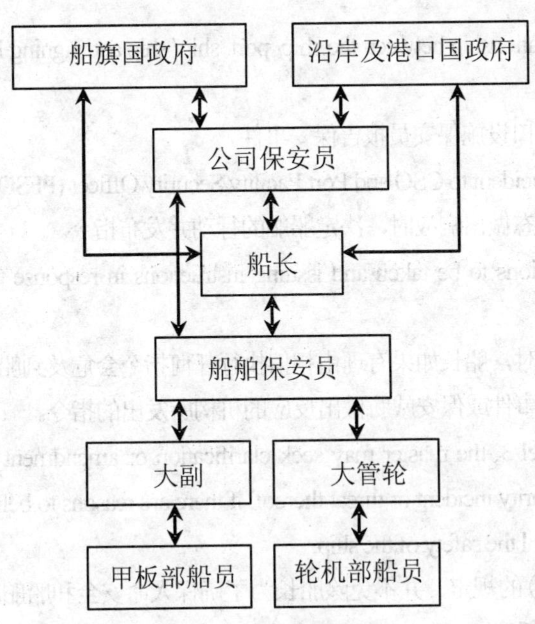

图 3-1　保安组织结构图

三、船长 The Master

（一）船长的权力声明 Overriding authority of the Master

公司郑重声明 Company's solemn declaration:

船长有绝对权利和责任对船舶保安方面做出决定，并有权要求公司和任何缔约国提供协助。

The Master has the overriding authority and responsibility to make decision with respect to the ship security and to request the assistance of the Company and of any Contracting Government as may be necessary.

船长为维护船舶的保安，根据自己的专业判断采取的任何决定，不受公司、承租人或其他任何人的约束，包括限制人员登船（缔约国政府授权官员除外）其他物品上船和拒绝装货。

The Master shall not be constrained by the Company, charter or any other person from taking any decision which, in his judgement, is required to maintain the security of the ship. This includes denial of access to persons (except those authorised by Contracting Governments) or their effects and refusal to load cargo.

（二）船长的保安职责 Security responsibility of the Master

船长对船舶、船员及货物的安全和保安全权负责。

The Master shall be fully responsible for the safety and security of the ship, crew and cargo.

监督、检查船舶保安计划的贯彻实施。

Superintending and inspecting the implementation of SSP.

协调好船/港、船/船关系，代表船舶签署《保安声明》。

Coordinating the relationship between the ship/ port, ship/ ship and signing Declaration of Security on behalf of the ship.

向公司保安员和港口设施保安员报告保安事件。

Reporting security incident to CSO and Port Facility Security Officer (PFSO).

在对港口的准备状态做出响应时，决定船舶的行动并发布指令。

Determining the actions to be taken and issuing instructions in response to readiness conditions in port.

即便在保安等级3时，船长如果有理由相信执行任何指令会危及到船舶的安全时，有权要求澄清或要求修改对保安事件或保安威胁做出反应的机构所发出的指令。

Even at security level 3, the master may seek clarification or amendment of instructions issued by those responding to a security incident or threat thereof, if there are reasons to believe that compliance with any instruction may imperil the safety of the ship.

船舶保安计划(SSP)的规定，并不免除船长为了确保人命安全和船舶所采取的相应措施和发布命令的绝对权利和责任。

As required in the ship security plan (SSP), the master is not exempted from the absolute authority and responsibility for the safety of the ship and personnel on board.

四、公司保安员 Company Security Officer (CSO)

公司保安员（CSO）全面负责保安，其职责包括：

The Company Security Officer (CSO) is responsible for all aspects of security. The duties of CSO are to include:

1. 利用适当的保安评估和其他相关信息，通知船舶可能遇到的威胁等级。

Advising the level of threats likely to be encountered by the ship, using appropriate security assessments and other relevant information.

2. 确保船舶保安评估得以实施。

Ensuring that ship security assessments are carried out.

3. 确保《船舶保安计划》的制订、提交、批准及实施和维护。

Ensuring the development, the submission for approval, and thereafter the implementation and maintenance of the SSP.

4. 确保对《船舶保安计划》进行适当修改，以纠正缺陷并符合各船的保安要求。

Ensuring that the SSP is modified, as appropriate, to correct deficiencies and satisfy the security requirements of the individual ship.

5. 安排对保安活动进行内部审核和评审，包括政府当局的检查。

Arranging for internal audits and reviews of security activities, including inspections by government authorities.

6. 安排由船舶主管机关或经认可的保安组织对船舶进行初次和后续的核验。

Arranging for the initial and subsequent verifications of the ship by the Administration or the recognized security Organization.

7. 确保迅速解决和处理在内部审核、定期评审、保安检查和符合核验期间确定的缺陷和不符合项。

Ensuring that deficiencies and non-conformities identified during internal audits, periodic reviews, security inspections and verifications of compliance are promptly addressed and dealt with.

8. 加强保安意识和警惕性。

Enhancing security awareness and vigilance.

9. 确保负责船舶保安的人员受到适当的培训。

Ensuring adequate training for personnel responsible for the security of the ship.

10. 确保船舶保安员和有关港口设施保安员之间的有效联络与合作。

Ensuring effective communication and co-operation between the Ship Security Officer and the relevant port facility security officers.

11. 确保保安要求和安全要求的一致性。

Ensuring consistency between security requirements and safety requirements.

12. 如果采用了姊妹船或船队的保安计划，确保每条船的计划均准确反映该船具体信息。

Ensuring that, if sister-ship or fleet security plans are used, the plan for each ship reflects the ship specific information accurately.

13. 确保保安措施对长住船上人员应特别考虑到方便、舒适和船上人员的隐私以及他们长期保持有效性的能力。

Ensure security measures give particular consideration to the convenience, comfort, and personal privacy of ship personnel and their ability to maintain their effectiveness over long periods.

14. 负责公司的保安方针有效执行和展开，并可直接向公司最高领导层报告。

CSO has direct access to the highest level of management and is responsible for the development, implementation, and efficiency of company security policies.

五、船舶保安员 Ship Security Officer (SSO)

船舶保安员向船长报告有关船舶保安方针、计划安排和程序的执行情况及存在的问题。其主要职责如下，但不限于此：

SSO reports to the Master for the overall management and oversight of all shipboard security policies, programs and procedures. His responsibilities include, but are not limited to:

1. 定期进行船舶保安检查，确保保持适当的保安措施。

Performing regular security inspections of the ship to ensure that appropriate security measures are maintained.

2. 实施《船舶保安计划》，包括对该计划的任何修订。

Implementing and maintaining the SSP, including any amendments to the plan.

3. 与船上其他人员并与有关港口设施保安员协调货物和船舶物料装卸中的保安事项。

Coordinating the security aspects of the handling of cargo and ship's stores with other shipboard personnel and with the relevant port facility security officers.

4. 对《船舶保安计划》提出修改建议，改正缺陷，从而确保符合船舶保安要求。

Proposing modifications to the SSP to correct deficiencies and satisfy the security requirement of the ship.

5. 向公司保安员报告内部审核、定期评审、保安检查和符合核验期间所确定的缺陷及不符合项，并采取有效的纠正行动。

Reporting to CSO for any deficiencies and non-conformities identified during internal audits, periodic reviews, security inspections and verifications of compliance and implementing any corrective actions.

6. 加强船上及在港期间的保安意识和警惕性。

Ensuring security awareness and vigilance onboard the ship and within terminals.

7. 确保对船上所有负责保安人员进行适当的培训。

Ensuring that adequate training has been provided for all personnel responsible for security.

8. 向船长和公司保安员、相关港口设施保安员报告船上所有发生或怀疑可能发生的非法行为，必要时还应向船旗国指定当局报告。

Reporting all occurences or suspected occurrences of unlawful acts committed onboard the ship to the Master, CSO, PFSO, and where necessary, to the ship's flag states designated authorities.

9. 与公司保安员和有关港口设施保安员协调实施《船舶保安计划》。

Coordinating the implementation of the Ship Security Plan with CSO and the designated PFSO.

10. 确保正确操作、测试、校准和保养保安设备。

Ensuring that security equipment is properly operated, tested, calibrated, and maintained.

11. 在船长授权下，代表船舶完成《保安声明》。

Completing the Declaration of Security on behalf of the ship authorized by the Master.

六、船员 Officers and Crew

全体船员对船长和船舶保安员负责，确保任何时候均保持警惕，并向他们汇报任何保安方面的动态。理解和实施《船舶保安计划》，完成船舶保安员指派给他们的相关保安任务。

All crew members shall be responsible to the Master and SSO, ensure be vigilant at all times and report all security development to them. Good understanding and implementation of the SSP and completion of their respective duties designated to them are required.

具体分工如下。Duties as follows.

1. 大副：协助船舶保安员对外联络；全面负责甲板部的保安；组织甲板部人员进行应急反应

行动；是保安应急反应行动的现场指挥（机舱应急反应行动除外）兼2号艇艇长。

Chief Officer: assisting SSO with external communication; be responsible for the comprehensive security of the Deck department; organizing deck department crew members to respond to the emergency (excluding the engine room responding action to emergency) as the on-scene director and coxswain of the Life Boat No 2.

2. 轮机长：全面负责轮机部的保安；组织轮机部人员进行应急反应行动；是机舱应急反应行动的现场指挥。

Chief Engineer: be responsible for the comprehensive security of the engine department, organizing engine department crew members to respond to the emergency as the on-scene director.

3. 二副：具体负责驾驶台及其周围、海图室的保安，包括AIS及保安报警系统的日常维护保养和定期校准、测试；并负责对伤员的救护。

Second Mate: be responsible for the security of the bridge and its surrounding area and chart room; be responsible for the daily maintenance, periodical calibration and testing of AIS and security alarm system; be responsible for rescue of the wounded.

4. 三副：具体负责救生、消防设备的保安工作；弃船时担任1号艇艇长。

Third Mate: be responsible for the security of life-saving equipments, fire-fighting equipments; assume the duty as the coxswain of the lifeboat No. 1 when the ship is abandoned.

5. 大管轮：组织协调轮机部的保安工作，具体负责主机、舵机房的保安。

Second Engineer: to organize and co-ordinate the security implementation of Engineering Department, specifically responsible for the security of main engine and steering gear room.

6. 二管轮：具体负责副机、空压机、燃油分油机、速闭阀的保安。

Third engineer：Be responsible for the security of generator, air compressor, F.O. purifier and quick close valve.

7. 三管轮：具体负责锅炉、管路及所辖物料间的保安。

Fourth Engineer: be responsible for security of the stokehold, pipeline and his responsible stores room.

8. 冷藏员：具体负责中央空调间，冷冻冷藏设备的保安。

Refrigeration Engineer: be responsible for the security of central air-conditioning room, reefer plant and its equipment.

9. 电焊工：具体负责氧气、乙炔间和电焊间的保安。

Welder: be responsible for the security of oxygen, acetylene room and welding room.

10. 电机员：具体负责应急电源间、供电系统和设备、电器配件及所辖物料间的保安。

Electric officer: be responsible for security of emergency battery room, power supply system and its equipment, electric spares and his responsible stores room.

11. 水手长：负责甲板部设备和物料的安全和保安。

Boatswain: be responsible for the safety and security of the deck machinery and deck stores.

12. 水手：遵照船舶保安员或水手长安排的保安工作。

Sailor: following the instruction of SSO or boatswain to carry out the security duties.

13. 机工：遵照船舶保安员或大管轮安排的保安工作。

Motorman: following instruction of SSO or Second Engineer to carry out the security duties.

14. 大厨：具体负责食品仓库、冰库、干货间、厨房的保安。

Chief Cook: be responsible for the security of the provision store, icehouse, drysaltery store and kitchen.

第四节　培训、演练和演习

一、培训 Training

1. 公司保安员和船舶保安员负责确保船上所有人员得到适当的保安培训，了解和掌握如下的保安知识：

CSO and SSO are responsible for ensuring that appropriate security training is conducted for all the ship's personnel and the following security knowledge is well understood and acquired:

（1）有关船舶保安方面的国内外规定、公约、规则、导则及其修正案。

Relevant domestic and overseas regulations, code, rules, guidance and their amendments concerning ship's security.

（2）各自的保安责任、权利和相互关系。

Each people's security duties, right and their interrelationship.

（3）各保安等级的含义和应采取相应保安措施。

The meaning of different security levels and the consequential security measures to be taken.

（4）保安应急部署和应急程序及应急措施。

Security emergency arrangement, procedures and measures.

（5）保安信息交流和通信。

Security information exchange and communication.

（6）辨认和发现武器、危险物质和装置。

Recognition and detection of weapons, dangerous substance and devices.

（7）辨认可能构成威胁的人员的特征和行为模式。

Recognization of characteristics and behavioral pattern of persons who are likely to threaten security.

（8）用于规避保安措施的技巧和方法。

Skills and techniques used to circumvent security measures.

（9）保安设备和系统的操作。

Operation of security equipment and system.

（10）检查、控制和监控技巧。

Skills of inspection, control, and monitoring.

（11）人员、个人物品、行李、包裹、货物和船舶物料进行物理搜查的方法。

Methods of physical screening of persons, personal effects, baggage, parcels, cargo and ship stores.

2. 船舶保安员还应充分了解下列方面并接受相关培训：

The SSO should have adequate knowledge of, and receive training, in some or all of the following, as appropriate:

（1）船舶布置图。

The layout of the ship.

（2）船舶保安计划和相关程序（包括反应方式实景培训）。

The Ship Security Plan and related procedures (including scenario based training on how to respond).

（3）对人群的管理和控制技巧。

Crowd management and control techniques.

（4）保安设备和系统操作。

Operations of security equipment and systems.

（5）实验、测试以及海上航行时对保安设备和系统的维护。

Testing, calibration and whilst at sea maintenance of security equipments and systems.

3. 船上负责保安人员应熟知并具备履行其职责的能力，包括：

Shipboard personnel having specific security duties should have sufficient knowledge and ability to perform their assigned duties, including, as appropriate:

（1）了解目前的保安威胁及其模式。

Knowledge of current security threats and patterns.

（2）识别和发现武器、危险物质和装置。

Recognition and detection of weapons, dangerous substances and devices.

（3）在非歧视的基础上识别可能构成威胁的人员特点和行为模式。

Recognition, on a non discriminatory basis, of characteristics and behavioural patterns of persons who are likely to threaten security.

（4）规避保安措施的技巧。

Techniques used to circumvent security measures.

（5）对人群的管理和控制技巧。

Crowd management and control techniques.

（6）与保安有关的通信。

Security related communications.

（7）了解应急程序和应急计划。

Knowledge of the emergency procedures and contingency plans.

（8）保安设备和系统的操作。

Operations of security equipment and systems.

（9）保安设备和系统的测试、校准以及海上航行时的维护。

Testing, calibration and whilst at sea maintenance of security equipment and systems.

（10）检查、控制和监控技巧。

Inspection, control, and monitoring techniques.

（11）对人员、个人物品、行李、包裹、货物和船上物料进行实地搜查的方法。

Methods of physical searches of persons, personal effects, baggage, cargo and ship' stores.

4. 船上所有船员必须了解和熟悉船舶保安计划的有关规定，包括：

All other shipboard personnel should have sufficient knowledge of and be familiar with relevant provisions of the SSP, including:

（1）各保安等级的意义和结果要求。

The meaning and the consequential requirements of the different security levels.

（2）了解应急程序和应急计划。

Knowledge of the emergency procedures and contingency plans.

（3）识别和发现武器、危险物质和装置。

Recognition and detection of weapons, dangerous substances and devices.

（4）在非歧视的基础上识别可能构成威胁的人员特点和行为模式。

Recognition, on a non discriminatory basis, of characteristics and behavioural patterns of persons who are likely to threaten security.

（5）规避保安措施的技巧。

Techniques used to circumvent security measures.

（6）保安培训内容、培训对象、培训时间和培训要求见“保安培训一览表”（见表3-2）。

Contents, trainees, schedule and requirements of training see Security Training List (see Table 3-2).

二、演练和演习 Drills and Exercises

通过演练和演习提高船舶对保安威胁和保安状况破坏的应变能力，确保船舶保安和安全。

Ensure the safety and security of the ship through drills and exercises to improve the response ability when ship security is threaten and breached.

1. 船舶演练 Drills on board the ship

（1）船舶保安员至少每3个月进行一次保安演练。如可能，保安演习可与其他演习结合进行综合演习。

SSO should organize security drills once at least every 3 months. If possible, such drills may be conducted along with other drills.

（2）超过25%的船员发生变更，且这些人员在最近3个月中未参加过本船演练，必须在船员发生变更的一周内进行一次演练。

When over 25% crew members are changed and they did not join the drills onboard own ship in the past 3 months, a security drill must be conducted within one week after such crew change.

2. 演练应测试本计划的每一保安威胁要素：

Drills should test individual security threat element described in the SSP:

（1）对船舶或港口设施的损坏或破坏，例如通过爆炸、纵火、破坏或恶意行为。

Damage to, or destruction of, the ship or of a port facility, e.g. by explosion, arson, sabotage or vandalism.

（2）劫持或夺取船舶或船上人员。

Hijacking or seizure of the ship or of persons on board.

（3）损坏货物、船舶关键设备或系统或船舶物料。

Tampering with cargo, essential ship equipment or systems, or ship's stores.

（4）未经允许使用或进入，包括藏于船上的偷渡人员。

Unauthorized access or use, including presence of stowaways.

（5）走私武器或设备，包括大规模杀伤性武器。

Smuggling weapons or equipment, including weapons of mass destruction.

（6）使用船舶载运企图制造恐怖事件的人员和/或其设备。

Use of the ship to carry those intending to cause a security incident and/or their equipment.

（7）使用船舶本身作为损坏或破坏的武器或方法。

Use of the ship itself as a weapon or as a means to cause damage or destruction.

（8）从海上攻击停靠或锚泊的船舶。

Attacks from seaward whilst at berth or at anchor.

（9）在海上攻击航行的船舶。

Attacks from seaward whilst at sea.

（10）各种演练项目和要求见"演练和演习一览表"（见表3-3）。

All items and requirements of drills see Drills and Exercises List (see Table 3-3).

3. 联合演习 Joint Exercises

（1）每个日历年度应参加一次联合演习，且两次演习的时间间隔不超过18个月。

Exercises are conducted at least once each calendar year, with no more than 18 months between exercises.

（2）船岸联合演习可以是：

Shore and ship joint exercises are either:

①全方位或实况演习； Full scale or live;

②桌面模拟或讨论会； Tabletop simulation or seminar;

③与其他演习合并； Combined with other appropriate exercises;

④以上演习合并的联合演习。 A combination of the elements of the above mentioned exercises.

（3）演习可以是公司与船舶的联合演习或为演练港口设施及船舶保安计划而举行船/港/公司的联合演习。

The exercise may be conducted jointly by company and the ship; or by the ship, port and company to exercise the SSP and PFSP.

（4）通过演习测试通信、协调、资源的可用性和反应能力。

Each exercise tests communications, coordination, resource availability, and response.

4. 记录 Records

各种保安演练和演习的情况要记入《航海日志》和“保安演习或演练记录表”中。

All details of drills and exercises should be recorded in Log Book and Security Drills and Exercises Record List.

5. 附表 Annexed lists

表 3-2 保安培训一览表

项 目	参加人员	时间	备 注
培 训 议 程			
保安意识初始培训	全体船员	初始上船一周内	组织结构；职责
保安意识培训	全体船员	每月	保安知识；技能
最新保安简况	全体船员	季度	保安信息
保安计划培训	指定的船员	季度	应包括在保安计划中担任职责执行任务的所有人员
船舶保安员培训	所有将担任船舶保安员的人员	上船时	应适用于保安计划的保持和有效
保安人员培训	全体人员	上船时	相关保安法律与法规
保安设备	使用设备的指定人员	担任职责之前	按厂家设备说明培训

表 3-3 演练和演习一览表

项 目	参加人员	周期/频次	备 注
在保安等级 3 状况的值班	所有保安值班人员	年度	
违禁物品介绍（例：假冒武器）	物品甄别人员	季度	甄别知识
炸弹威胁和炸弹搜索演练	炸弹搜索人员	季度	1 初始上船人员应列入培训；2 演练每季度可选择一个或两个项目，不得重复
反海盗和武装袭击演练	全体船员	季度	
未经许可人员搜查（包括反偷渡）演练	全体船员	季度	
撤离船舶演练	全体船员	季度	
禁毒搜查演练	全体船员	季度	
船舶或人员被劫持演练	全体船员	季度	
通道控制（包括行李或人员搜查）	全体船员	季度	
其他演练	全体船员	视情	

第五节 保安记录和保安声明

一、保安记录 Security Records

1. 《保安记录簿》由船舶保安员保存，根据船长的需求可随时查阅。

A Security Daily Occurrence Log is maintained by SSO and is made available to the Master as required.

2. 该记录簿记录完整后在船保存 3 年，然后交公司保安员保存。

Upon completion, all Daily Occurrence Logs are to be retained onboard for three years, after which they are to be forwarded to CSO.

3. 严重事件记录的副本必须在事件发生 24 h 内，通过 E-MAIL 或传真传递给公司保安员。

Copies of serious incidents noted in the log are to be transmitted to CSO via e-mail or fax within 24 hours of the incident occurring.

4. 船舶保安员保存如下活动记录：

SSO keeps records of the following activities:

（1）培训——每一期保安培训应记录日期、开始和结束时间、培训内容描述和参加人员清单。

Training – For each security training session, the date of each session, duration of session, a description of the training, and a list of attendees shall be recorded.

（2）演练和演习——每一次演练和演习应记录举行日期、描述演练和演习的情景及内容、参加人员清单、实操情况和船长讲评。见本章第十三节。

Drills and exercises – For each drill or exercise, the date, description of drill or exercise, list of participants, actual operations and the Master's commentary shall be recorded. See Section.13.

（3）保安威胁和保安状况受到破坏——应记录发生日期和时间、港内的位置、船内的位置、描述事件和破坏程度、报告人、描述采取的反应措施。见本章第九节“保安事件报告格式”和第十三节“电话炸弹威胁”。

Incidents and breaches of security – Date and time of occurrence, location within the port, location within the ship, description of incident or breaches, from whom it was reported and description of the response shall be recorded. See Section. 9 -Security Incidents Reporting Form and Section 13-Bomb Threats.

（4）保安等级改变——应记录收到通知的日期和时间、执行附加措施的时间。

Changes in Security Levels –Date and time of notification received, and time of compliance with additional requirements shall be recorded.

（5）维护、校准、测试保安设备——应记录每一次维护、校准和测试的日期和时间，包括特殊保安设备。

Maintenance, calibration, and testing of security equipment – For each occurrence of maintenance, calibration, and testing, the date and time, and the specific security equipment involved shall be recorded.

（6）港口记录包括保安声明（注意：至少包括前10个港口的记录，以前的记录可在船上存档）保安声明见本章第十三节。

Port Records including Declarations of Security (Note: records for a minimum of the past ten ports must be kept filed within this section any previous records are to be archived on board). See Declaration of Security in Setion.13 of this Chapter.

（7）保安活动的内部审核和评审——保安内部审核报告正本报公司，副本保存在船上。

Internal audits and reviews of security activities – the original report of internal audits should be submitted to company and the copies should be kept on board the ship.

（8）对船舶保安的定期评估——船舶保安评估报告正本报公司，副本保存船上。

Periodic assessment of the ship security – the original report of periodic review of the ship security should be submitted to company and the copies should be kept on board the ship.

（9）对《船舶保安计划》任何修正的内容和实施。

The contents and implementation of any amendments the SSP.

（10）对《船舶保安计划》的年度评审。每一个年度评审完成后，船舶保安员填写好《船舶保安计划定期评审报告》，正本报公司，副本保存在船上。

Annual audit to the SSP of the ship: SSO shall complete the Periodic audits report for the SSP after the completion of each annual audit. The original should be submitted to company and copies should be kept on board the ship.

5. 保安活动记录采用英文也可译成中文。这些记录可用电子格式保存，通过程序对其加以保护防止被擅自删除、破坏或修改。

Records of security activities should be recorded in English, and it also may be translated into Chinese. These records may be kept in electronic format, and if so, it must be protected against unauthorized deletion, destruction, or amendment and must be protected from unauthorized access or disclosure.

6. 保安活动记录应予以保护，防止擅自接触或泄露。

Records of security activities should be protected from unauthorized access and disclosure.

二、文件保密 Security of Documents

《船舶保安评估》和《船舶保安计划》属保密文件，应予以保护，防止接触和泄露，特别是本计划中，下列信息被视为绝密信息，不能受到检查，除非征得有关缔约国政府或船长的同意：

SSA and SSP are confidential documents, they should be protected from unauthorized access and disclosure, especially the following information in this SSP are top secret information, and not subject to inspection unless agreed by the Contracting Governments or the ship's Master:

1. 对限制区域的确定以及防止擅自进入限制区域的措施。

Confirmation of restricted areas and measures to prevent unauthorized personal from entering the restricted areas.

2. 对保安威胁或保安状况的破坏做出反应的程序，包括维持船舶或船/港界面的关键操作的规定。

Procedures for responding to security threats or breaches of security, including provisions for maintaining critical operations of the ship or ship/port interface.

3. 对缔约国政府在保安等级 3 时可能发出的指令做出反应的程序。

Procedures for responding to any security instructions which Contracting Government may give at security level 3.

4. 船上负有保安职责的人员的职责和船上其他人员在保安方面的职责。

Duties of shipboard personnel assigned security responsibilities and of other shipboard personnel on security aspects.

5. 确保检查、测试、校准和保养船上装备的任何保安设备的程序。

Procedures to ensure the inspection, testing, calibration, and maintenance of any security equipment provided on board.

6. 指明船舶保安警报系统启动点所在位置。

Identification of the locations which the ship security alert system activation points are provided.

7. 船舶保安警报系统的使用，包括试验、启动、关闭、复位以及限制误报警的程序说明指导*。

Procedures, instructions and guidance on the use of the ship security alert system, including the testing, activation, deactivation and resetting and to limit false alerts.

（注：允许用一专用文件将 6 和 7 所涉及的信息保存在船长、船舶保安员和公司所决定的其他高级船员知道的船上其他地方。）

三、PSC 检查本计划的明显理由 Clear Grounds to Inspect this Plan by PSC

PSC 检查官根据 SOLAS 第 XI-2/10.1 条以及 10.2 条，对船舶不符合要求的明显理由可包括：

The PSCO has clear grounds to inspector this plan that the ship does not correspond with the requirements of SOLAS Regulations XI-2/10.1 and 10.2 may include:

1. 经检查，证书失效或已经过期的证据。

Evidence from a review of the certificate that it is not valid or it has expired.

2. 第 XI-2 章和 A 部分要求的保安设备、文件或布置存在重大缺陷的证据或可靠信息。

Evidence or reliable information that serious deficiencies exist in the security equipment, documents or arrangements required by Chapter XI-2 and Part A of this Code.

3. 正式授权的官员根据其职业判断认为，所收到的报告或投诉包含可靠的信息明显表明，船舶不符合第 XI-2 章和 A 部分的要求。

Receipt of a report or complaint which, in the professional judgment of the duly authorized officer, contains reliable information clearly indicating that the ship does not comply with the requirements of Chapter XI-2 and Part A of this Code.

4. 正式授权的官员根据其职业判断或观察发现，船长或船上人员不熟悉主要的船上保安程序，或不能进行船舶保安有关的演习，或还未进行该程序或演习的证据。

Evidence or observation gained by a duly authorized officer using professional judgment that the master or ship's personnel is not familiar with essential shipboard security procedures or cannot carry out drills related to the security of the ship or that such procedures or drills have not been carried out.

5. 正式授权的官员根据其职业判断或观察发现，船上关键人员不能与该船任何其他负责保安的关键人员建立正常的通信联系的证据。

Evidence or observation gained by a duly authorized officer using professional judgment that key members of ship's personnel are not able to establish proper communication with any other key members of ship's personnel with security responsibilities on board the ship.

6. 船舶从违反第 XI-2 章或本规则 A 部分规定的港口设施或其他船舶接受人员登船，或装载物料或货物，并且该船舶既未完成一份保安声明，也未采取相应的特殊或附加保安措施，或还未保持相应的船舶保安程序的证据或可靠信息。

Evidence or reliable information that the ship has embarked persons, or loaded stores or goods from a port facility or another ship that is in violation of Chapter XI-2 or Part A of this Code, and the ship in question has neither completed a Declaration of Security, nor taken appropriate special or additional security measures, or has not maintained appropriate ship security procedures.

7. 船舶从其他并不需要符合第 XI-2 章或 A 部分规定的港口设施或其他来源（如从其他船舶或直升机转运）接受人员登船，或装载物料或货物，并且该船舶还未采取相应的特别附加保安措施，或还未保持执行相应的保安程序的证据或可靠信息。

Evidence or reliable information that the ship has embarked persons, or loaded stores or goods at a port facility or from another source (e.g. another ship or helicopter transfer) where either the port facility or the other source is not required to comply with Chapter XI-2 or Part A of this Code, and the ship has not taken appropriate, special or additional security measures or has not maintained appropriate security procedures.

8. 如规则 A/110.4 所述，如果船舶持有连续签发的《临时国际船舶保安证书》，并且如根据正式授权的官员的职业判断，船舶或公司申请该证书的目的之一是为了在初次临时证书的期限以外逃避完全符合第 XI-2 章及 A 部分的规定。

If the ship holds a subsequent, consecutively issued Interim International Ship Security Certificate as described in Section A/110.4, and if, in the professional judgment of an officer duly authorized, one of the purposes of the ship or a Company in requesting such a certificate is to avoid full compliance with Chapter XI-2 and Part A of this Code beyond the period of the initial interim certificate as described in Section A/110.4.4.

四、保安声明 Declaration of Security (DOS)

1. 如果要进行船/港界面活动，船舶抵港前港口设施保安员和船长或船舶保安员应对船舶在港期间的《保安声明》的内容进行协商。船舶进港口后，在货物操作之前港口设施保安员或船长、船舶保安员或指定代表应签署书面的《保安声明》。

For a ship-to-facility interface, prior to arrival to a facility, PFSO of the port facility and the Master or SSO should agree upon the contents of the DOS for the period of time the ship is at the port facility. Upon arrival to a facility and prior cargo transfer operation, PFSO of the facility or the Master, SSO, or designated representatives sign the written DOS.

2. 进行船对船活动之前，双方船长、船舶保安员或指定的代表应协调保安需求及有关程序要求，并就船对船活动期间保安声明的内容达成一致。在货物操作之前，双方船长、船舶保安员或指定代表应签署书面的《保安声明》。

For a ship to ship interface, prior to the interface, the respective Masters, SSOs, or their designated representatives coordinates security needs and procedures, and agree upon the contents of the DOS for the period of time the ships are interfaced. Upon the ship to ship interface and prior to any cargo transfer operation, the respective Masters, SSOs, or designated representatives sign the written DOS.

3. 在保安等级 2 和 3 时，进行船对船活动之前船长、船舶保安员或指定的代表应签署和执行《保安声明》。

At Security Levels 2 and 3, the Master, SSO, or designated representative sign and implement a DOS prior to any ship to ship interface.

4. 在保安等级 2 和 3 时，船长、船舶保安员或指定的代表应与其所挂靠港口的港口设施保安员在进行货物操作前签署和执行《保安声明》。

At Security Levels 2 and 3, the Master, SSO, or designated representative of any ship sign and implement a DOS with PFSO of any port facility on which it calls prior to any cargo transfer operation.

5. 港口当局认为必要时可以在任何时候、任何保安等级下、进行船对船或船/港界面活动之前，要求船舶保安员或港口设施保安员签署并执行《保安声明》。

The port authorities may require at any time, at any Security Level, to implement a DOS with SSO or PFSO prior to any ship to ship or ship-to-facility interface when he or she deems it necessary.

6. 除上述情况外，下列几种情况下（但不限于此）船方必须填写自己的《保安声明》：

In certain circumstances out with the above, the ship may have to make out her own DOS. These circumstances include but are not limited to:

（1）船舶营运处所的保安等级高于作为其界面活动对象的港口设施或其他船舶的保安等级。

The ship is operating at a higher security level than the port facility or another ship it's interfacing with.

（2）在缔约国政府之间有涉及某些国际航线或这些航线上的具体船舶的关于《保安声明》的协议。

There is an agreement on a Declaration of Security between Contracting Governments covering certain international voyages or specific ships on those voyages.

（3）与船舶进行界面活动的港口设施或船舶曾经涉及保安威胁或保安事件。

There has been a security threat or a security incident involving the port facility interfacing with the ship or the ship itself.

（4）船舶位于一个不要求具有和实施经批准的《港口设施保安计划》的港口。

The ship is at a port which is not required to have and implement an approved Port Facility Security Plan.

（5）船舶与另一艘不要求具有和实施经批准的《船舶保安计划》的船舶进行船对船活动。

The ship is conducting ship to ship activities with another ship not required to have and implement an approved Ship Security Plan.

7. 如果收到缔约国政府、其他船舶和港口设施填写《保安声明》的请求，船舶应予以确认。

If receive the request for the completion of a Declaration of Security, shall be acknowledged by the applicable ship.

8. 船长或船舶保安员代表船舶填写《保安声明》。

The Master or SSO is to complete the DOS on behalf of the ship

9. 船舶《保安声明》应提出港口设施与船舶之间（或船/船之间）可以共用的保安要求，并应说明各自的责任。

The DOS is to address the security requirements that could be shared between the port facility and the ship (or between ships) and is to state the responsibility for each.

10. 船舶《保安声明》必须用英文或中英文。

The DOS should be written in either English or bilingual language-English and Chinese.

11. 船舶《保安声明》格式见本章第十三节。

The format of the Declaration of Security see Section 13 of this Chapter.

12. 船舶《保安声明》在船上保存期限为 3 年。

The preserved period of DOS onboard is three years.

第六节　与港口设施联络及协调

一、进港前保安信息报告 Information Report Prior to Entry into Port

为了避免对船舶采取控制措施或步骤，缔约国政府可以要求拟进入其港口的船舶在进港之前向该缔约国政府正式授权的官员提供以下信息：

A Contracting Government may require that ships intending to enter its ports provide the following information to officers duly authorized by that Government to ensure compliance with this chapter prior to entry into port with the aim of avoiding the need to impose control measures or steps:

1. 本船具有的有效的保安证书及证书签发机关名称。

The ship possesses a valid Certificate and the name of its issuing authority.

2. 本船当前营运所处的保安等级。

The security level at which the ship is currently operating.

3. 在本船所停靠曾进行船/港界面活动的前 10 个港口设施的保安等级。

The security level at which the ship operated in any previous port where it has conducted a ship/port interface for the last 10 calls at port facilities.

4. 在本船所停靠曾进行船/港界面活动的前 10 个港口设施所采取的任何特别或附加保安措施。

Any special or additional security measures that were taken by the ship in any previous port where it has conducted a ship/port interface for the last 10 calls at port facilities.

5. 在本船所停靠的前 10 个港口设施期间内，任何船对船活动中维持的适当的船舶保安程序。

That the appropriate ship security procedures were maintained during any ship to ship activity for the last 10 calls at port facilities.

6. 与保安有关的其他实际信息（但非《船舶保安计划》的细节）。

Other practical security related information (but not details of the Ship Security Plan).

7. 《连续概要记录》中包含的信息。

Information contained in the Continuous Synopsis Record.

8. 报告时的船位。

Location of the ship at the time the report is made.

9. 预计抵港时间。

Expected time of arrival of the ship in port.

10. 船员名单。

Crew List.

11. 船上货物的一般说明。

General description of cargo aboard the ship.

12. 谁负责指派船员或当前以本船业务方面的任何职能在船上受雇或工作的其他人员。

Who is responsible for appointing the members of the crew or other persons currently employed or engaged on board the ship in any capacity on the business of that ship?

13. 谁负责决定本船的使用。

Who is responsible for deciding the employment of the ship?

14. 如果本船按租船合同的条款受雇，谁是租船合同的各方。

In cases when the ship is employed under the terms of charter party, who are the parties to such charter party.

二、信息说明 Information Instructions

1. 进港前报告中要求船舶提供的最近 10 个港口设施时采取的特殊或附加措施的记录包括，但不限于：

The records of the special or additional measures taken by this ship during its last ten calls at a port facility which are required to be provided by this ship in the pre-entry security information report, include, but are not limited to:

（1）在挂靠一个非缔约国境内的港口设施期间所采取措施的记录，特别是那些通常由缔约国境内的港口设施提供的措施。

Records of the measures taken while visiting a port facility located in the territory of a State which is not a Contracting Government especially those measures that would normally have been provided by port facilities located in the territories of Contracting Governments.

（2）与港口设施或其他船舶签署的任何《保安声明》。

Any Declarations of Security that were entered with port facilities or other ships.

2. 进港报告中要求船舶提供的在最近 10 次挂靠港口设施期间进行的船对船活动时维持了适当的保安程序。通常不要求包括引航员、海关人员、移民局人员或保安官员从交通艇登离船的记录，也不包括船舶在港口设施中的燃油操作、驳运操作、装载物料和卸载垃圾的记录，因为这些活动通常在《港口设施保安计划》的负责范围之内。可能提交信息的实例包括：

The appropriate ship security procedures which were maintained during ship to ship activity conducted within the period of the last 10 calls at a port facility were required to be provided by this ship in the pre-entry security information report, and would not normally be required to include records of transfers of pilots, customs, immigration, security officials through ferry boats nor bunkering, lightering, loading of supplies and unloading of waste by ship within port facilities as these would normally fall within the auspices of the Port Facility Security Plan. Examples of information that might be given include:

（1）在与悬挂非缔约国船旗的船舶进行船对船活动时所采取措施的记录，特别是那些通常由悬挂缔约国船旗的船舶提供的措施。

Records of the measures taken while engaged in a ship to ship activity with a ship flying the flag of a State which is not a Contracting Government especially those measures that would normally have been provided by ships flying the flag of Contracting Governments.

（2）在与悬挂缔约国船旗但不要求符合 SOLAS 第 XI-2 章和 ISPS 规则规定的船舶进行船对船活动时所采取措施的记录，例如根据其他规定为该船签发的任何保安证书的复印件。

Records of the measures taken while engaged in a ship to ship activity with a ship that is flying the flag of a Contracting Government but is not required to comply with the provisions of SOLAS Chapter XI-2 and ISPS Code such as a copy of any security certificate issued to that ship under other provisions.

（3）如果船上有从海上搭救的人员或捞起的货物，关于此种人员或货物的所有已知信息，包括其身份（如果知道的话）以及为确立其保安状况代表船舶进行的任何核查的结果。SOLAS 第 XI-2 章或 ISPS 规则的初衷并非延误或阻止将海上遇难人员送至安全地点。SOLAS 第 XI-2 章或 ISPS 规则的唯一出发点是向国家提供足够的适当信息以维护其保安的完整性。

In the event that persons or goods rescued at sea are on board, all known information about such persons or goods, including their identities when known and the results of any checks run on behalf of the ship to establish the security status of those rescued. It is not the intention of SOLAS Chapter XI-2 or ISPS Code to delay or prevent the delivery of those in distress at sea to a place of safety. It is the sole intention of SOLAS Chapter XI-2 and ISPS Code to provide States with enough appropriate information to maintain their security integrity.

三、协调船/港保安等级 Correspond Ship/Facility Security Level

1. 当船舶保安等级高于其靠泊港口设施的保安等级时，按照以下程序和措施实施：

The following procedures and security measures should be adopt if the ship is at a higher security level than that of the port facility it intends to use:

（1）公司保安员或船舶保安员立即通知港口设施保安员本船保安等级。

CSO or SSO should advise PFSO the security level of the vessel without delay.

（2）公司保安员或船舶保安员会同港口设施保安员对该情况进行评估，商定该船舶相应的保安措施，填写和签署《保安声明》。

CSO or SSO should co-operate with PFSO to undertake an assessment of the particular situation and agree on appropriate security measures with the ship, which may include completion and signing of a Declaration of Security.

（3）船舶保安员负责实施相应的保安措施并与港口设施保安员保持联系。

SSO should then ensure to take the relevant measures and keep contact with PFSO.

2. 当船舶保安等级低于其靠泊港口设施的保安等级时，应立即提高船舶的保安等级，并采取相应的附加或特殊保安措施。如果船舶在实施附加或特殊保安措施时有困难，船舶保安员应通知港口设施保安员协商解决，并将有关情况报公司保安员或有关当局。

If the ship is at a lower security level than that of the port facility it intends to use, she should increase the security level to meet the port facility and take additional or special security measures. If it is difficult to implement the additional or special security measures, SSO should advise PFSO to deal with and advise CSO or relevant authority about the situation.

四、提供联络点 Providing Contact Points

1. 缔约国政府应考虑设立中央或地区联络点、或采取其他方法提供有关已落实的 PFSP 最新的地点资料以及与有关 PFSO 联络的细节，应公布这些联络点。见本章第十三节的联络点清单。

Contacting Government should consider establishing either central or regional points of contact, or other means of providing up to date information on the locations where PFSPs are in place, together with contact details for the relevant PFSO. The existence of such contact points should be publicized. See Section 13 – Contact Points List.

2. 如果港口未设 PFSP（故亦无 PFSO），中央或地区联络点应能确定一名岸上适任人员来安排相应的保安措施。如需要，这些措施可用于船舶整个靠泊期间。

In the case of a port that does not have a PFSP (and therefore does not have a PFSO), the central or regional point of contact should be able to identify a suitably qualified person ashore who can arrange for appropriate security measures to be in place, if needed, for the duration of the ship's visit.

第七节　船舶保安操作

一、登船通道 Access to the Ship

1. 登船通道 Means of access

登船通道包括，但不限于：

Means of access include, but are not limited to:

（1）舷梯。Access gangways.

（2）引航员梯及绳梯。Pilot ladder and rope ladder.

（3）系泊缆绳和锚链。Mooring lines and anchor chains.

（4）吊杆和起重设备。Derrick and hoisting equipment.

（5）门、舷窗。Access doors, windows.

（6）跳板。Gangboard.

（7）甲板舷边，特别是，当因潮水或其他因素影响，使本船甲板舷边与码头或他船甲板接近时。Ship's deck close to the wharf, especially due to tide or other interference that caused the ship's deck close to the wharf or other ship's deck.

2. 登船通道的保安措施 Security measures for access to the ship

（1）在船舶甲板上巡逻，观察船舶周围任何活动情况，包括舷外和码头区域。

Patrols on the ship's decks observing any movements around the ship – both outboard and quayside.

（2）定期检查船舶所有的门和船舷开口及其相关的保安设施是否关闭。

Regular checking, whether the doors opened or closed, of all ship side openings and its concomitant security implications.

（3）检查艏楼甲板，系泊缆绳甲板和其他甲板区域，确认是否存在任何未经许可登船的迹象。

Inspection of forecastle, mooring deck and other deck areas for any evidence of attempted unauthorized access.

（4）全面检查以确保所有开启的门由工作有关的部门人员负责管理。

A thorough check to ensure that those doors that are opened are manned by responsible personnel.

（5）值班人员或特别设置的守护人员应以高度的警觉性履行值班、巡逻、守护的职责。

Watch-keepers or specially assigned security guards are to fulfill their duties of watch-keeping, patrol and guarding with high vigilance.

（6）对船上所有人员通报可能的保安威胁，要求提供报告可疑人员、物品或行动，保持高度警惕。

Providing security briefings to all ship personnel on possible threats and reporting suspicious persons, objects or activities and the need for vigilance.

（7）各保安等级控制进入船舶通道的保安措施，见本章第六节“控制接近、进入船舶通道的保安措施”。

The security measures for access to the ship for each security level, please see Section 6 – Measures for Controlling Access and Entrances to the Ship.

3. 保安巡逻 Security patrols

（1）当船舶在港口或在海上时，船舶保安员应与船长商定确保所有甲板保安巡逻纳入船舶的日常操作管理。

While in port or at sea, SSO, in consultation with the Master, shall ensure that there are security patrols of all decks commensurating with daily operational requirements.

（2）船舶在港内和锚地应安排甲板巡逻，巡逻频次如下：不低于 4 h 一次（保安等级 1 时）、不低于 1 h 一次（保安等级 2 时）、连续巡逻（保安等级 3 时）。

Frequent deck patrols are to be conducted whilst in port and at anchor. At security level 1 patrol should be carried out once every 4 hours, at security level 2 once every 1 hour, at security level 3 continuous patrols.

（3）执行巡逻的人员在船舶保安员或值班驾驶员领导下按照预定巡逻路线进行巡逻。巡逻员应配备手电和与值班驾驶员联系的无线电装置，对全船重点是远离码头一侧和艏艉区域进行检查。

Personnel conducting such rounds are to be fully briefed by SSO or the officer of the watch and are to be equipped with a torch and be in radio contact with the officer of the watch. Checks are to be all around the ship and particular attention is to be paid to the off-shore side, stern and bow areas.

（4）准备非法登船或走私违禁品的人员往往要观察船舶很长一段时间，因此执行巡逻时应不断变更巡逻路线和周期以免被不法分子掌握规律。巡逻路线参考本书附录 2。

Persons wishing to illegally board or smuggle contraband may monitor the ship for a considerable time. Therefore wherever possible patrol routines and intervals should be varied to avoid or reduce predictability. The patrol routine refers to Appendix 2 of this book.

二、登船人员 Personnel Access to the Ship

1. 登船人员的控制 Control of the personnel Access to the Ship

（1）船舶要保证每一位登船人员均应持有当局签发的带有本人照片的有效证件，并有正当的登船理由。

The ship should ensure that everyone who is boarding the ship has valid photographic identification issued by authorities, and is deemed to have proper reason in order to conduct their business.

（2）对不愿或不能证明其身份和/或确认其来访目的的人员，应拒绝其登船，并根据情况向船舶保安员、公司保安员、港口当局和国家、地方负责保安的当局报告企图登船的情况。

Persons refusing to comply with company policy will be denied access to the ship and appropriate authorities will be informed for any further action deemed necessary. Appropriate authorities include SSOs, CSOs, the port authorities, and the national or local authorities with security responsibility.

（3）作为特例，身穿制服/便衣的带有代表其职位的照片身份证明的官员，如海关、移民局、卫生、农业或公务人员不要求具有通行证。船舶有关部门的高级船员必须接待陪同他们。

As an exception, officials in uniform/plain clothes with positive photographic identification of their position, e.g. Customs, Immigration, Health, Agriculture or government personnel, do not require visitor passes. Ship's officer of the appropriate department must meet and escort these officials.

2. 搜查程序 Search procedures

（1）船舶保安员根据相应的保安等级决定是否对上船人员进行搜查，拒绝搜查的人员禁止登船。这类搜查最好与港口紧密合作并在船舶最近区域进行。

Searches of personnel seeking to board ship are conducted at the discretion of SSO, in accordance with the applicable security level. Persons refusing to comply with this policy will be denied access to the ship. Searches shall be undertaken by the port facility in close cooperation with the ship and in close proximity to it.

（2）船上应与港口设施联系，指定一个安全的区域，对登船人员、行李（包括携带物品）和个人物品实施检查和监控。

A designated secure area shall be established through liaison with a port facility to conduct inspections and screening of people, baggage (including carry-on items) and personal effects.

（3）除非有明确的保安理由，不应要求船舶人员搜查其同事或同事的个人物品。在进行任何此种搜查时，应充分考虑被搜查人的人权并维护其基本尊严。

Ship personnel are not required to engage or be subjected to screening the person or personal effects by other ship personnel, unless security clearly requires it. Any such screening must be conducted in a way that takes into full account individual human rights and preserves the individual basic human dignity.

（4）将检查过的人员和物品与未检查的人员和物品隔离。

Checked persons and personal effects are segregated from unchecked persons and personal effects.

（5）如认为来访者或码头工人的身份和/或其带上和/或带离船舶的行李或包裹可疑，可与港口设施联系，对其进行检查。

In cases of suspicion of the visitors or shore workers carrying onboard and/or leaving with parcels or packages, Masters can contact the Port Facility to have them to be checked.

3. 船员管理 Crew management

（1）公司保证为本船配备合格的船员，并通过政审、查阅档案等手段对新聘船员进行考察，对现有船员定期进行考察。公司存有船员档案，确保所有船员均有良好的表现，没有犯罪记录。

The Company guarantees to prepare eligibility crewmember on this ship and conduct security screening of new staff by verifying applications, checking references and carrying out personal interviews. In addition periodic background checks of existing staff may be conducted. Company has kept the file of all crewmembers and ensured that they are in good record and no criminal record.

（2）船员调动分配到船舶工作时，凭"船员调配单"和相关证书、证件到船长处报告，并接受审查和考核。

When assigned onboard the ship, the crew member should report to the Master with Crew Assignment List and relevant certificates and licenses. Examination and review shall be conducted to the crew.

（3）船舶要编制船员名单，并集中保管好船员证书、证件，备查。

The ship is to make crew list and keep their certificates and licenses on board for check.

4. 码头工人识别和控制 Stevedore identification and control

（1）一般情况下对装卸工人的控制和识别是码头经营人的职责，但船舶保安员有对登船装卸工人的身份进行检查的权利。

The control and identification of all stevedores is the responsibility of the terminal operator. This does not exclude identification check by security staff for stevedores boarding the ship.

（2）公司保安员和船舶保安员尽最大的努力确保所有港口对雇佣人员身份以及进入港口限制区域保持适当的控制。

Maximum efforts are made by CSO and SSO to ensure all ports maintaining adequate controls on employee identification, and control access to port restricted areas.

（3）确保装卸工人在船上指定的工作区域内，不允许其在船上无限制地活动。如果发现他们无船员陪同而出现在非指定工作区域内，应陪同他们返回其指定的工作区域。装卸工人不允许使用船上船员餐具。

When on board, stevedores will remain in their designated work areas and are not allowed unescorted/unrestricted movement around the ship. If found unescorted in area not designated for their work, they are to be challenged and escorted back to their designated work area. Stevedores are not permitted to use onboard crew dining facilities.

5. **梯口值班** Gangway watch

（1）舷梯应设置值班保安员（值班水手），其主要责任是控制进入船舶通道以及确保舷梯区域的安全和保安。如需要，值班保安员可报告船舶保安员/值班驾驶员（OOW）请求协助。

The gangway is to be manned with watch-keeping security officer (watch- keeping sailor), whose main duty is to control access to the ship and ensure safety and security of the gangway area. If necessary, he is to call SSO/OOW for assistance.

（2）船舶应随时保证良好的梯口值班，值班人员应配备手电、袖标及与值班驾驶员联系的无线电装置。所有梯口值班人员受船长或船舶保安员领导。

A good and visible gangway watch must be maintained at all times. The watchman is to be equipped with a torch, an armband and be in radio contact with the Officer of The Watch. All gangway watchmen are to be fully briefed by the Master or SSO.

（3）任何时候如果值班人员需要离开，他应通知值班驾驶员安排替代人员以确保不削弱保安状况。在某些情况下（如停止货物操作），可提升梯道或舷梯使其离开码头，但必须保证紧急情况时能放下。

If a watchman needs to leave the gangway at any time, he must advise the officer of the watch who in turn to ensure that security is not impaired. In certain circumstances (such as when not working cargo), it may be prudent to lift the gangway/ accommodation ladder off the quayside, however the gangway must be able to be lowered at all times in cases of emergency.

（4）船舶的所有来访者（包括代理、商贩和物料供应商等）应出示身份证件，说明登船目的及其访问对象。对来访者的身份确认后，值班人员应向值班驾驶员汇报，并在“来访人员登记表”上登记后，陪同其前往。来访者必须与本船有关。原则上船舶不允许商贩登船从事贩卖活动。

All visitors (including agents, chandlers and store suppliers etc.) to the ship must be asked to show identification, be asked the nature of their business and whom they wish to visit. On correct verification of the visitor’s identification the person is to be reported to the Officer of the Watch, asked to sign in the “Visitors Log” and escorted to their destination. Visitors must be on official ship’s business only. Vendors are in principle not allowed boarding for selling activities.

（5）如果来访者不能提供证件或梯口值班员无法确定证件的有效性，梯口值班员不得允许来访者进入，并向值班驾驶员报告，由值班驾驶员亲自检查身份证件；如果还无法确认，应向船长或船舶保安员报告，船长或船舶保安员应与港口设施保安员或有关的岸基当局联系，通报有关情况。

If the visitor can not show identification or if the gangway watchman is not sure about the validity of the identification shown, then the person is not to be allowed to pass the gangway and the Officer of the Watch should be advised immediately. The OOW is then to check the identification himself and if still not satisfied, the Master or SSO is to be advised. The Master or SSO will then contact PFSO or relevant shore authority and advise them of the situation.

（6）每次值班均应对所有的通信设施进行至少一次的测试。

All communication devices are to be tested at least once per watch.

（7）靠港期间，甲板值班地点在舷梯口或在岸上提供的梯口处。

Deck watch location is at the accommodation ladder or the ladder provided by the port during berth.

（8）"来访人员登记表"见本计划（本章）第十三节，该记录应在船上保存3年，然后交公司保管。

"Visitors Log" is shown in Section 13 of the plan. This log shall be retained onboard for 3 years and then submitted to the company.

三、限制区域 Restricted Areas

1. 限制区域 Restricted areas

本船如下区域被指定为限制区域：

The following have been designated as Restricted Areas:

（1）驾驶台 The bridge。

（2）报房（通信中心） The communications center。

（3）机舱和集控室 Engine room/Engine control room。

（4）舵机房 Rear steering flat。

（5）船员舱室 Crew's cabin。

（6）空调间和风机间 Air conditioning plant and Fan room。

（7）应急蓄电池间 Emergency battery room。

（8）CO_2间 CO_2 room。

（9）液压控制间 Hydraulic control room。

（10）瓶装气体仓库 Bottled gas stores。

（11）油漆间 Paint room。

（12）物料间 Store room。

（13）厨房及伙食库 Galley and provision store。

（14）饮用水舱 Drinking water tank。

（15）货舱 Cargo space。

2. 限制区域的保安措施 Security measures in restricted areas

（1）严格控制限制区域，防止未经许可擅自进入。所有来访人员包括公司岸上人员、租船人、供应商和其他访客未经船长、部门长许可，不得进入限制区域。

Restricted areas are strictly controlled to prevent unauthorized access. All visitors, including company shore staff, charterers, suppliers and other visitors, are not allowed to access to the restricted area without the permission of the Master and department chief.

（2）进入限制区域必须由船上人员陪同。

Persons' access to the restricted area must be escorted by the shipboard personnel.

（3）限制区域必须锁闭或关紧通道口。

Restricted areas must be locked or access points must be secured.

（4）不同保安等级要采取锁闭、限制通道口、加强站岗和巡视，直至封锁所有通道等保安措施。

At different security levels, different security measures shall be taken such as securing access points, entrances to limited access points, more guard and patrol and closing all access points.

3. 限制区域的警示标志 Restricted area signs

每一指定的限制区域应清楚地标明“未经许可禁止入内”的标志。该标志意味着一旦在这些区域发现擅自闯入者就应视为保安受到破坏。

Each designated restricted area is distinctly marked with a sign mounted "RESTRICTED AREA AUTHORIZED PERSONNEL ONLY", which means that unauthorized presence within this area constitutes a breach of security.

4. 万能钥匙及钥匙的控制和管理 Master keys and keys controls and management

（1）大副负责保管钥匙。大副应建立专门记录，详细记录包括：船舶限制区域及其他应锁闭处所的所有钥匙发放情况及使用管理责任人员以备查。船员交接班应同时交接钥匙，大副应保持钥匙的最新记录并对万能钥匙严格控制且仅限（至多）船长、船舶保安员、轮机长、大副持有。任何人员如果钥匙丢失应立即向大副和船舶保安员报告。

The chief officer is to be responsible for the safe keeping of keys. Chief Officer should set up the keys recording, and the recording of all keys should be detailed include: the keys of the restricted area and other areas which should be locked, their issue and the responsible personnel. The keys should be handed over while ship's crew sign on or sign off. Chief officer should be keeping key's recording update and the master keys should be only allowed and (limited) Master/ SSO/ Chief Engineer and Chief Officer possession. Any loss of keys is to be reported to Chief Officer and SSO immediately.

（2）当船舶在港内、锚地或在其他高风险地区时，所有船员房间、备用房间应锁闭，不使用的其他处所如厨房、物料间、甲板/生活区/机舱内的小舱室也应锁闭，同时应控制进入生活区和机舱的通道。但是，应确保这些锁闭的处所在发生火灾或其他应急情况时能立即开启。

When in port, at anchor or in other high-risk areas, all crew and spare cabins are to be locked up. All other spaces such as the galley, store rooms and lockers on deck, within the accommodation and in the engine room are to be locked when not in use. In meantime, the access points into the accommodation and engine room is to be restricted but care must be taken to ensure that any locked doors can be easily unlocked in case of fire or other emergency.

（3）应用适当的锁具保护限制区域，钥匙应由允许进入该处所的人员持有。但是这种保护措施不得妨碍从限制区域紧急逃生。

Restricted areas shall be secured by means of suitable locks with keys held only by personnel who have authority to access. Such security measures must not impede any emergency escapes from restricted areas.

(4)通往限制区域的门窗的锁具、铰链以及其他构件应尽可能具有足够的强度防止强制进入。

Wherever practicable, doors and windows accessing restricted areas including their locks, hinges and other associated hardware are to be constructed of sufficient strength in order to prevent forced entry.

5. **限制区域钥匙丢失或失盗** Lost/stolen keys to restricted areas

限制区域的钥匙丢失或被盗应立即向船长或大副报告，同时采取适当的行动以确保所属区域的锁闭以及防止不经允许的进入，并应立即开始对钥匙的丢失或失窃进行调查和采取相应保护措施。

The loss or theft of keys to any restricted area is immediately to be reported to the Master or the Chief Officer who shall take appropriate actions to ensure said area is secured and prevent unauthorized access. An immediate investigation into the loss or theft of keys shall be initiated and appropriate protective measures should be taken.

四、货物操作 Handling of Cargo

1. **货物装卸保安措施** Security measures of cargo handling

货物装卸要防止对货物的破坏和非船舶预定装载储存上船，具体保安措施如下：

Handling of cargo is to prevent tampering and prevent cargo that is not meant for carriage from being stored onboard the ship. The specific security measures are as follows:

（1）船长在装货前，应检查托运人或租船人的书面货物资料，以确定待装货物对船舶和卸货港口的安全性，有任何异议报告公司和货物相关方。

Prior to cargo loading operations, the Master is to check the written cargo information of the shipper or charter for identifying the safety of cargo to be loaded in respect to the ship and the port where the cargo is to be unloaded. Any doubt thereof is to be reported to the Company and cargo interested party.

（2）在货物装卸之前和装卸期间对货物、货物运输单元和货物区域的常规检查，确认装船货物与单据品名、数量相符性。

Routine checking of cargo, cargo transport units and cargo spaces prior to and during cargo handling operation to ensure that cargo being loaded matches the name and quantity of cargo documentation.

（3）检查封条或其他防止破坏的方式，确保装船货物未经任何变动。

Checking of seals or other methods used to prevent tampering, ensuring that no changes are made to the cargo being loaded.

（4）不同保安等级的货物装卸保安措施见“监督货物装卸和船舶物料交付的保安措施”。

Security measures of cargo handling for different security levels see Measures for Supervising the Handling of Cargo and Delivery of ship's stores.

2. 货物检查方法 Checking of cargo

（1）目视和实地近观检查。

Visual and physical examination.

（2）在装货开始、过程中及完货阶段对货舱进行定期检查。

Routine checking of cargo spaces before, during and after cargo loading.

（3）注意检查货物间空间，以免被利用来走私物品或藏匿人员。

Look out for the cargo spaces, which may be used for smuggling items or hiding persons.

（4）对货物有怀疑时值班驾驶员应报告船舶保安员联系港口设施采取相应的检查措施。

The cargo being suspicious, the OOW is to request SSO for liaison with the port facility so that appropriate measures will be taken accordingly.

3. 可疑货物的处理 Handling of suspicious cargo

（1）船舶一旦发现可疑货物，应停止货物装卸作业，并报告船长。

Once suspicious cargo is found, handling of cargo is to be suspended and this is to be reported to the Master.

（2）船长经核实后，按本计划“保安事件报告程序”规定，向港口设施保安员和公司保安员报告。

After verification by the Master, such matter should be reported to PFSO and CSO according to the “Security Incidents Report Procedures” in the SSP.

（3）船舶保安员与港口设施保安员联系，必要时，要求填写《保安声明》。

SSO is to liaise with PFSO and if necessary, request completion of a Declaration of Security.

（4）配合应急反应机构和港口设施，核查船上装载的危险货物及其位置，并进行清除。

Close cooperation with the emergency responding and the port facility, verify hazardous goods carried onboard and their location and remove them.

4. 记录 Records

货物装卸过程有关保安方面的情况按日常货物操作要求在“船舶装货记录簿”中记载。

Security related aspects of cargo handling process are to be recorded in “Ship Cargo Loading Log Book” as required for routine cargo operations.

五、船舶物料交付 Delivery of Ship’s Stores

1. 供应商控制 Control of suppliers

（1）船舶任何物料、备件的供应均由公司认可的供应商采购和供应。

All ship’s stores and spares are to be purchased from the suppliers recognized by the Company.

（2）如因船舶操作安全需要，紧急采购所需物料和备件，船长应首先通过公司指定的代理联系。

In case of an urgent purchase of stores and spares required for operational safety of the ship, the Master in seeking contacts is to give preference to agencies designated by the Company.

2. 船舶物料交付保安措施 Security measures for ship's stores delivery

（1）所有供船的物料包括食品交付时都必须经目测和实地检查。

All stores including provisions are subjected to visual and on-scene examination when delivered.

（2）在上船之前确认物料备品与订购清单相符。

Checking to ensure stores match the order prior to being loaded on board.

（3）只有确认准备交付的物料和备件附有船舶预定该物料和备件的证明才能接受。

Stores and spares are to be received only after confirming that those presented for delivery are accompanied by evidence that they have been ordered by the ship.

（4）在上船之前检查物料和包装的完整性。

All stores are inspected for package integrity prior to being loaded on board.

（5）船舶物料和备件经检查接受后应及时入库，并系固。

All stores and spares are to be put in storage and secured immediately after examination, and acceptance.

（6）不同保安等级时的船舶物料交付保安措施见"监督货物装卸和船舶物料交付的保安措施"。

Security measures of the ship's stores delivery for each security level see Measures for Supervising the Handling of Cargo and Delivery of ship's stores.

3. 可疑物料的处理 Handling of suspicious stores

（1）一旦发现可疑物料，船长和船舶保安员应采取加强保安措施，并拒绝接受物料上船。

Once suspicious stores are found, the Master and SSO are to take intensified security measures and refuse to accept stores onboard the ship.

（2）如果发现不明物料上船，将其放置在限制区域并安排专人看管，未经许可不准移动。

If uncertain stores are found on board, stores are stowed in restricted areas and a watch is maintained against unauthorized removal of ship's stores.

六、无人照管行李处置 Handling Unaccompanied Baggage

无人照管行李处置保安措施：

Security measures for unaccompanied baggage:

（1）所有无人照管行李在装上船之前，必须经过识别检查和搜查，并采取相应的处置措施。

All unaccompanied baggage are to be identified and screened before accepted onboard, and appropriate measures are to be taken.

（2）对无人照管的行李的检查，可与港方密切联系合作，利用有效的扫描设备如X射线检查。

With close cooperation with the port facility, effective screening equipment such as X-ray is to be used to examine unaccompanied baggage.

（3）非本船人员的行李和物品，原则上一律拒绝上船。

Baggage and articles that are not belonging to the ship's personnel are in principle not allowed onboard.

（4）不同保安等级对无人照管行李的处置保安措施见“无人照管行李的处置保安措施”。

Security measures for handling unaccompanied baggage for different security levels see Measures for Handling Unaccompanied Baggage.

七、船舶保安监控 Monitoring of Ship Security

1. 保安监控区域 Security monitoring area

船舶保安监控区域包括船舶自身的总体面貌、船上限制区域和船舶周围区域。

Ship security monitoring area includes the overall appearance of the ship, restricted area onboard and area surrounding the ship.

2. 保安监控措施 Security monitoring measures

（1）使用船舶照明设备进行监控。

Monitoring by using ship's lighting equipment.

（2）通过人员值班巡逻，包括梯口值班和保安巡逻进行监视和控制。

Monitoring and control by watch-keepers and patrols, including gangway watch and security patrols.

（3）不同保安等级的保安监控措施见“甲板和船舶周围区域的保安监控措施”。

Security monitoring measures for different security levels see "Measures for Monitoring Deck and Areas Surrounding the Ship".

3. 保安照明 Security lighting

（1）当在码头、锚地或航行中，船舶甲板和船舷在黑暗中或能见度受限制时，均应按照不同保安等级以及船长的判断适当地给予照明，但不应影响船舶的安全航行。

While in port, at anchor or underway, the ship's deck and over-side will be appropriately illuminated during periods of darkness or restricted visibility in accordance with different security levels and the judgment of the Master, but not so as to interfere with safe navigation.

（2）船舶航行于高风险水域或海盗频发地区，应在船舶后部增加照明，但不应影响船舶的安全航行。

When underway in areas of high risk or where piracy can be expected, suitable additional lighting is also to be used directed aft and over the stern area, but not so as to interfere with safe navigation.

（3）不同情况下的保安照明见“船舶照明计划”。

Security lighting for different situations – see Ship's Lighting Plan.

八、船舶保安设备 Ship's Security Equipment

1. 保安设备 Security equipment

本船的保安设备包括：

The security equipment on board includes:

（1）保安警报系统。 Security alarm system.

（2）船载自动识别系统。 AIS.

（3）IMO 永久识别号。 Permanent marks of IMO number.

（4）照明系统。 lighting system.

（5）通信系统（如广播、C 站等）。Communication system, such as public address, INMARSAT-C station etc.

（6）消防水龙。 Fire hose.

（7）其他（如有时）。Others (if have).

2. 保安设备的维护、校准和测试 Maintenance, calibration and test of security equipment

船舶保安员应定期检查，确保保安设备的完好性，使之处于随时可用状态。任何设备或系统发生故障应立即报告，并消除。

SSO is responsible for periodical examination to ensure them to be in good condition and available at any time. Any equipment or system failure or malfunction shall be reported immediately and eliminated accordingly.

职责分工：

Responsibilities:

（1）大副负责船舶 IMO 永久识别号的维护。

The Chief Officer is responsible for maintainance of permanent marks of IMO number.

（2）二副负责船载自动识别系统（AIS）、通信系统和保安警报系统的维护、校准和测试。

The Second Officer is responsible for maintainance, calibration and test of AIS, communication system and security alarm system.

（3）三副负责消防系统包括消防水龙的维护、保养。

The Third Officer is responsible for fire system, including maintainance of fire hose.

（4）机电员负责船舶照明系统的检查、维护和测试。

The Electrician is responsible for inspection, maintainance and test of lighting system.

保安设备按照说明书要求和公司有关规定进行定期地维护、校准和测试，并记录在“船舶和设备维修保养记录表”中。

Security equipment is to be maintained, calibrated and tested periodically as per the requirements and relevant regulations of the company, which is to be recorded in Ship and Equipment Maintainance Record.

3. 警报系统 Alarm systems

由于船舶保安警报系统是一个特殊的项目，所以这部分必须写清楚以下内容：

◆指出船舶保安警报系统的激发位置；

◆写出使用船舶保安警报系统的程序，包括警报激活，警报消除和重新设定；

◆写出如何在不虚构警报的情况下测试警报系统的程序；

◆为避免对在船上装设船舶保安系统的目的有任何不利，可允许用一专用文件将所涉及的信息保存在船长、船舶保安员和公司所决定的其他高级船员知道的船上其他地方。

（1）船舶按规定将安装保安报警系统，该系统一经启动将向船旗国主管当局指定的岸基主管机关发送报警信号。该信号将显示船舶身份、船位并指出船舶的保安状况受到威胁或已经受到危害。

The ship will be equipped with a Ship Security Alert System which, when activated, will send an emergency signal to a competent shore authority designated by the Flag State. This signal will identify the ship and her position and will indicate that the security of the ship is under threat or has been compromised.

（2）该应急报警系统警报信号不在本船显示，也不向其他船舶发送，而且在关闭或复位前持续发送。该系统从驾驶台和至少一个其他位置触发，应防止误触发。

The emergency alert system will not be heard on board the ship or other ships and will continue until the alarm is deactivated or reset. Activation points will include the bridge and at least one other location and to avoid accidental initiation.

（3）探明有入侵者时，应启动声光报警，并在负有保安职责的连续值班人员的位置上发出警报。

An audible or visual alarm is to be activated when an intrusion is detected in a location that is continuously staffed by personnel with security responsibilities.

（4）如遇恐怖分子劫持，拉响警报会导致恐怖分子恐慌以致其对船员使用暴力，拉响警报前应慎重考虑。

However in other cases, such as hijacking by terrorists, the sounding of such an alarm may cause the hijackers to panic and/or take violent action against the crew. Therefore caution and due consideration is to be exercised before the sounding of an audible alarm.

4. 口头报警 Verbal alarms

遇到袭击时可以彼此使用语言报警，船舶保安员应确保所有人员熟悉收到此类语言报警后如何操作。

A covert word or phrase is to be used in order that crewmembers can pass word of an attack amongst each other. It is essential that SSO ensure that all personnel are familiar with the word/code and what to do on hearing it.

九、通信 Communications

（一）保安通信规定 Regulations on security communications

本节提供了船舶和公司保安员在正常、异常和紧急情况下有关船舶保安事宜的信息交流各种方法，以便船对岸可以立即报告对船舶或人员的非法行为。

This section provides methods for exchange of information relating to ship security between the ship and CSO under normal, unusual and emergency conditions so that any unlawful act against the ship or persons on board can be immediately reported from ship to shore.

1. 船舶在任何区域一旦发生保安威胁事件必须提供下列信息：

The ship must provide the following information in case of security incident in any place:

（1）船舶位置（经度/纬度/时间）。

Location of ship (Lat/Long/Time).

（2）受害人的姓名、国籍、出生日期和地点。

Name/Nationality/Dates and Place of Birth of Victim.

（3）非法犯罪人的姓名、国籍、出生日期和地点。

Name/Nationality/Dates and Place of Birth of Person(s) committing unlawful act.

（4）受伤的性质和严重程度，如有。

Nature and extent of severity of injuries sustained, if any.

2. 在操作无线电保持联系期间，船舶应将VHF作为主要的通信方法，船舶内部电话作为补充。

VHF radios are employed as the primary means of communication, with ship intercom/phone used as a backup. Maintain radio contact during operations.

（1）驾驶台或控制室的船舶C站应保持畅通。

The ship's C radio contact will be maintained in bridge or control room.

（2）船舶在港期间涉及保安的联系应采用C站。

Ship's C radio contact will be maintained at all times in port to relay security concerns.

（3）港口人员和公司代表与船舶和港口之间涉及保安的联系应采用C站。

Between ship and port C radio contact will be maintained between Port Personnel and Company Representatives at all times to relay security concerns.

3. 出于安全考虑，船舶保安人员和港口保安人员之间应建立直接通信联系。

For security purposes, direct communications links are established between ship security personnel and security personnel in the port facility.

4. 船舶保安员和公司保安员经由电话或传真建立直接联系，为船舶更新港口联系信息，提供保安操作的支持等。

SSO and CSO should communicate directly with each other via telephone or fax to update port contact information and provide security operations and support for shipboard.

5. 遇险和胁迫：船舶保安员负责实施有关船舶保安员或船上保安人员在遇险或被逼迫进行通信等情况下的应对措施，并对有关的船员进行程序培训。

Distress and Duress: Procedures for indicating that SSO or Security Officer is in distress, or is communicating under duress are the responsibility of SSO. Appropriate ship's personnel are trained in these procedures.

6. 船舶在通信中应注意保密性，尽量不提及有关的保安措施细节，以免泄密。

The ship should keep communications confidential and not mention any relevant details of security measures as possible to prevent disclosure.

7. 当船舶处于保安威胁时，在本船上不得使用私人的手提无线电通信装置。

When under security threat onboard, use of private hand-held radio communication devices is prohibited.

（二）对外通信系统 External communication systems

无线电通信 Radio communication。

（三）内部通信 Internal Communication

1. 本船装有内部电话和公共广播系统以及对讲机，船舶保安员应确保船舶保安通信系统随时可用。

Internal telephone, public address and walkie-talkie are fitted on board, and SSO should ensure these equipment or system available at any time.

2. 保安巡逻人员和值班人员应通过 VHF 或梯口电话与值班驾驶员和船舶保安员保持有效联系。

The security patrolmen and keep-watch men should keep in touch with the officer on duty and SSO through VHF or gangway telephone.

（四）识别遇险信号 Identifying distress signals

1. 根据国际法的要求船长应救助遇险船舶，但应注意有些罪犯控制的小船通过发出求救信号，使大船减速或停止以达到登船的目的。

Under International Law a ship's Master is required to assist ships in distress. However it is worth remembering the fact that some small vessels manned with criminals may fire distress flares in order to slow down or stop a ship with a view to boarding.

2. 因此船长在许可他人登船前必须分析形势、地理位置、遇险信号特征及船舶的适航性。如有疑虑，船长应与就近的岸基主管机关联系并告之有关情况，同时应通报公司有关情况。

The Master must therefore carefully and fully evaluate the situation before allowing persons to board his vessel. Evaluation is to include aspects such as the geographical location, the apparent nature of the distress and the seaworthiness of the vessel. If in any doubt the Master is to contact the nearest shore authority and advise them of the situation. The Company must also be contacted in such circumstances.

第八节 各保安等级的要求及保安措施

一、各保安等级的要求 Requirement for Each Security Level

（一）船舶在不同等级时的行动要求 Requirement of the ship for each security level

1. 船舶须遵从缔约国政府规定的保安等级。

A ship is required to act upon the security levels set by Contracting Government.

2. 当处于保安等级 1 时，在船上开展以下活动：

At security level 1, the following activities are to be carried out:

（1）确保履行船舶的所有保安职责。

Ensuring the performance of all ship security duties.

（2）对登船予以控制。

Controlling access to the ship.

（3）控制人员及其物品上船。

Controlling the embarkation of persons and their effects.

（4）监控限制区域，确保只有经过授权的人员才能进入。

Monitoring restricted areas to ensure that only authorized persons have access.

（5）监控甲板区域和船舶周围区域。

Monitoring of deck areas and areas surrounding the ship.

（6）监督货物装卸和船舶物料的交付。

Supervising the handling of cargo and delivery of ship's stores.

（7）确保随时可以保安通信。

Ensuring that security communication is readily available.

3. 当处于保安等级 2 时，对上述活动实施《船舶保安计划》中规定的附加防范措施。

At security level 2, the additional protective measures, specified in the Ship Security Plan, are to be implemented for each activity detailed above.

4. 当处于保安等级 3 时，对上述活动实施船舶保安计划中规定的进一步特殊保安措施。

At security level 3, further specific protective measures, specified in the ship security plan, shall be implemented for each activity detailed above.

5. 无论何时主管机关规定了保安等级 2 或 3，船舶均应确认已收到关于改变保安等级的指令。

Whenever security level 2 or 3 is set by the Administration, the ship is to acknowledge receipt of the instructions on change of the security level.

6. 当缔约国政府规定了保安等级 2 或 3 时，船舶在进入其境内的港口之前和在其境内港口期间，应确认已收到指令，并应向港口设施保安员确认已开始实施《船舶保安计划》所列明的适当措施和程序。

Prior to entering a port, or whilst in a port within the territory of a Contracting Government that has set security level 2 or 3, the ship is to acknowledge receipt of this instruction and shall confirm to the port facility security officer the initiation of the implementation of the appropriate measures and procedures as detailed in the Ship Security Plan.

7. 船舶在不同保安等级应采取的具体保安措施见本节“各保安等级的保安措施”。

The specific security measures to be taken for each security level: see “Security Measures for Each Level” of this section.

（二）保安等级3时对缔约国政府指令的响应 Response to Level 3 instructions from contracting governments

船舶保安员应：

SSO shall:

（1）在港内或进港之前，确认已收到来自缔约国政府或指定当局保安等级 3 的指令，这些指令也应通知公司保安员。

Acknowledge receipt of instructions on security level 3 from a Contracting Government or designated authority while in port or prior to entering port. CSO is also to be informed of any such instructions.

（2）向港口设施保安员确认已开始实施规定了的适当措施和程序。

Confirm initiation of the implementation of the appropriate measures and procedures as detailed in the SSP to PFSO.

（3）报告执行相应措施和程序中遇到的任何困难。船舶保安员应和港口设施保安员进行联络并协调适当的行动。

Report any difficulties in implementation of appropriate measures and procedures. SSO will co-ordinate with PFSO to determine appropriate actions.

（4）根据缔约国政府的要求，提供船舶船员来源和船舶租用的各种信息。

Have information onboard, to be made available to Contracting Governments upon request, indicating who is responsible for deciding the employment of the ship’s personnel and for deciding various aspects relating to the employment of the ship.

（5）向公司保安员和有关当局报告任何可能影响海上保安的信息。

Report any information that might affect maritime security in the area to CSO and appropriate authorities.

二、各保安等级的保安措施 Security Measures for Each Security Level

本部分规定了船舶在每个保安等级所实施的具体保安措施，确保船舶处于与保安等级相适用的保安能力，免遭任何保安威胁或能及时处理任何可能发生的保安事件。

This section defines the specific security measures the ship will implement at each security level. Aimed at ensuring the security of the ship being maintained as required for the set security level against any security threat or any possible security incident being addressed in time.

根据保安风险，国际上界定了三个保安等级，如果保安等级高于1级，缔约国政府、船旗国主管机关和/或公司保安员应及时通知船长。设定保安等级时应考虑下列因素：

There are three security levels recognized internationally depending on the security risk. Contracting Governments, Flag States and/or the Company Security Officer will advise the Master where a security level is expected to be greater than level 1. Factors which are considered in setting the appropriate security level include:

◆威胁信息的可信度 The degree that the threat information is credible

◆威胁信息得到确证的程度 The degree that the threat information is corroborated

◆威胁信息的具体及紧迫程度 The degree that the threat information is specific or imminent

◆保安事件潜在的后果 The potential consequences of such a security incident

必须由主管机关通知船长变更保安等级，一旦保安等级变更，不得延误。如果船舶在港口内接到船旗国主管机关指示将船舶保安等级提升到2或3级，船舶必须将此情况通报港口当局，然后船舶保安员与港口设施保安员应联络、协调行动。值得注意的是：在这种情况下港口设施可以不提高其保安等级，仍然在低保安等级下操作，但船舶必须在高保安等级下操作。

Any change from one security level to another must be acknowledged by the Master to the authority advising him of the change. Any changes from one security level to another must be carried out without undue delay. When a Flag State instructs a ship in port to set a security level greater than 1, the port state must be advised of the instruction by the ship. The SSO and the PFSO are then to liaise and co-ordinate their actions. It should be noted that in such cases the port may not accept the higher level and may continue to operate the port to the lower level. However the ship must operate at the higher level.

船舶保安员应与港口设施保安员联系确认船舶实施的保安等级及计划中要求的附加措施，一旦船方实施该附加措施有困难，应立即向港方报告，以便船舶保安员与港口设施保安员联络、协调行动。

The SSO will confirm to the Port Facility Security Officer (PFSO) the security level being implemented by the ship and the adoption of any particular measures required by this plan. Any difficulties in implementing such measures or procedures are to be reported and the SSO and the PFSO should liaise and co-ordinate appropriate actions.

三个保安等级主要用于船舶在港口内或锚地，航行过程中应谨慎使用类似的警报信号。

Primarily the three levels are for use in port or at anchor; however it is prudent to adopt a similar alert status for when the vessel is at sea.

等级 1：正常状况。日常保持的最低保安等级，包括下列通用保安措施：

Level 1: This is the normal condition with the minimum appropriate security level maintained at all times with general security measures implementing including:

◆甲板 24 h 值班 24 hours deck watch officer

◆所有值班人员熟悉保安计划的内容要求 all watch personnel familiar with the contents of the security plan

◆梯道口值班，登记来访者 suitable gangway watch with visitors' log implemented

◆检查登船的行李、物料和个人物品 random checks of packages, stores and personal belongings coming on board

◆相关值班人员间无线电通信 radio communication between relevant watch personnel

◆其他适用的保安措施 all other general security measures as applicable

等级 2：加强状况。由于对港口设施或船舶的非法侵害的风险提高应采取附加措施的阶段，这些措施包括：

Level 2: This is where additional measures require to be taken due to a heightened threat of an unlawful act against a port facility or ship. Such measures include:

◆等级 1 的所有要求 All requirements of level 1

◆进行具体的风险评估 Specific Risk Assessments to be conducted

◆通知全体人员保安风险或威胁 All personnel fully briefed regarding security risk or threat

◆实地应急措施及演练 Contingency measures in place and drilled

◆船长限制或改变下地规定 Shore leave restricted or modified as required by the Master

◆增加照明 Additional lighting as required

◆加强梯道口值班、人员/行李检查 Enhanced gangway watch and persons/ baggage searched

◆增加甲板巡视、巡逻频次 Increased deck rounds and patrols

◆与岸上主管当局建立联系 Communication with shore authorities established

◆计划/船长/船舶保安员确定的其他预防措施 Any other additional precautions as identified by this plan and/or by the Master or SSO

等级 3：最高保安等级。它意味着港口设施或船舶很可能受到非法侵害或非法侵害很紧迫，此时应采取等级 1 和 2 以外的保护措施，通常岸基主管当局和/或公司应给予专业的指导。

Level 3: This is the highest security level and means that an unlawful act against a port facility or ship is probable or imminent. Extra protective measures over and above levels one and two will have to be adopted during this period. Specialised advice will normally be given by the shore authorities and/or Company.

（一）控制进入船舶通道保安措施 The security measures to control access to the ship

本船登船通道有：The ship's access as following:

◆舷梯 Access gangways

◆引航员梯及软梯 Pilot ladder and rope ladder

◆跳板 Gang board

◆系泊缆绳及锚链 Mooring lines and chain cables

◆因潮水或满载使得本船甲板与码头接近时 Due to tide and loaded that is caused the ship's deck adjacent the wharf

1. 保安等级 1 Security level 1

本等级中可实施下列控制进入船舶通道的保安措施：

At security level 1, the following security measures to control access to the ship should be taken:

（1）船舶应依据安全生产和船舶保安的需要，根据"船舶的出入口应控制到最少"的原则，设立人员上下船的专用通道。

The special access to the ship should be set according to the need of safe operation and security and the principle of "access to ship should be minimized".

（2）船舶梯口须安排人员持续值班，以阻止未经许可的人员上船。值班不得擅离岗位，交接班须在现场进行。

Continuous gangway watch should be arranged to permit access of authorized personnel only. Gangway watchman should not leave the station and hand-over should be carried out at the station.

（3）值班人员应检查所有登船人员的身份证明并记录登船人员的信息，如姓名、单位、登船原因、有效证件、上下时间、签名等。

The gangway watchman should check the identity of all persons seeking to board the ship and confirming their reasons for doing so, which include name, company, reasons of calling-on, time of onboard and away and signature etc.

（4）对登船人员的行李、包裹上船前应随机抽查，抽查量为 5%～20%。必要时，对上船的行李、包裹可以全面检查，以防止被禁止的武器、危险品和爆炸物带上船。

Sample inspection should be performed to the baggage and personal effects which intend to be onboard within the scale of 5% – 20%. If necessary, overall and careful inspection should be carried out to prevent weapons, dangerous goods and explosive materials prohibited onboard.

（5）对外来上船的工作人员或访问者，值班人员应通知相关人员，必要时陪同进入。

The watchman should inform relevant crewmember or other personnel about the visitors or workman and accompany to enter when deemed necessary.

（6）监控所有可以进入船舶的通道、设施，防止外来人员进入船舶（如船梯、引航员梯、锚链、舷窗、系泊绳、满载后较低的船舷、克令吊、升降装置等）。

The watchman should supervise all gangway and access to prevent unauthorized personnel onboard, such as accommodation ladder, pilot ladder, chain cables, porthole, mooring lines, lower side shell when full loaded, cranes and lifts etc.

（7）值班人员应配备对讲机，保持与值班驾驶员的随时沟通。

The gangway watchman should equip with walkie-talkie and keep in liaison with the officer on duty.

（8）保安等级 1 时，所有准备登船的人员应服从搜查。这类搜查最好由港口设施与船舶密切合作，并在船舶最近区域进行。除非有明显保安方面的理由，船员之间不得相互搜查人身和行李，任何这类搜查应充分考虑尊重人权和保护其基本的个人尊严。

At security level 1, all those seeking to board a ship should be liable search. Such searches may best be undertaken by the port facility in close co-operation with the ship and in close proximity to it. Unless there are clear security grounds for doing so, members of the ship's personnel should not be required to search their colleagues or their personal effects. Any such search shall be undertaken in a manner which fully takes into account the human rights of the individual and preserves their basic human dignity.

2. 保安等级 2　Security level 2

本等级中，预防保安事件风险性升高时适用的保安措施包括：

At security level 2, the security measures to be applied to protect against a heightened risk of a security incident include:

（1）船舶靠泊或锚泊装卸，一般只开放一个受控通道，其他通道全部锁闭。因作业特殊需要时，可由船长指令开放临时性的第二通道，作业完毕后立即锁闭。

In general, only one access under control could be used when berthing and anchoring for loading/unloading operation and other accesses should be locked. When special circumstances the second temporary access may be open under the order of the Master and be locked immediately after completion of operation.

（2）锁闭所有未经开放的可能上下船的通道。锁闭下层甲板的门、舷窗。锁闭前后甲板无人处所的门窗（如艏尖舱等），锁闭锚链孔盖板，锁闭逃生孔（但须能从逃生者一边没有钥匙也可打开）。

The followings should be locked: all gangways which were not opened for on/ off board, all doors and portholes on lower deck, all doors and windows of unmanned spaces on fore and aft deck (such as fore peak tank), the cover plate of hawse pipes and escape access (while the escaper could open from inside).

（3）控制外来人员上船。谢绝亲友和一般访问者上船，控制修理工和供应商上船，对上船人员的行李、包裹随机抽查量为 25%～50%。对受到怀疑的行李、包裹要全面检查，以防止被禁止的武器、危险品和爆炸物带上船。

All outsiders should be controlled on board: relatives of crewmember and common visitors should be prohibited onboard and repairing workers and suppliers should be controlled. Inspection to baggage and personal effects should be conducted within the scale of 25% – 50% and overall and careful inspection should be carried out to prevent weapons, dangerous goods and explosive materials prohibited onboard when doubt.

（4）加强人员值班巡查，白天每班不少于 2 人，晚间每班不少于 3 人。

Assigning additional personnel to keep watch and patrol: more than 2 persons each group at daytime and more than 3 persons each group at night.

（5）严格控制船员下地，非因工作特殊需要不安排船员下地。

Embarkation of crew should be strictly controlled except special circumstances.

3. 保安等级 3　Security level 3

本等级中，船舶应遵守负责应对保安事件或威胁的人员的指令，船舶应采取的保安措施可包括：

At security level 3, the ship should comply with the instructions issued by those responding to the security incident or threat thereof. The security measures which could be taken by the ship, in close co-operation with those responding and the port facility include:

（1）停止装卸作业，停止或拒绝物料、副食品等供货上船。

Stop of cargo handling operations, stop and refusal of deliveries etc.

（2）撤销通道口，禁止外来人员上下船。组织已在船的外来人员撤离。

Withdrawal of access and stop of embarkation or disembarkation, and organize out-comer on board evacuation.

（3）只向负责应对保安事件或威胁的人员开放通道。

The access is only available to the staff responsible for security accidents and threats.

（4）全船人员参加船舶保安值班。

All crewmembers take part in the ship security watch.

（5）关闭船舶内部所有的通道，但应适当考虑万一发生火灾或其他紧急事件时的逃生需要的必要手段。

Close all internal access while make sure to keep necessary measures available when fire or other emergency situation occur.

（6）反应设立保安等级 3 的缔约国政府颁布的保安指示。

Respond to the security instructions presented by contracting government when at security level 3.

（7）禁止船员下地。

Embarkation of the crew is prohibited.

（二）船上限制区域控制措施　Control measures for restricted areas on the ship

1. 保安等级 1　Security level 1

本等级中，适用于的保安措施包括：

At security level 1, the security measures include:

（1）船靠码头时，限制区域应采取适当的防范措施。

Suitable protective measures should be taken for restricted areas when berthing at dock.

（2）无人时锁闭。

Keeping locked when unmanned.

（3）通向限制区域的通道张贴“Restricted Area Authorized Personnel Only”的禁止标志。

All accesses to restricted areas were posted with sign of “Restricted Area Authorized Personnel Only”.

（4）定时进行巡回检查，防止外来人员擅入。

Periodical patrol and inspection will be arranged to prevent intruders.

（5）所有船员在限制区域内发现无人陪同的外来人员，有责任将其带到值班人员处，并报告值班驾驶员予以处理。

If any escorting out-comers were found, the officer on duty should be advised to deal with appropriately.

2. 保安等级 2　Security level 2

本等级中，应加强监控的频率、密度和对进入受限区域通道的控制，只有经过批准的人员才能进入。适用的附加保安措施包括：

At security level 2, the frequency and intensity of the monitoring of, and control of access to restricted areas should be increased to ensure that only authorized persons have access. The additional security measures to be applied include:

（1）限制区域能够锁闭的应予锁闭，因工作需要不能锁闭的仅留一个通道，并须有相应的保安防范措施。

The restricted areas should be locked as possible. Only a single access could be used for the need of work and appropriate security measures should be taken.

（2）锁闭所有船内通向外层甲板的通道，但应考虑到应急情况下内部人员可以不用钥匙即能打开。

All accesses leading to the outer deck from inside of the ship should be locked, but they should be arranged to be open from inside of the ship when emergency.

（3）允许进入控制区域的外来人员必须有专人全程陪同。

All out-comers to be allowed to enter restricted areas should be escorted by assigned person.

（4）加派专人站岗或增加巡回检查频次。

Additional watchman and high frequency of patrol and inspection should be arranged.

3. 保安等级 3　Security level 3

本等级中，船舶应遵守负责应对保安事件或威胁的人员的指令。船舶应采取的保安措施包括：

At security level 3, the ship should comply with the instructions issued by those responding to the security incident or threat thereof. The security measures which could be taken by the ship, in close co-operations with those responding and the port facility, which may include:

（1）全船为控制区域。只向负责应对保安事件或威胁的人员开放通道。

The whole vessel should be set as controlled area and access to the ship is only open to the personnel who is responsible for the security accidents and threats.

（2）禁止其他人员在船。

Any other person who is not relevant to the ship should disembark the vessel.

（3）对控制区域组织人员值班。

Site watchman should be arranged to restricted areas.

（4）对船舶进行全面保安检查。

Overall security inspection to the vessel should be carried out.

（5）锁闭或关闭船舶内部所有的通道，但应适当考虑万一发生火警或其他紧急事件时的逃生需要的必要手段。

Lock or close all internal access while make sure to keep necessary measures available when fire or other emergency situation occur.

（6）反应设立保安等级 3 的缔约国政府颁布的保安请示。

Respond to the security instructions presented by contracting government when at security level 3.

（三）货物装卸保安措施 The security measures for handling of cargo

1. 保安等级 1 Security level 1

本等级中，货物装载时的保安措施包括：

At security level 1, the security measures to be applied during cargo handling include:

（1）确认提单与实际装货品种相一致，并通过目视检查货物。

Checks to ensure that cargo being loaded matches the cargo documentation and check the cargoes by visual inspection.

（2）在布置装卸计划、安全注意事项的同时布置保安措施。

Arrange security measures together with loading plan and information.

（3）每次装卸前，须对装卸作业的工具和放置地点进行检查。

Check the loading/unloading tools and station used to post tools before each loading/unloading operation.

（4）值班人员应保持与货控室或货主代理的联系。

Watchman should keep in touch with the shipper control room or agent of shipper.

（5）检查有封条的货物，防止被破坏。

Check of seals of the cargoes to prevent tampering.

（6）可以通过以下方法对货物进行检查：

Checking of cargo may be accomplished by the following means:

◆目视和实地检查 visual and physical examination

◆使用扫描/探测设备机械设备或警犬 using scanning/detection equipment, mechanical devices, or dogs

（7）如要定期、批量转移货物，公司保安员或船舶保安员可与港口设施协商、与承运人或其他货主进行异地检查、封箱和签署有关单据等。该安排须通知并经有关港口设施保安员同意。

When there are regular or repeated cargo movements, the CSO or SSO may, in consultation with the port facility, agree arrangements with shippers or others responsible for such cargo covering off-site checking, sealing, scheduling, supporting documentation, etc. Such arrangements should be communicated to and agreed with the PFSO concerned.

2. 保安等级2　Security level 2

本等级中，货物装卸时适用的附加保安措施包括：

At security level 2, the additional security measures to be applied during cargo handling, which include:

（1）在保安等级1的基础上，布置装卸值班人员防突发事件的措施。

Arrange loading/unloading watchman to anti-accidents based on the measures of level 1.

（2）增加船舶四周的巡查频次。

Add the frequency of patrol and inspection to all around the vessel's perimeter.

（3）保持与码头作业人员的联系，必要时一起加强保安措施。

Keep in touch with the dock operators and take security measures together.

（4）可以通过下列方法进一步对货物进行检查：

Detailed checking of cargo may be accomplished by the following means:

◆加强目视和实地检查的频率和力度 increasing the frequency and detail of visual and physical examination

◆除已有的程序外与承运人或其他方一起加强保安措施 co-ordinating enhanced security measures with the shipper or other responsible party in accordance with an established agreement and procedures

3. 保安等级3　Security level 3

本等级中，船舶应遵守负责应对保安事件或威胁的人员的指令。船舶应采取的保安措施包括：

At security level 3, the ship should comply with the instructions issued by those responding to the security incident or threat thereof. The security measures which could be taken by the ship, in close co-operation with hose responding and the port facility, which include:

（1）停止一切装卸作业。

Stop the loading/unloading operation of cargoes.

（2）做好随时离开泊位的一切准备工作。

Prepare for leaving the berth at any time.

（3）反应设立保安等级 3 的缔约国政府颁布的保安指示。

Respond to the security instructions presented by contracting government when in security level 3.

（四）交付船舶物料时的保安措施 The security measures for delivery of ship's stores

1. 保安等级 1　Security level 1

本等级中，交付船舶物料时的保安措施包括：

At security level 1, the security measures to be applied during delivery of ship's stores, which include:

（1）物料、备件上船前应检查确认与订单相符，上船后必须系固存放。

Checking to ensure stores and parts matching the order prior to being loaded on board and immediate secure stowage.

（2）船舶副食品上船须检查验收，并有值班水手、伙委会成员监督。

Checking provisions prior to being loaded on board by responsible catering crewmember.

（3）危险品应建立清单，放置处要有明显标志并集中放置。

Setting the list of dangerous cargoes and putting obvious marks at the post station, and dangerous goods should be centralized posted.

2. 保安等级 2　Security level 2

本等级中，交付船舶物料时适用的附加保安措施包括接受物料之前的核查和加强检查，包括：

At security level 2, the additional security measures to be applied during delivery of ship's stores by exercising checks prior to receiving stores on board and intensifying inspections, which include:

（1）加强对供船物料、备件、生活用品的验收检查。对供应商送船的物料、备件、生活用品，如认为必要可开箱/包检查。

Checking the stores, parts and provisions prior to be loaded onboard and unpacking the baggage if necessary.

（2）对备件、物料库进行检查。

Checking the parts and provisions storehouse.

（3）禁止除船员以外的人员进入备件、物料库内。

Prohibiting persons other than crew to enter parts and provisions storehouse.

（4）备件、物料检查后应及时入库或派人值守直至入库。如有外人搬运应派人监控入库。

The inspected parts and stores should be sent to storehouse in time or be kept watch until sending to storehouse, the process of sending to storehouse should be supervised if executed by out-comers.

3. 保安等级 3　Security level 3

本等级中，船舶应遵守负责应对保安事件或威胁的人员的指令。采取的保安措施包括：

At security level 3, the ship should comply with the instructions issued by those responding to the security incident or threat thereof. The security measures which could be taken by the ship may include:

（1）对已上船的物料进行更广泛的检查。

Wide-scale inspection to stores loaded onboard should be conducted.

（2）停止物料、备件和食品上船。

Stop of handling of ship's stores, parts and provisions.

（3）反应设立保安等级 3 的缔约国政府颁布的保安指示。

Respond to the security instructions presented by contracting government when in security level 3.

（五）处置无人照管行李的保安措施 The security measures for handling unaccompanied baggage

1. **保安等级 1** Security level 1

本等级中，可采取适用的保安措施处置无人照管行李，以确保所有无人照管行李至少经过 100%的检查，如 X 射线的检查（可能时）。

At security level 1, the security measures should be applied when handling unaccompanied baggage to ensure that unaccompanied baggage is screened or searched up to and including 100 percent, which may include use of X-ray screening (if possible).

2. **保安等级 2** Security level 2

本等级中，处置无人照管行李时适用的附加保安措施包括对所有无人照管的行李进行 100%的 X 射线的检查。

At security level 2, the additional security measures to be applied when handling unaccompanied baggage which should include 100 percent X-ray screening of all unaccompanied baggage.

3. **保安等级 3** Security level 3

本等级中，船舶应遵守负责应对保安事件或威胁的人员的指令。采取的保安措施包括：

At security level 3, the ship should comply with the instructions issued by those responding to the security incident or threat thereof. The security measures which could be taken by the ship may include:

（1）至少从 2 个不同的角度使用 X 射线进一步检查行李。

Subjecting such baggage to more extensive screening, for example X-raying it from at least two different angles.

（2）限制或停止对无人照管行李的处置。

Preparation for restriction or suspension of handling of unaccompanied baggage.

（3）拒绝接受无人照管行李上船。

Refusal to accept unaccompanied baggage on board the ship.

（六）监控船舶保安 Monitoring the security of the ship

1. 保安等级 1　Security level 1

本等级中，可采取包括照明、值班人员、保安人员或使用保安和监控设备在内的保安措施，使监控人员能观察到船舶的总体面貌特别是栅栏和受限区域。

At security level 1, the security measures to be applied which may be a combination of lighting, watch keepers, security guards or use of security and surveillance equipment to allow ship's security personnel to observe the ship in general, and barriers and restricted areas in particular.

夜晚或视野受限时进行船舶/港口设施界面活动、靠泊或抛锚作业，应确保船舶甲板和通道口的照明。现行的《国际海上避碰规则》规定，船舶航行时应使用安全航行的最大照明。在实施有关等级和设立照明点时应考虑下列因素：

The ship's deck and access points to the ship should be illuminated during hours of darkness and periods of low visibility while conducting ship/port interface activities or at a port facility or anchorage when necessary. While underway, ships should use the maximum lighting available consistent with safe navigation, having regard to the provisions of the International Regulations for the Prevention of Collisions at Sea in force. The following should be considered when establishing the appropriate level and location of lighting:

◆船上人员应能关观察到船舶两岸的情况　the ship's personnel should be able to detect activities beyond the ship, on both the shore side and the waterside

◆覆盖区域应包括船上和附近区域　coverage should include the area on and around the ship

◆覆盖区域应便于在通道处对人员的检查　coverage should facilitate personnel identification at access points

◆覆盖区域还可通过与港口设施协商决定　coverage may be provided through coordination with the port facility

本等级的保安措施包括：

The security measures at this level include:

（1）应确保全船照明设备处于良好状态，并使船上人员能够察觉船舶甲板以外（包括靠岸一侧和靠水一侧）的活动。

Ensuring all lighting equipment onboard in good conditions to be used for observing the activities outside the decks (including ship's side adjacent to dock or opposite).

（2）在供电中断的情况下，确保应急发电机提供的电力能维持正常的照明。

Ensuring the emergency generator to provide normal lighting when break-off of main power.

（3）对船舶照明设备定期检查，及时修复、更换损坏部件。

Periodic inspection to ship's lighting equipment and repair and renewal of damaged parts without delay.

（4）对船舶通信、保安器械、保安报警系统定期检查，确保处于良好的并随时可用状态。

Periodic inspection to security communication system, security equipment and security alarm system to be in normal working conditions.

2. 保安等级 2　Security level 2

本等级中，加强监控和监视能力的附加保安措施包括：

At security level 2, the additional security measures to be applied to enhance the monitoring and surveillance capabilities, which include:

（1）打开船上所有的照明，开启船舶强光灯，加强船舶周围的照明。若在航行中，应在保证航行安全的前提下尽可能地开灯照明。

Turning on all lighting equipment onboard, including flood lighters to lighten the area all around the ship. During navigation the lighters should be turned on as possible as it could to ensure safe navigation.

（2）如果认为必要，可以协调港口设施提供岸边辅助灯光照明，以增强甲板和船舶周围区域的能见度。

Consulting with port facility to provide assistant lighting of shore to increase the visibility of deck and area around the ship if necessary.

（3）增加保安值班和巡逻的频次。

Increasing the frequency of security watch and patrol.

（4）加强与港口协调，以及将保安信息传达给船舶所有人员。

Consulting with port facility and transferring relevant information to all crewmembers.

3. 保安等级 3　Security level 3

本等级中，船舶应遵守负责应对保安事件或威胁的人员的指令。采取的保安措施包括：

At security level 3, the ship should comply with the instructions issued by those responding to the security incident or threat thereof. The security measures which could be taken by the ship include:

（1）组织全船人员保安巡逻，对船舶甲板及船舶四周加强巡查。

Arranging all crewmembers to conduct security patrol to inspect ship's deck and areas around the ship.

（2）高度警惕船舶周围小艇及人员的活动。

Keeping alert to all small craft and personnel around the ship and their activities.

（3）反应设立保安等级 3 的缔约国政府颁布的保安指示。

Respond to the security instructions presented by contracting government when in security level 3.

（4）若港方加派小艇在船舶周围巡逻或派潜水员探摸码头下面及水中的结构，应予积极的配合，并保持沟通。

Cooperating and keeping in touch with the port if patrolling craft to areas around the ship or diver to detect the parts of dock and vessel have been arranged by the port.

第九节 保安事件报告程序

一、保安事件报告程序 Security Incident Report Procedure

保安事件的报告 Reporting of Security Incidents

1. 所有的保安事件包括保安威胁、保安状况的破坏、可疑的行为等都必须立即报告。

All security incidents, including security threats, breach of security, suspicious actions, must be reported immediately.

2. 在海上发生保安事件，船长要立即报告公司保安员，并采取相应的保安措施。

The Master is to immediately report the security incident to CSO and take appropriate measures while at sea.

3. 在港口发生保安事件，船长或船舶保安员要立即报告公司保安员和港口设施保安员，并采取相应的保安措施。

The Master or SSO is to immediately report security incident to CSO and PFSO, and take appropriate measures while in port.

4. 报告要采取书面形式报告，如果时间来不及，也可先口头报告，然后，在24 h内补上书面报告。

The report is to be in writing. If time doesn't permit, verbal report is allowed and afterward a written report must be submitted within 24 hours.

二、保安事件报告格式 Format of Security Incident Report

船舶发生保安事件，在24 h之内，船长或船舶保安员负责填写好保安事件报告，并向公司保安员、港口设施保安员报告。“保安事件报告”的格式如下（如适用时）：

When security incidents happen on board, the Master or SSO is to be responsible for filling our and submitting security incident reports to CSO and PFSO within 24 hours. “The Security Incident Report” is as following (if applicable):

1. 船舶或港口区域描述

SHIP OR PORT AREA DESCRIPTION

船名 Name of Ship: ______________________________

船旗 Flag: ______________________________

船长 Master: ______________________________

港口设施保安员 Port Facility Security Officer: ______________________________

船舶保安员 Ship Security Officer: ______________________________

2. 事件或威胁的简述

BRIEF DESCRIPTION OF INCIDENT OR THREAT

____

____

3. 事件或威胁的日期、时间和地点（经度/纬度）

DATE, TIME AND PLACE (Lat/Long) OF INCIDENT OR THREAT

____

____

4. 罪犯的称谓和人数

NUMBER OF ALLEGED OFFENDER(S)

船员 Crew: ____________________ 其他 Other: ____________________

5. 罪犯的细节

DETAILS OF OFFENDER(S)

姓名　　　　　　国籍　　　　　　出生日期和地点

Name: __________ Nationality: __________ DOB/POB: __________

6. 受害人的称谓和数量

NUMBER OF ALLEGED VICTIM(S)

船员 Crew: ____________________ 其他 Other: ____________________

7. 受害人的细节

DETAILS OF VICTIM (S)

姓名　　　　　　国籍　　　　　　出生日期和地点

Name: __________ Nationality: __________ DOB/POB: __________

8. 伤害的状态和严重程度

NATURES AND SEVERITY OF INJURY SUSTAINED

姓名：　　　　　　伤害：

Name: ______________ Injury: ____________________________

9. 使用的装置或危险物质的类型（详细描述）

TYPE OF DANGEROUS SUBSTANCES OR DEVICES USED (FULL DESCRIPTION)

武器 Weapon: ____

爆炸物 Explosives: ____

其他 Other: ____

10. 介绍危险物质或装置进入港口设施或船舶使用的方法

METHOD USED TO INTRODUCE DANGEROUS SUBSTANCES ORDEVICES INTO THE PORT FACILITY OR SHIP

人员 Persons: ____

行李 Baggage: ____

货物 Cargo: ____

船舶仓库 Ship Stores：______

其他 Other：______

（1）装置或物品被藏匿在什么地方？

Where were the devices/items described concealed?

______

（2）物品是如何使用的和那里？

How were the items used and where?

______

（3）保安措施是如何采用了？

How was the security measures circumvented?

______

11. 防止类似事件重复发生采取了什么样的措施和程序？

WHAT MEASURES AND PROCEDURES ARE RECOMMENDED TO PREVENT ARECURRENCE OF A SIMILAR EVENT?

______

______

______

12. 其他相关细节（如果需要使用附加页）

OTHER PERTINENT DETAILS (Use additional sheets if required)

______

______

第十节 船舶保安应急反应程序

一、目的 Purpose

船舶保安应急反应程序旨在为船长提供当船舶保安状况受到威胁或破坏时，应采取的保安应急处置措施的指导，最大限度地避免或减少对船舶、港口设施造成损失。

Response to contingency related to ship security procedures is to provide the Master with directions for security emergency handling measures when addressing threats or breach of ship security, aiming at minimizing loss to the ship and port facility.

二、应急反应程序 Emergency Procedures

本节对下列应急情况提供反应程序：

This section is to provide procedures for the following emergency:

（1）炸弹或其他可疑物质威胁。

Bomb threats or other suspicious substances threats.

（2）撤离应急程序。

Procedure of evacuation.

（3）海盗行为和武装袭击保安须知。

Security instruction on Piracy and armed attack.

（4）可疑小船接近船舶的反应。

Response to a suspicious boat approaching the ship.

（5）船舶或人员被劫持时的操作须知。

Instructions on ship or personnel being hijacked.

（6）电话炸弹威胁反应程序。

Contingency procedure for telephone bomb threat.

（7）禁毒和发现毒品及违禁物品的应对程序。

Anti-drug and procedure on response to the contraband such as drug.

（8）偷渡事件应对须知。

Instruction on response to stowaway incidents.

（9）失去稳性。

Lost of stability.

（10）船舶进厂修理。

Ship's repairs in shipyard.

三、职责 Duties

（1）船长对船舶的安全负有最终责任，是船舶应急总指挥，根据现场情况和本程序的要求，组织、指挥船员采取一切必要措施抢险，或请求第三方援助。

The Master assumes the ultimate responsibility for the security of the ship. Being the general director, Master is to organize, direct crewmembers to take all necessary measures to get rid of the risk or request for help from a third party according to the specific situation and requirements of the procedures.

（2）船舶保安员是船舶保安应急副总指挥和应急现场总指挥，组织、指挥船员采取一切必要措施抢险，负责向公司保安员报告和对外联系。

SSO, as the vice director of reaction unit and on-scene general director, is to organize and direct crewmembers to take all necessary measures to get rid of the risk on site, and report to CSO and handle any external communication.

（3）大副是船舶应急现场指挥（除机舱应急外），协助船舶保安员工作。

The Chief Officer is to assist SSO as the on-scene director of the reaction unit (excluding the reaction to the engine room emergency).

（4）轮机长是船舶机舱应急现场指挥，协助船舶保安员工作。

The chief engineer is to assist SSO as the on-scene director of engine room emergency.

（5）全体船员在紧急情况时的职责，听从现场指挥的命令，按各种应急操作所规定的各自职责执行任务。

When the ship is in emergency, all crewmembers are to comply with the instruction of the on-scene director and implement their specific duties as requested by the emergency requirement.

四、炸弹或其他可疑物质搜索 Bomb or Other Suspicious Substances Search

（一）船内炸弹或其他可疑威胁物质搜索程序 Bomb or other suspicious substances search on board

1. 当受到炸弹威胁或怀疑船上有炸弹需要进行炸弹搜索时，船长应按响保安警铃（一长声，连续 1 min），召集船员，简要介绍炸弹事件。

The Master should activate the security alarm (one long blast persisting one minute), gather crewmembers and give them a briefing about the bomb when the ship receives bomb threat or a search of suspicious bomb need to be conducted on board.

2. 船舶保安员应根据本船实际，将全船易藏爆炸物品的部位按部门职责分工，划分成若干个责任区，落实到各部门和每个船员进行搜索；若有可能，从炸弹专家和附近保安当局获取帮助。

SSO should divide the areas where explosive is possibly hidden into several duty areas based on the ship's specific situation and functions of every department, assign tasks to every department and personnel. Then carry out the search, Get assistance from the specialist of bombing or nearby security authority if it is applicable.

3. 搜索人员应注意寻找该区域内任何新的或不同寻常的事物，回忆前几天所看到的任何人，或在该区域出现的或不常出现的任何人。

When conducting searches, personnel should look for anything new or something unusual in their area. Try to remember anyone seeing the previous day or anyone who has appeared or does not normally appear in the area.

4. 若能确定炸弹/爆炸物所在区域，在该区域建立限制区域并安排人员值守，严禁无关人员进入。

Establish the restricted area there and arrange personnel to guard the area. If the area where the bomb/explosive location is identified, unauthorized access is prohibited.

5. 根据可疑区域大小和位置合理安排搜查人员人数和搜查计划，指派的搜查人员应熟悉该区域情况以便能发现新的或不寻常的物体，指派的搜查人员还应接受过适当培训，能够识别炸弹和爆炸装置以及发现这种装置后应采取的措施。

Arrange the search personnel and develop the search plan based on the size and location of the suspicious area. The personnel designated to conduct the search should be familiar with the area so as to discover some new or unusual objects, the designated search personnel should have received appropriate training, being capable of identifying the bomb and explosive devices and taking measures upon the identification.

6. 搜查应在船舶保安员的监督和安排下进行。

The search is to be supervised and arranged by SSO.

7. 搜查过的区域应做记号或记录。

A mark or record should be made on the area that has been searched.

8. 搜查人员、船舶保安员和船长应建立良好的通信联络，但除非有专家指导，现场附近不能使用任何无线电通信设备。

Good communication network should be established among the search personnel, SSO and the Master. No radio communication equipment is to be used on site unless professional instruction is available.

9. 任何可疑情况必须马上报告船舶保安员。

Report to SSO on any suspicious instance.

10. 记住，可能有不止一个炸弹/爆炸物，若发现可疑物体，不要对其采取行动，应报告船舶保安员后才继续搜索。

Keep in mind that there might be more than one bomb/explosive. Do not take action immediately but report to SSO first if any suspicious article is found.

11. 收到有关可疑对象或包裹的核实报告后，船长应考虑采取何种措施从该区域撤离。

The Master should consider what measures to be taken for the excavation from such area if the report about the suspicious item or package is verified.

12. 如果发现了可疑物件/包裹，应：

If a suspicious item/package is found:

（1）不要移动、触摸、摆弄或采用任何方法干扰。

Don't attempt to move, touch or interfere with it in any way.

（2）不要向可疑物泼水或抛投任何物品。

Don't put water or any objects over it.

（3）使用垫子和/或沙袋以减少气流影响，但不要遮盖可疑物。

Use mattresses and/or sandbags to minimized blast effects, but do not cover it up.

（4）在可疑物附近不要使用无线电装置。

Do not use radio communication in the vicinity of it.

（5）在可疑物附近不要发出声、热震荡或颤动。

Do not cause acoustic and thermal oscillation or vibration in the vicinity of it.

（6）考虑关闭经挑选的防火门以减少气流影响。

Consider closing selected fire doors to minimize the effect of a blast.

（7）警惕可能仍会有未被发现的炸弹。

Bear in mind that there may be more than one bomb.

（8）通知公司/当局有关物件/包裹的描述和位置。

Inform the company/authorities of the bomb's description and location.

（9）不要将可疑物抛入海中。

Do not throw the suspicious article into sea.

（10）若在海上，迅速驶向互有协议的港口。

If at sea, head for a mutually agreeable port.

（11）有关搜索详情、结果和处理措施应向公司保安员（CSO）报告，并将有关情况记录在案备查。

Relevant details, result and measures taken of the search should be reported to CSO and kept in file for checking.

（二）港内炸弹搜索或其他可疑物质搜索程序 Procedures for bomb or other suspicious substances search in port

1. 严格按照《船舶保安计划》进行港内炸弹搜索，由船舶保安员具体组织实施。

Carry out the bomb search in strict accordance with the Ship Security Plan. SSO is responsible for the implementation.

2. 根据船舶停泊港口社会治安形势和港口国当局通报的有关保安信息，以及船舶在港内所处位置和船舶附近海域、码头周围情况，组织安排船员在船首、船尾和左右甲板两舷目视搜索船舶附近海域和周围环境，利用船上可利用的保安设备和相关探测设备进行探测搜索。

According to the security situation of the port and relevant security information that the port authority declared, the location of the ship in port and the seawater around the ship and the quay, personnel are to be assigned to visually search the surrounding waters of the ship at the stem and the stern of the ship, and at the both side of the deck. Use available security equipment and relevant detecting equipment to conduct the detection and search.

3. 若发现可疑物品和漂浮物威胁船舶安全时，应立即报告船长和船舶保安员，以便及时采取保安预防措施，避免船舶和船员受到侵害。

Any suspicious substances and floating items found threatening the security of the ship are to be reported to the Master and SSO so as to take security protective measures in time to prevent the ship and crewmembers from attack.

4. 发现异常情况应立即向所在港口当局保安员报告，争取港口当局配合排除威胁船舶安全的可疑爆炸物品。

If any abnormal situation is observed, the ship should report to the security officer of the port, trying to clear the suspicious explosive with the assistance of the authority as early as possible.

5. 为了船舶、船员的安全，在港内应考虑将船员从船上撤离疏散到港口安全地带。

For the sake of safety of the ship and the crewmembers, the crewmembers should be evacuated to the safe zone of the port.

6. 有关搜索详情、结果和处理措施应向公司保安员报告，并将有关情况记录在案备查。

Relevant details, result and measures taken of the search should be reported to CSO and kept in file for checking.

（三）船上炸弹或其他可疑物质搜索程序 Bomb or other suspicious substances search on board

1. 根据航行通告中的有关海域的保安信息，船舶所经海域安全情况和途经沿海国家海域治安状况，特别警惕发生战事的国家附近海域。在进入上述海域时要谨慎航行，密切观察搜索海面的一切漂浮物。利用船上可利用的保安设备和相关探测设备进行探测搜索。发现可疑情况，立即报告，并采取适当的措施。

Get informed of the security information about relevant waters in the navigation notice, the security of the waters where the ship passes, especially be alert of the waters where the countries nearby is undergoing a war. Be cautious and observe every floating substance when sailing in the areas mentioned above. Use available security equipment and relevant detecting equipment to conduct the detection and search. Report immediately and take appropriate measures if anything suspicious are found.

2. 在重点战事海域航行、由船舶保安员抽调人员加强航行瞭望，密切注意搜索海面，如果发现和探测到不明漂浮物威胁船舶安全时，要立即向船长和船舶保安员报告，并积极采取避让措施绕航，尽快驶离上述海域。

When sailing on the sea that is critical place for war, SSO is to assign personnel to look out the sea closely. If unidentified floating substance threatening the ship is found and detected, report to the Master and SSO, and take positive measures to take a detour, trying to get away of the areas.

3. 有关搜索情况和探测到的不明漂浮物所处位置、漂流方向应立即通报就近港口当局和相关海事组织，以便引起有关船只和部门的密切关注。

Report to the Administration of the nearby port and appropriate maritime organization about relevant detective results and the location and moving direction of the unidentified floating substance, so as to draw close attention of relevant ship and department.

4. 为了船舶、船员的安全，在危急情况下，应想办法尽快驶离上述危险海域。

For the sake of the safety of the ship and crewmembers, try to get away from the dangerous waters mentioned above when in emergency.

5. 有关搜索详情、处理方式和处理措施事后应向公司保安员报告，并将有关情况记录在案备查。

Relevant details, ways and measures taken of the search should be reported to CSO and kept in file for checking.

（四）发现炸弹或可疑危险物质后的行动 Actions taken after bomb or suspicious dangerous substance are detected

1. 在港内，船舶保安员立即报告港口设施保安员和公司保安员，请求专业机构进行清除。

In port, SSO is to report to PFSO and CSO and request the professional organization for the clearance.

2. 在海上，应立即报告公司保安员，按公司指示执行，做好相应的安全防范措施。

At sea, report to CSO immediately. Take actions as instructed by the Company and apply appropriate security protective measures.

五、应急撤离程序 Procedure of Emergency Evacuation

（一）职责 Duties

1. 船长是撤离应急操作的总指挥，根据现场情况和本程序的要求，负有组织、指挥船员撤离的责任，在应急操作实施期间及时向公司保安员汇报行动情况，并加强与有关港口保安组织的联系。

The Master is the general director of such operation. He is responsible for the organization and direction of the evacuation according to the on-scene conditions and the requirements of the procedure. During the emergency operation, the Master is to report to CSO about the action with no delay and communicate with relevant security organization of the port.

2. 船舶保安员是撤离应急操作应急副总指挥，协助船长组织、指挥船员撤离。

SSO is the vice director of such operation. He is to assist the Master with the organization and direction of the evacuation of crewmembers.

3. 大副是船舶应急现场指挥，并任 2 号艇艇长。

The chief officer is the on-scene director of the emergency, as well as the director of the lifeboat No.2.

4. 三副是船舶应急现场副指挥，并任 1 号艇艇长。

The third officer is the on-scene vice director, as well as the director of the lifeboat No.1.

（二）撤离程序 Evacuation procedure

1. 弃船 Abandon the ship

当无法抢救脱险并对船员生命造成威胁时，船长可宣布弃船撤离（若当时情况允许应报告公司保安员）。

When the reaction force fails to handle the contingency, with the consideration of safety of crewmembers, the Master is entitled to abandon the ship and evacuate (Report to CSO if possible).

撤离船舶前应清点人数。如用救生艇撤离，撤离集合地点为登艇甲板，在放艇前应清点人数，确认应撤离人员到齐后再下令放艇。

Count the crewmembers before excavation from the ship. If lifeboat is used for the excavation, the boarding deck is set as the muster place. Count the crewmembers prior to the discharge of the lifeboat, ensuring all crewmembers to excavate are present.

若船长根据当时的保安局势判断任何延误均会给所有人员带来重大生命威胁，如大批爆炸物即将爆炸、入侵者意图杀害在船人员等，船长可做出立即放艇撤离的决定。

The Master may decide to discharge the lifeboat immediately if he deems that any delay might lead to the significant life threats against all personnel, such as bulk of explosive that is going to set off, intruder who intends to kill the personnel on board, etc.

若发生的保安事件只是增大在船人员的风险，船长可决定只留下负有保安职责的人员处理，将其他船员临时撤离本船。但此种情况下，船长可根据当时的情况需要，尽可能少留船员在船。一般来说，船长和大副、轮机长和大管轮不得同时撤离。

The Master may leave the personnel who are responsible for the security and evacuate other personnel temporally if more people stay on board would only increase the risk of the security incident. Under such circumstances, the Master may leave as few crewmembers on board as possible, if appropriate. The Master and the chief officer, the chief engineer and the second engineer generally cannot excavate from the ship at the same time.

2. 在海上 At sea

撤离船舶的指令可用公众广播系统的方式宣布或派人直接通知。

The instruction of excavation may announce through public broadcast or directly sending personnel to inform.

听到发出弃船撤离命令或信号后，全体船员应按《船舶应变部署表》所规定的职责，带好物品，到艇甲板集中。

Upon the receipt the evacuation order or signal, all crewmembers are to gather on the lifeboat deck with their effects as required in the "Ship Muster List".

按《船舶应变部署表》所规定的职责施放救生艇。

Put down the lifeboat as required in the "Ship Muster List".

救生艇落水脱钩后，应迅速驶离大船。

Get away from the ship when the lifeboat is on water and clear of hook.

3. 在码头 In port

听到发出弃船撤离命令或信号后，全体船员应按《船舶应变部署表》所规定的职责，带好物品，到主甲板集中。

Upon the receipt of the evacuation order or signal, all crewmembers are to gather on the main deck with their effects as required in the "Ship Muster List".

按照船长或船舶保安员的指令，有序撤离至港口安全位置。人员的撤离顺序应优先考虑在船工作的政府官员，其次是与船舶业务有关的人员和访客，最后是船员。

Excavate to the safe place in port orderly in accordance with the instruction of government on board, then the personnel associated with ship's business and visitors, the crew should excavate at last.

4. 应急移泊 Emergent shifting

当发生保安突发事件或紧急情况船舶应立即移泊时，船长应立即报告港口当局和公司，并采取以下应急措施：

When security emergency or other contingency takes place, which requires the ship to shift immediately. The Master should promptly report to the port authority and the company and apply the following emergency measures:

（1）靠泊时，自行解缆离泊，驶离危险区域。

If at berth, loose the mooring ropes and leave the berth, keep clear of the dangerous area.

（2）锚泊时，起锚驶离危险区域。

If at anchor, heave anchor and leave and keep clear of the dangerous area.

六、海盗行为和武装袭击保安须知 Security Instruction on Piracy and Armed Attack

当今的海盗都是组织严密、极端危险的武装犯罪团伙，他们的活动涉及全球范围（本部分在保安计划中应重点列明，具体方案可参看本书第八章）。

Today's pirates are a dangerous group of violent criminals who are armed, extremely dangerous and well organized. Whilst their activities are more or less worldwide, see Chapter 8.

七、可疑小船接近船舶的反应 Response to the Suspicious Boat Approaching the Ship

1. 在海上 At sea

（1）航行中发现有可疑小船企图接近本船时，值班驾驶员应用雷达对其进行不间断的跟踪，必要时用探照灯照射对方或鸣笛警告，如还无效，应通知保安巡逻人员，准备水龙和自卫器械等，加强戒备。

If any suspicious boat is found approaching the ship while underway, the OOW is to detect the boat with radar continuously, and send out a warning by means of searchlight or whistle. If the warning does not work, inform the security patrol immediately, get the fire hose and self-protecting equipment prepared and strengthen the watches.

（2）若安全，加速和改变航向，甩掉或不让其靠近。

If in safety, speed up the ship and change the direction, getting rid of the boat or preventing it from getting nearer.

（3）对小船发出的任何信息（无线电/灯光/呼叫）不予以回复。

Do not respond to any information sent from the boat (radio/lighting/ calling).

（4）如果小船还一味靠近，应报告船长和船舶保安员，当处于保安等级3时应考虑其是否为自杀性炸弹袭击或武装劫持。

If the boat continues to approach the ship, report to the Master and SSO. Determine if it is conducting a committed-suicide bomb attack or armed hijack if it's at security level 3.

（5）用望远镜仔细观察并判断小船是否有武装，如有应通知保安巡逻人员甲板上不要留人，锁闭驾驶台、机舱、舵机房和船员生活区。

Observe the boat with telescope and determine if it's armed. If so, the security patrol personnel should keep personnel away from the deck and secure the Bridge, engine room, and steering gear room and crew accommodations.

（6）若为普通海盗船，没有枪支等武器，应通知全体船员迅速集合，占据有利位置，设法阻止其登船。

If it is an ordinary pirate ship without weapons, crewmembers are to gather immediately and occupy favourable location, preventing their boarding the ship.

（7）必要时启动船舶保安报警系统，并报告公司保安员和附近主管当局，寻求帮助。

Activate the security alarm system if necessary and report to CSO and the Administration nearby for help.

（8）若阻止失败，船舶和人员被劫持，按"船舶或人员被劫持时的操作须知"处理。

If fails in preventing the embarkation and the ship and personnel are hijacked, act according to "Instructions on Ship or Personnel Being Hijacked".

（9）记录整个过程，必要时拍照，但应以安全为要。

Keep a record of the process. Take photo, if necessary, while the safety is the priority.

2. **在港内** In port

（1）在港内系泊或锚泊时发现可疑小船靠近，值班人员应互相通报，密切注意其动向。

If any suspicious boat is found approaching at port or at anchor, the watch- keepers should inform one another and monitor its movement closely.

（2）必要时用探照灯照射对方或鸣笛警告，如还无效，应报告船舶保安员，准备水龙和自卫器械等，加强戒备。

Use searchlight or whistle as warning, if necessary. If the warning does not work, inform SSO immediately, get the fire hose and self-protecting equipment prepared and strengthens the watches.

（3）对小船发出的任何信息（无线电/灯光/呼叫）不予以回复。

Do not respond to any information sent from the boat (radio/lighting/ calling).

（4）若小船还一味靠近应报告船长，当处于保安等级 3 时还应考虑其是否为自杀性炸弹袭击或武装劫持。

If the boat continues to approach the ship, report to the Master. Determine if it is conducting a committed-suicide bomb attack or armed hijack if it's at Security Level 3.

（5）船舶保安员应通过 VHF16 频道或规定的联系渠道，及时将情况报告港口设施保安员和公司保安员，寻求协助。

SSO is to report to PFSO and CSO for help through VHF channel 16 or other channel as required.

（6）若判断为普通海盗船，没有枪支等武器，通知全体船员迅速集合，占据有利位置，设法阻止其登船。

If it is an ordinary pirate ship without weapons, crewmembers are to gather immediately and occupy favorable location, preventing their boarding the ship.

（7）若为武装人员，应锁闭全船所有通道进口，甲板上不要留人，启动船舶保安报警系统，并向港口当局报告当前情况，等待救援。

If the boat is armed, secure all entrances to the ship, keep personnel away from the deck and activate the security alarm system. Report to the relevant administration of the port and wait for rescue.

（8）如果阻止失败，船舶和人员被劫持，按"船舶或人员被劫持时的操作须知"处理。

If fails in preventing the embarkation and the ship and personnel are hijacked, act according to "Instructions on Ship or Personnel Being Hijacked".

（9）记录整个过程，必要时需拍照，但应以安全为要。

Keep a record of the process. Take photo, if necessary, while the safety is the priority.

八、船舶或人员被劫持时的操作须知 Instructions on Ship or Personnel Being Hijacked

1. 一般而言，在被劫持期间以不发生事故为好，注意事项如下：

During a hijacking, generally the more time that passes without incident, the better. The following points are to be observed:

（1）保持平静并使他人也这样；除生命受到明显威胁外，不要抵抗。

Remain calm and direct others to do the same; do not resist armed pirates unless there is a clear life-threatening situation.

（2）按照海事惯例确保人员和船舶的安全。

Ensure the safety of the ship and personnel according to maritime practice.

（3）若有可能，船长、船舶保安员或其他人员应启动船舶保安报警系统。

The Master, SSO or other personnel should activate the security alarm system if possible.

（4）提供合理合作，努力与劫船者建立合理的关系。

Offer reasonable cooperation; try to establish a reasonable rapport with the hijackers.

（5）努力确定劫船者人数。

Try to identify the number of attackers.

（6）若有可能尽量增加登船点数量。

Attempt to increase the number of access points if possible.

（7）设法了解劫船者的要求以及可能的期限。

Attempt to determine the demands of the hijackers, as well as potential deadlines.

（8）如果有条件，使用可靠通信设备供谈判人员与劫船者谈话。

Use secure communication if available for negotiators to talk with the hijackers.

（9）除当局有指令外，船长和船员不应试图与劫船者谈判。

The Master and crew are not to attempt to negotiate with the hijackers unless directed by authorities.

（10）如果发现劫船者的意图是以本船作为攻击武器，应设法使本船处于暂时不可操纵状态，以延长反应时间。若启动应急速闭阀或砸掉主副机启动压缩空气瓶安全阀。必要时，可以用误操作方式破坏动力设备。

If the hijacker intends to use the ship as weapon, efforts should be made to make the ship under temporary non-operational situation so as to prolong the time for response, for example, activate the quick closing valve or damage the safety valves of air-compressing cylinders of main engine and auxiliary engine, and damage the propelling equipment by false operation, if necessary.

（11）若获释，应向救助协调中心、船旗国主管机关和公司报告，报告内容包括船名、国籍和受劫持位置、人员伤亡或物质损失情况，并对袭击者进行描述。

If the ship is released, a report is to be sent to the Rescue Coordination Center, Administration of the flag state and the company. Provide in the report information on the name, nationality and location of the ship, any injuries or damage, and descriptions of the attackers.

2. **军事协助** Military assistance

如果劫船者与有关当局的谈判失败，当局有可能是以某种军事手段夺回船舶，通常由具有丰富反恐经验且训练有素的特种部队执行。根据不同的环境条件将采取不同的武力方式和不同的方法登船控制船舶，但是起初往往以隐蔽的方式进行。因此，要求船上所有人员按照如下做法行事：

If negotiations between the hijackers and the relevant authorities fail, there is likely to be some form of military intervention to recapture the vessel. This will be carried out by highly trained and specialized forces with anti-terrorist expertise. According to different circumstances, different forces and means will be used for boarding and taking control the ship. However it is likely that the vessel will be infiltrated in a covert manner initially. Therefore, it is essential that all personnel are aware to behave in the following manners:

（1）在船上看到任何陌生人千万不要惊讶。

Do not react surprised to any newcomer that is seen on board.

（2）不要关注见到的任何异常活动，要做到视而不见。

Do not attract attention to any unusual activity seen.

（3）当听到“不许动”的命令时应立即停止不动，以免被击中。

On hearing the command “Stand Still!” stop immediately and stay motionless otherwise there is a danger of being shot.

（4）听到枪声或“趴下”命令时，应立即脸朝下趴在甲板上、捂住耳朵、闭上眼睛、微微张开嘴巴，保持这个动作直到一切结束。

On hearing shooting or on the command “Get Down” immediately lie face down on the deck, cover the ears, close the eyes and slightly open the mouth. Stay in this position until all are finished.

（5）服从军方所有的指示。

Obey all instructions given by the military force.

（6）如果可能，应向军方人员提供劫持者、人质、爆炸装置或武器的行踪。

If in a position to do so, inform members of the security force as to the whereabouts of the hijackers, hostages, any explosive devices or weapons.

（7）不要庇护和藏匿恐怖分子。

Do not shelter or hide terrorists.

（8）不要对军事行动进行拍照。

Do not take photographs of the operation.

3. 攻击之后 After the assault

（1）军方和有关当局会告知船长后续行动，事件过程中公司要与有关当局保持密切联系并提供后续行动安排和遣送船员。

The military and the authorities will advise the Master as to how to proceed. The Company will be in close liaison with the authorities during the incident and will also offer advice as to any follow up action and repatriation as required.

（2）事件往往会引起媒体的关注，无论如何船长和船员不应向媒介谈论攻击的情况；如果需要，可由公司的代表负责回复。未经公司或有关政府的同意和授权不得泄露有关信息。

Substantial media may be interested in the incident. However the Master and crew members must not talk to the press on them about the attack. If required to do so, a Company representative will be on hand to offer advice. No information is to be given out unless express permission has been granted by the Company and/ or governments involved.

九、电话炸弹威胁反应程序 Contingency Procedure for Telephone Bomb Threat

1. 当接到炸弹威胁电话时，接电话者必须保持冷静并作好详细记录。本章第十三节给出了此类情况的处置清单，必须在该表中对通话的细节做好记录，以帮助有关当局进行调查。

When a bomb threat is received, the person whoever receives the call should keep calm and makes careful notes. Section 13 gives a checklist of how to deal with such situation. The details of the call are to be recorded in this form which are being very useful for the authorities to investigate the incident.

2. 如果炸弹威胁是通过信件收到的，必须谨慎处置该信件。为便于法庭的调查取证，应尽量减少触摸该信件，并将其放入洁净的信封内保存在安全的地方。

If the bomb threat is received by letter, the letter is to be treated with care, handled as little as possible, placed into a clean envelope and kept in a secure place in order to preserve it for forensic investigation later.

3. 当接到炸弹威胁时，必须认定此威胁是真实存在的，即船上确实有爆炸装置或炸弹，然后采取下列措施：

When a bomb threat is received it must be assumed that the threat is real and there is a bomb or explosive device on board. The following actions are to be taken:

（1）拉响通用警报，集合全体船员并做简要通报。

Sound the general alarm and have all crewmembers mustered and briefed.

（2）向公司和地方当局报告，如果船舶在海上，应发布 PAN-PAN 紧急信号和信息。

Advise the Company and local authorities. If at sea broadcast a Pan-Pan emergency signal and message.

（3）按照本章第十三节搜查清单，组织对全船进行彻底搜查。因为爆炸物有多种伪装方式，有时看上去好像就是一个手提箱或包裹，因此应该由熟悉某处所的人员重点搜查该处所内不常出现的物品。

Organize a thorough search of the vessel, using the search checklist of Section 13 There are many ways in which explosives can be disguised and may look like an innocent holdall or parcel. The search is therefore to be conducted by the persons who are familiar with the spaces looking for an item of any description that is not usually in that location.

（4）注意：搜查炸弹时不得使用无线电设备进行通信联系，因为无线电设备可能引爆爆炸装置。

Note that it may be dangerous to use radio communication when searching for bombs as the radio may accidentally set off the device.

（5）关闭所有水密门和干隔间。

Close all watertight doors and compartments;

（6）与有关当局和军事机构全面合作。

Co-operate fully with any shore or military authority.

4. 在船上发现炸弹或可疑的包裹时应采取的行动 Action on Discovering a Bomb or Suspicious Package

如果认为某个包裹可疑，应采取下列措施：

If a suspicious package has been identified, the following measures are to be applied:

（1）千万不要触摸或移动包裹。

Do not touch or move the package.

（2）立即向当地保安人员及公司报告，如果船舶在航行中，应与有关当局取得联系以便获得岸上专家的指导。

Advise local security forces immediately and alert the Company. If at sea contact is to be made with relevant authorities in order that guidance can be received from experts ashore.

（3）若有可能，在爆炸物附近可放置一些软垫（如床垫）之类的物品以减轻爆炸产生的冲击波。注意：这些物品不得接触爆炸物、不得使用钢板或类似金属材料、不得试图覆盖该包裹。

If possible, place soft cushion material (such as mattresses) around and close to the object to take some of the blast effect should the package detonate. Such material must not make contact with the package. Do not use steel plate or similar material. Do not attempt to cover the package.

（4）若有必要，应撤离该区域或撤离船舶。

Evacuate the area and make consideration to evacuate the ship completely if deemed appropriate.

（5）备妥消防水龙。

Rig fire hoses as appropriate.

（6）可以打开爆炸物附近的部分门窗和通风设施，以降低爆炸冲击波对船舶结构所造成的破坏。

Consideration is to be given to opening doors and vents in the vicinity in order to vent the force of the blast outward or overboard to minimize damage to the ship's structure.

（7）如果发生爆炸，除了救治撤离伤员及灭火外，应立即封锁、保护现场以便后续调查取证。

If a blast does occur then the surrounding areas should be secured and protected unless to treat or evacuate casualties and for the purpose of fire fighting. This is in order to protect any forensic evidence.

（8）与训练有素的炸弹排除专家全面配合并按照其指令行动。

Co-operate fully and obey all instructions by trained bomb disposal experts.

（9）远离拆弹专家和军方所拆除物品。

Leave any removal or disarming to the military/bomb disposal experts.

（10）在未得到爆炸装置完全排除或安全移走的消息之前，应暂时停止一切活动。

Stand down from emergency stations when the device has been made safe and removed and only when the all-clear has been given.

十、禁毒和发现毒品及违禁物品的应对程序 Anti-drug and Procedure on Response to the Contraband Such as Drugs

1. 毒品走私情况 Drug smuggling

（1）海上走私或贩运毒品不但屡禁不止，反而有增无减，犯罪分子采取的方法更加隐秘复杂。

The smuggling or trafficking of drugs by sea is regretfully a common occurrence and is on the increase, so do the sophisticated methods used by the criminals.

（2）滥用和贩卖毒品已经成为全球问题，毒品走私随处可见，下列区域仍是毒品走私的高危地区：

As drug abuse and trafficking has now become a global problem, it can be assumed that smuggling may be carried out just about anywhere. However the following gives an indication of only some key areas which pose the greatest of threats:

非洲 Africa

东亚和东南亚 East and S.E.Asia

南亚 South Asia

近东和中东 Near & Middle East

南美洲、中美洲和加勒比地区 South, Central America and the Caribbean

北美洲 North America

欧洲 Europe

2. 毒品走私的方法 Methods of drug smuggling

由于船舶尺寸大、人员少，相对容易成为毒贩的目标。毒贩也很清楚由于条件所限，海关不可能对每一艘到港船舶进行检查，所以可以使用多种方式利用船舶贩毒，包括，但不限于此：

Ships are relatively easy targets for smugglers due to their vast size and small number of persons on board. Smugglers also know that not every ship will be searched by customs at the destination port due to limited resources. Vessels can be used in various ways including, but not limited to, the following:

（1）在小汽车和货车中藏匿毒品 Concealing drugs in cars, freight vehicles etc。

（2）通过来防者携带上船并留下包裹 By visitors bringing on board and leaving a package。

（3）藏匿于船舶物料仓库 Concealing in ship's stores。

（4）藏匿于货物中，包括集装箱和托盘货物 Concealing in cargo, including cargo structures such as containers and pallets。

（5）作为船员个人物品 As part of the crew's personal effects。

（6）通过有关人员，如修船队、清舱队、装卸工人和雇佣的保安人员 By contract personnel such as repair squads, cleaning gangs, stevedores and hired security personnel。

（7）藏匿于机舱或船体结构 Concealing cargo within the ship's machinery spaces or hull。

（8）上述方法可通过如下方式实施：

Such methods above may be carried out by the following:

①公开或者偷偷摸摸的进入船舶（即走私者上船后，藏匿包裹然后离开）；

Overt/covert entry to the ship (i.e. where the smuggler goes on board the ship, conceals a package and then leaves);

②共谋，一个或多个船员或岸上人员共同参与；

Conspiracy, where one or more members of the crew or shore staff are involved;

③代理人，毒贩不直接上船，而通过其他便利的方式将走私包裹带上船，如通过货物或物料上船；

Proxy, where the smuggler does not board but uses a convenient means of smuggling the package on board via the cargo or provisions for example;

④外部藏匿，毒品放入水密容器附着在船壳上，如主吸入口、舵、螺旋桨导流罩。老谋深算的走私者常在船舶始发港和目的港由受过训练的潜水员或游泳员采用这种方法。

External Concealment, This is where drugs are placed in a watertight container and attached to the ship's hull such as a main intake, rudder or propeller bracket. This is used by sophisticated smugglers with well trained teams of divers/swimmers at both ends of the vessel's voyage.

以上所列并不详尽，所以船长和船员在实施反走私措施过程中中必须保持高度警惕。

The above lists are not exhaustive and it can therefore be seen that the Master and crew must be in high vigilance in their approach in taking counter-measures.

3. **避免毒品走私的预防措施** Precautions to avoid drug smuggling

（1）公司已经注意到美国“海上承运人主动协议”，并将其出版物作为参考，特别是其中关于藏匿方式、走私和搜查方法等内容。

The Company includes the United States Sea Carrier Initiative Agreement as a reference publication, especially the means of concealment, methods of smuggling and searching.

（2）本计划已经列出了所有程序和预防措施，这些措施可以减轻走私毒品上船的风险。但应记住：毒品走私者经常使用潜水员将包裹附着在船壳上，因此应关注船舶周围水域产生的气泡，对舵和螺旋桨区域保持严密观察，必要时可时不时转动一下螺旋桨。在高风险区域，谨慎起见可由当地海关安排潜水员进行水下搜查；如果发现包裹或容器应保持原状并且仅告知船长，通告下一个港口的海关或海岸警备队对该船实施监控，以便在抵达港抓捕取包裹的罪犯。

This plan lists all the procedures and preventive measures which can ease the risk of smuggling drugs onboard. It is also to be remembered that drug smugglers will frequently use divers to attach packages to the ship's hull. Therefore be on the lookout for bubbles coming from the water around the hull. Keep a close watch on the rudder and propeller area and consider the use of turning the propeller occasionally. In very high-risk areas, it may be prudent to organize an underwater search by qualified clearance divers arranged by local customs. If a package/canister is found it will normally be left and only the Master be advised. This is in order to alert the next port whose Customs officials or coast guard will have the vessel under surveillance on arrival with a view to catch the criminals removing the package.

（3）严密监视从陆地上船人员包括船员之间的可疑行为，船员可能自愿或被犯罪分子通过黑色邮件或其他敲诈勒索方式强迫卷入走私活动。

Always be on the lookout for suspicious behavior on board. This can be by shore workers, maintenance contractors or even amongst the crew. A crew member may be involved either through his own free will or may have been coerced by criminals through blackmail or other means of extortion.

（4）关注船上被损坏的迹象，如损坏螺栓、货物堆放混乱、关闭舱室、钥匙丢失等。

There may be evidence of tampering on board, such as damaged bolts, disturbed stowage, closed off spaces, missing keys etc.

4. **毒品搜查** Drug searches

避免毒品走私的主要方法是彻底搜查。抵港前或者航行中应按照本章第十三节给出的检查清单进行突击搜查，必要时可扩大搜查区域：

The main way of avoiding drug smuggling is by conducting thorough searches. Unannounced searches are to be arranged according to the checklist in Section 13 before arrival in port and whilst at sea. Expand searching area if necessary:

（1）油桶和其他液体容器，这些可能是假桶或双层桶。

Oil drums and other liquid containers: these may have dummy or double bottoms.

（2）仓库里的容器，如米缸、袋装蔬菜等。

Containers in stores such as rice bins, sacks of vegetables etc.

（3）出于尊敬可能被忽视的地点（如船长房间）、死角（如艉轴弄、大桅顶部）或危险区域（如配电盘后部空间）。

Places unlikely to be searched due to respect (e.g. the Master's cabin), awkwardness (e.g. shaft tunnels, mast tops) or dangerous area (e.g. behind electrical spaces).

（4）烟囱内部或烟囱附近，烟味能掩盖大麻的气味。

In or near the funnel where fumes may disguise the smell of cannabis.

（5）仅有少数特许人员能够进出的限制区域。

Places where access is restricted to only a few authorized personnel.

（6）通风通道内部、轴隧或电缆通道。

Inside vent pipes, shafts and cable ducts.

（7）伪造的货箱、托盘或容器。

False cargo crates, pallets or containers.

（8）搜查的范围取决于风险情况，搜查前应进行风险评估。

The extent of such search is dependent upon the apparent risk and therefore a risk assessment is to be conducted before a search is decided upon.

（9）如果需要进行人身搜查，应尊重被搜查人的人格尊严，有礼貌地进行避免造成尴尬情况。如需搜查人员的手提包和皮箱，应检查底、盖、边、隔层，同时观察箱子是否经过改装。

In the case of personal searches, the person who is being searched must be treated with courtesy and with a minimum degree of embarrassment. If the person has bags or cases searched, then check for false bottoms, lids and sides or compartments. Look out for tampering or apparent repair to the case;.

（10）任何时间全部船员均应做好可能与港口设施配合的船舶紧急搜查准备。

At all times ship's personnel, which may be in coordination with a facility, are prepared to conduct emergency searches of the ship.

（11）船长必须将每一次禁毒搜查情况记入航海日志，需要时可作为证据使用。

The Master is to make an entry into the deck log every time after a drug search has been carried out. This will be used as evidence if required.

5. 发现毒品等违禁物品的应对程序 Procedure on response to the contraband such as drugs

当船上发现毒品或怀疑船上有毒品时，船长应立即报告公司以得到公司的指示，并应尽快向海关当局报告。如果船舶在航，必须在进入下个港口领海水域之前报告该港有关当局。

When drugs have been discovered on board (or where there is suspicion that drugs may be onboard) the Master is to advise the Company immediately in order to obtain advice. Customs authorities are to be advised as soon as possible and if at sea the authorities at the next port must be advised before entering territorial waters.

6. 如果发现藏有或怀疑藏有毒品的包裹，应由相关人员证明其位置和包裹的类型，如果可能应拍照。尽量不要触摸该包裹以免破坏指纹，并将其转移到安全的地方，加锁看管。

If a package containing (or suspected of containing) drugs is discovered, get the relevant person to witness the position and type of package. If possible, take a photograph. Handle as little as possible to avoid contaminating possible fingerprint evidence. Remove the goods to a safe place under lock and guard.

7. 处置可疑毒品时，为确保人员安全，应注意以下几点：

The following points are to be followed to ensure personal safety when handling suspected drugs:

（1）不要打开或撕开未经判明的被报纸、金属薄片、复写纸或编织袋和胶带封住的可疑包裹。

Do not open or pierce unrecognized suspicious packages that are wrapped in newspaper, foil, carbon paper or polythene bags and sealed with masking tape.

（2）不要触摸、搬动或者在没有皮肤保护和保护面具的情况下接触此类物质。

Do not feel, handle or touch the substance without skin protection and a facemask.

（3）不要品尝此类物质。尽管许多故事片和警匪电视节目中是这样做的，实际上品尝高纯度毒品能在几秒钟内致人死亡。

Under no circumstances, taste the substance. Despite many feature films and police television showing this practice, in reality the tasting of pure concentrated drugs could kill the people in seconds.

（4）不要试图闻此类物质。

Do not attempt to smell the substance.

（5）不要在此类物质附近吸烟或接近热源。

Do not smoke near the substance or expose it to heat.

（6）尽快清除手和衣服上的污染物。

Always was hands and brush clothing free from any contamination as soon as possible.

8. 一旦发现此类物质，应详细记录于日志，内容包括：日期、时间、地点、估计重量、数量，包裹的发现者和证人。

If any discovery is made, then an entry is to be made into the log book as much detail as possible, including date, time, location, approximate weight/ quantity, person finding the package and any witnesses.

9. 注意：一旦发现一个包裹，极有可能有更多的包裹存放在船上类似的地点，所以必须扩大搜查范围。

It should be noted that if one package is found, there is a distinct possibility that more packages may also be located in similar places on the vessel and an additional search is to be carried out.

10. 查看在船人员的任何可疑行为，如果他们参与了走私，他就会明白毒品已经被发现，从而变得极度焦虑不安，要如实报告公司和海关当局。

Look for any suspicious behavior from any persons on board. If they have been involved in the smuggling and realize that the drugs have been discovered, they will be extremely concerned. If this is the case, advise the Company and the Customs authorities of the fact.

11. 应编写一份完整的报告，对发现毒品时的情况（即常规检查或其他行动）进行描述，这份报告将为海关提供帮助。

A full report on the discovery is to be made giving all relevant details, including the circumstance of the discovery (i.e. during a routine search or other activities). This will be required by and will help the Customs authorities.

十一、偷渡事件应对须知 Instruction on Response to Stowaway Incidents

为了避免发生偷渡这类问题，船长和船舶保安员必须对那些已被认定是偷渡高风险的国家和区域保持高度警惕，这些区域包括，但不限于此：

It is apparent therefore that to avoid such problems the ship's Master and SSO must be extra vigilant in areas which could be considered as high risk stowaway countries and areas. Such areas include but are not limited to:

非洲 Africa

中美洲和南美洲 Central and South America

政治不安定的国家 Any country where there is political unrest

（一）避免偷渡预防措施 Precautions to avoid stowaways

船长应尽最大努力避免无关人员上船，确保采取一切有效措施防止偷渡者登船。

Every effort must be made to avoid unwanted persons coming on board and Masters are to ensure that all reasonable precautions are taken to avoid the embarkation of stowaways.

1. 船舶开航前必须进行彻底和系统地搜查 A thorough and systematic search must always be deployed before the ship sails

2. 偷渡检查清单 Stowaway checklis

（1）该检查清单可用来进行防偷渡日常及最终检查。由于船舶大小和类型不同，该检查清单须由部门长制定，交船长批准。

A checklist is to be used for routine and final inspections for anti-stowaways. In view of the difference in sizes and types of vessel, the checklist is to be made up board by the Heads of Departments and approved by the Master.

（2）检查清单涵盖偷渡人员可能藏匿的所有区域，这些区域至少分为四个部分：船员生活区域、机舱/机器处所、货物区域和主甲板区域，当然还可再细分成具体的处所。

The checklist is to contain all spaces that a stowaway could possibly hide and is to be divided into at least four sections, namely Accommodation, Engine Room/ Machinery Spaces, Cargo Spaces and Main Deck Spaces. These sections would then be subdivided into specific spaces.

（3）应指定一名或者多名干部船员完成检查清单的任务，之后将检查清单递交船长，并记入航海日志，记录内容包括检查日期、时间、港口以及执行检查任务人员姓名。

One or more officers are to be tasked to complete the checklist and once completed, the checklists should be submitted to the Master and made an entry into deck log, recording the date, time, port and names of the individuals undertaking the search.

（二）发现偷渡者应采取的行动 Action upon discovering stowaways

1. 在港内 When in port

（1）船舶在港内发现偷渡者试图上船或者已经上船，立即将他们驱逐下船，限制其活动。同时船长或船舶保安员立即报告港口当局、当地代理，以及公司保安员。

A stowaway is found trying to board or found on board at the port of embarkation, then it should be a simple task of having him expelled back ashore immediately and restricting his activities. The Master or SSO is to report to the port authorities and the local agent, as well as CSO.

（2）组织船员进行全船仔细搜索，以防有更多偷渡者藏在船上。

Organize a complete search on the ship, ensuring that no more illegal emigrant is hidden on the ship.

（3）对离国内港口前发现或抓获的偷渡者，交当地边防检查站或公安机关处理；在国外，向港口当局报告，移交当局处理。

If the illegal emigrant is found before leaving the home port, hand them over to the local frontier station or police; if it's in the foreign port, report to the administration of the port and hand over the criminals to the administration.

（4）在偷渡事件处理完毕之前不可开航。

Do not start the ship before such incident is over.

（5）将事件经过完整记录在保安事件记录本上。

Record the process of the incident in the security incident log.

2. 在海上 When at sea

（1）船舶航行中发现偷渡者，立即对被发现的偷渡者进行控制，限制其活动。

A stowaway is discovered once the ship sails, control the illegal emigrant immediately and restrict his activity.

（2）如果发现一个以上的偷渡者，必须将他们分开看管。

If more than one is discovered then they are to be separated.

（3）必须将他们带到一个类似餐厅这样的安全的地点彻底进行搜查，即除掉他们的衣服、找回其所有的物品和文件。记住：在对他们彻底搜查以前决不能给他们机会（如要求上厕所）销毁其证件。搜查必须由船舶保安员或干部船员执行，同时另外安排一名船员在场作证。

They are to be taken to a secure area such as a messroom and strip-searched, i.e. their clothes to be removed and any possessions and documents retrieved. On no account must they be given the opportunity to dispose of documentation (such as requesting to go to the toilet) before they are properly searched. Such a search must be done by SSO or senior officer with another crewmember in attendance as a witness.

（4）文件和物品必须保存在船长的保险柜里，同时列明清单。清单必须由船长、船舶保安员、搜查时的证人以及偷渡者签名，如果偷渡者会写字，可以按手印。

Documents and possessions must be placed into the Master's safe keeping and a list made of the same. This list is to be signed by the Master, SSO and witness to the search as well as the stowaway. If the stowaway is unable to write then a thumb print is to obtained.

（5）应为偷渡者拍一张正面（全面部）照片。

A photograph (full face) is to be taken of the stowaway.

（6）必须获得偷渡者的详细资料。

Must obtain detailed information on illegal immigrants.

（7）必须牢牢看管偷渡者，独立关押。但是出于人道主义应尽可能为他们提供足够的食品和淡水。

Stowaways must be kept secure and locked up independently, but treated in a humanitarian way with adequate supplies of food and water made available to them.

（8）船长或船舶保安员必须以最快方式报告公司保安员并提供上述信息，等待公司指示。

The Master or SSO is to report to CSO as soon as possible and supplied with the above information and act as instructed by the Company.

（9）组织船员进行全船仔细搜索，以防有更多偷渡者藏在船上。

Organize a complete search on the ship, ensuring no more illegal emigrant are hidden on the ship.

（10）在航期间要派专人监控偷渡者，抵港后如实向港口当局申报。

Assign personnel to monitor the illegal emigrant when at sea and report to the administration of the port according to the facts upon arrival at the port.

（11）将事件经过完整记录在保安事件记录本上。

Record the process of the incident in the security incident log.

（12）不能为偷渡者安排船上的工作。如果这样做了，船东将失去船东互保协会保赔的权利，无法得到偷渡者遣返费用全额保赔，同时还涉及“国际交通运输联盟”（ITF）有关偷渡者在船工作的规定，船东必须对他们所做的工作支付“工资”作为报酬。

Stowaways must not be made to work. If this were to be done, the shipowner would lose his P&I insurance cover and may be unable to recover any repatriation expenses. There have also been problems concerning involvement with the ITF with stowaways being awarded substantial amounts of “wages” for the work which they had apparently carried out on board.

（13）公司将通知船长“船东互保协会”采取的措施以及遣返偷渡者的可能性。

The Company will advise the Master as to any action taken by P&I and possibilities of repatriation.

（14）船舶抵达下一个港口之前，必须将偷渡事宜告知代理。

The agent at the next port must be advised of the stowaway before arrival.

（15）“政治避难”这个词中并没有提到偷渡。如果偷渡者声称政治避难，在等待法律判决期间，这可以保证其在下一个国家停留很长一段时间。在这期间，已知有超过一年的情况，船东应负担其所有的滞留、食物、衣物等费用。

The term “Political Asylum” is not to be mentioned to the stowaway. If a stowaway claims Political Asylum, he can use this as a possible means of securing a long term in the next country whilst he awaits a legal hearing. During that period, which has been known to reach in excess of one year, all expenses for detention, feeding, clothing etc is borne by the shipowner.

十二、失去稳性 Loss of Stability

当船舶发生保安事件而造成船舶失去稳性时，船舶应立即采取如下应急措施：

When the ship loses stability because of security incident, the following emergency measures are to be taken immediately:

1. 在港内 When in port

（1）马上停止作业，报告港口设施保安员和公司保安员，请求援助。

Stop every operation, report to PFSO and CSO for assistance.

（2）组织人力检查失去稳性的原因，制定相应的对策。

Organize personnel to find out the reason and work out the responding measures.

（3）如可行，立即向双层底压载水舱压水，但要注意不要造成船舶的倾斜，并且尽可能减少自由液面的影响。

Pump water in the double ballast tanks, if appropriate, but do not list the ship and try to reduce the effect on the free surface.

（4）立即联系港口有关方，组织岸上力量卸下上层货物（避免使用船吊），必要时请求拖船协助。

Contact relevant organization of the port, organize the labor onshore to unload the cargo (avoiding to use the ship's derricks), request tugboat for assistance if necessary.

（5）若局面无法控制时，尽早做好准备，组织人员撤离。

Get prepared and organize the evacuation if the situation is beyond control.

2. 在海上 When at sea

（1）马上报告公司保安员和沿岸国救助协调中心，请求支援。

Report to CSO and the aid center of the country along the seacoast for help.

（2）组织人力检查各货舱和压载水舱的情况，制定提高稳性的措施。

Organize personnel to check every hold and ballast tank, work out the measures to enhance ship's stability.

（3）调整航向航速，以减轻船舶的横摇。

Adjust the course and speed of the ship, reducing the rolling of the ship.

（4）若可行，立即向双层底压载水舱压水，但要注意不要造成船舶的倾斜，并且尽可能减少自由液面的影响。

Pump water in the double ballast tanks if appropriate, but do not slant the ship and try to reduce the effect on the free surface.

（5）如果可行，可抛弃上层货物。

Jettison the topper cargo, if appropriate.

（6）开往合适的附近港口，卸下货物。

Proceed to the appropriate port nearby and unload the cargo.

（7）若情况危急，可开往附近的浅滩进行抢滩。

If it is emergent, proceed to the shoal area and aground.

（8）若局面无法控制时，尽早做好准备，组织人员撤离。

Get prepared and organize the evacuation if the situation is beyond control.

十三、船坞进厂维修的保安程序 Security Procedures While in Shipyard

1. 船长和船舶保安员应通过各种方式，了解界面对方的保安情况和措施以便对活动的保安风险进行分析和评估。是否存在薄弱环节。

The Master and SSO should perform assessment to the ship/ship yard and carried out analysis or assessment to the activities of security risk to acknowledge the security information and security measures through deferent way whether the vulnerable is.

2. 船长和船舶保安员应与修船厂负责保安的人员协商，针对薄弱环节采取附加保安措施，要求对方签署《保安声明》。

The Master and SSO should consult with the security personnel of the ship yard to take additional security measures to protect the vulnerable and ask the security personnel of ship yard to sign a Declaration of Security.

3. 若本船要求签署《保安声明》的要求没有得到对方回应，船长和船舶保安员应根据保安评估中发现的薄弱环节，在本船采取相应附加保安措施以维持本船保安。

If the Declaration of Security is no answer, The Master and SSO should take additional security measures to keep security of the ship based on the vulnerable found in the assessment.

4. 所有船员保持高度警觉，防止非法行为，保证保安设备处于良好状态，随时准备应对一切可能出现的保安事件或威胁。

All crewmembers must keep high vigilance to prevent illegal acts and ensuring the security equipments of ship in good order to response all security incident or threat at any moment.

十四、货物破坏应急程序 Emergency Procedures of Handling Destroyed Cargo

船舶承运的货物若为冷冻、冷藏水产品时，对货物的最大保安威胁是通过对货物进行下毒、散布病菌等方式，以达到危害消费者的目的。当船舶发生货物被下毒破坏的保安事件时，应立即采取如下的应急措施：

The ship is engaged in transportation of cold and frozen fishery products. The biggest security threats to the cargo are to poison and spread germs etc. with a purpose to harm the consumers. When such security incidents happened, the following emergency measures are to be taken:

1. 立即停止货物的装卸，并将情况报告公司保安员和港口设施保安员以及代理。

Stop the loading/discharge immediately, and report to CSO, PFSO and the agent.

2. 立即组织对被破坏的货物现场进行保护和控制，如有必要，船长可划定警戒区域，禁止无关人员进入。

Organize immediately the protection and control of the destroyed cargo. If necessary, the Master is to set up caution area to prevent unauthorized access.

3. 对已破坏的货物不要试图去触摸、搬动和嗅闻。如果已经接触该货物，应尽快清除身体和衣服上的污染物。

Do not attempt to touch, move or smell the contaminated cargo. If physical contact with the contaminated cargo, remove the pollutants from the body and the clothes at once.

4. 积极配合港方、专家对货物的测试和鉴定；努力回忆和提供任何可疑的人员或线索。

Be active in cooperation with the port authorities and specialists to the test and identify the cargo; try to recall and provide any suspicious personnels or clues.

5. 按照公司保安员、港口设施保安员和代理或货主的处理意见，积极配合和完成对被破坏的货物的处置和后续安全和保安行动。

As per the instructions of CSO, PFSO and the agents or the owner of the cargo, to be active in cooperation with and complete the handling of the destroyed cargo and the follow-up safety and security activities.

6. 船舶保安员应将货物破坏的发现日期、时间、地点、货物品名、数量、破坏情况和破坏事件的处理过程等，详细做好记录，并记载于航海日志和货物记录本中。

SSO should make an entry into the logbook and cargo book, recording the time, date, location, name, quantity, destruction and handling of the incident.

第十一节　与未执行 ISPS 规则的港口设施或船舶进行界面活动时的保安措施

一、活动种类 Type of Activities

与未执行 ISPS 规则的港口设施或船舶进行界面活动时，应对活动中存在的保安风险予以特别考虑。这些活动包括：

When carrying out interface activities with port facilities and ships where ISPS Code were not executed, special consideration should be taken into account to the security risk arisen by the activities. These may include:

1. 本船位于非 ISPS 规则缔约国政府的港口。

The ship is in an ISPS Code non-contacting government port.

2. 本船与不适用本规则的船舶进行界面活动。

The ship is interfacing with a ship which the Code does not apply.

3. 本船与不要求符合 SOLAS 公约第 XI-2 章和 ISPS 规则的船舶或港口设施进行界面活动。

The ship is interfacing with port facilities and ships where ISPS Code and SOLAS Chapter XI-2 were not executed.

二、保安风险评估 Security Risk Assessment

1. 进行上述活动前，船舶保安员应通过各种渠道，如引航员、代理、工头等，了解界面对方的保安情况和措施，以便对活动的保安风险进行分析和评估。

Before interfacing operation SSO should learn the security conditions and measures of the opposite interface party from various approaches such as pilot, agent and overseer etc., so as to analyse and assess the security risk of these operations.

2. 若在港口进行船/港界面操作，应着重考虑以下（但不限于）因素中是否存在薄弱环节：

If the vessel interfaces with a port facility in a port, the following vulnerabilities should be specially considered, but not limited to:

（1）该港口所处区域的政治状况和保安状况。

The political and security circumstances of the region where the port lies in.

（2）该港口是否有足够的措施保护港内船舶和人员免遭袭击。

If the port has sufficient measures to avoid the vessel and personnel in port from attack.

（3）该港口是否有良好的人员进出和识别控制措施。

If there is favourable control measure for personnel access and identification.

（4）该港口是否有适合当地保安形势的足够的保安人员。

If sufficient security staff has been assigned to meet the local security circumstances.

（5）该港口能否与本船建立良好的保安通信联络。

If the port could establish a good security communication and liaison with the vessel.

（6）本船与港口进行的船/港界面活动是否具有重要的政治、经济等各方面的象征意义。

If the ship/port interfaces activities have a symbolistic sense in political or economical aspects or others.

（7）该港口是否曾发生过保安事件。

If security accidents have occurred in this port.

3. 若本船与另一船舶进行船对船界面操作，应着重考虑以下（但不限于）因素中是否存在薄弱环节：

If the vessel interfaces with another vessel, the following vulnerabilities should be specially considered, but not limited to:

（1）该船是否持有任何形式的保安证书。

If the other vessel holds security certificate with any form.

（2）该船所处区域的政治状况和保安状况。

The political and security circumstances of the region where the other vessel lies in.

（3）是否有可能被袭击者利用的附近区域。

If there is any vicinal area which may be utilized by charger.

（4）该船船上人员是否有可能构成保安威胁的人员。

If there is any person on board the other vessel whom the security threats may be caused by.

（5）该船所采取的保安措施是否足以应对保安威胁。

If the security measures taken by the other vessel could avoid security threats.

（6）该船与本船进行的船对船界面活动是否具有重要的政治、经济等各方面的象征意义。

If the ship/ship interfaces activities have a symbolistic sense in political or economical aspects or others.

（7）该船是否曾发生过保安事件。

If security accidents have occurred in the other vessel.

三、应采取的措施 Measures to be Taken

1. 在进行任何活动之前，船舶保安员应与对方船舶或港口设施中负责保安的人或当局协商，针对在保安风险评估中发现的薄弱环节采取附加保安措施，若对方同意，签署《保安声明》。

Before the comercement of any security activities, SSO should consult with the person or authority in charge of the security of the opposite vessel or port facility, and take additional security measures to deal with the vulnerabilities as a result of security risk assessment. The Declaration of Security may be issued if the opposite party agrees to.

2. 如果双方签署了《保安声明》，在上述活动进行期间，船舶保安员应经常对港口设施或对方船舶执行《保安声明》规定的保安职责的情况，以及港口设施或对方船舶的保安状况进行观察。若发现港口设施或对方船舶保安状况恶化或港口设施保安当局或对方船舶无法有效履行《保安声明》中的义务，船舶保安员应立即采取纠正措施，包括在本船实行更高的保安等级的措施中的一部分或全部，同时应积极与港口设施保安当局或对方船舶取得联系，要求其履行《保安声明》中规定的保安义务。

Once the DOS issued SSO should observe and supervise the opposite port facility or vessel to fulfill the relevant responsibilities defined in the DOS and the security circumstances of the opposite port facility or vessel during the operation. If found the security conditions of the opposite party worsen or they could not fulfil the responsibilities defined in the DOS, the corrective actions must be taken by SSO, which may include to take a part or entire measures prepared for higher security level. Meanwhile, SSO should try to connect with the opposite port facility security authority or vessel to request them to fulfill relevant security responsibilities.

3. 若本船要求签署《保安声明》的要求没有得到对方回应，船长和船舶保安员应根据保安风险评估中所发现的薄弱环节，在本船采取相应附加保安措施以维持本船保安。此种情况下，船舶保安员应在《船舶保安记录本》中记录对方未回应本船要求签署《保安声明》的事实，对当时保安状况和对方采取的保安措施及其有效性的简短评估，以及本船所采取的附加保安措施。

If there is no response for issuing the DOS from the opposite party, the Master and SSO should take additional security measures to maintain the security condition of the vessel based on the vulnerabilities as a result of security risk assessment. The fact that the opposite party does not issue the DOS at the request of the vessel, the security conditions at that time, the security measures taken by the opposite party and its effectiveness and additional security measures taken by the vessel should be recorded into the ship security book accordingly.

4. 在进行上述活动期间，若船舶无法与港口设施或对方船舶建立正常的保安联系，船舶保安员应根据当时保安情况采取相应的附加保安措施并向公司保安员报告，由公司保安员设法与该设施的主管当局或对方船舶的管理人协调。

If normal security liaison between the vessel and port facility or other vessel is not available during the above-mentioned activities, SSO should take additional security measures according to the field security circumstances and advise CSO, and CSO should try to consult with the authority of the port facility or manager of the other vessel.

5. 在上述活动期间，所有船员均应保持高度警觉，随时准备应对一切可能出现的保安风险和保安威胁。

All crewmembers on board should always keep vigilance and prepare to deal with any security risk or threat during the a.m. activities.

第十二节 保安计划的审核、评估和评审程序

一、目的 Purpose

本程序旨在通过有计划的保安内部审核、船舶保安的定期评估和《船舶保安计划》的定期评审，及时发现保安体系和保安活动存在的不足，迅速采取纠正措施，不断地改进和完善船舶保安体系及其活动，从而保证船舶的保安和安全。

The purpose of the procedures is to identify the deficiencies of the security system and activities in time by internal security audits, periodic ship security assessment and SSP reviews, thereby to take modification measurements promptly to improve and develop the ship security system and ship activities continuously to ensure ship security and safety.

二、职责 Duties and Responsibilities

1. 公司保安员负责船舶保安内部审核的组织和实施，确保对《船舶保安计划》进行必要的修改。

CSO is responsible for the organization and implementation of internal ship security audits and ensuring that SSP is modified necessarily.

2. 船长和船舶保安员负责船舶保安的定期检查和评估，定期开展对《船舶保安计划》的评审，并提出修改的建议。

The Master and SSO are responsible for periodic inspection and assessment of ship security and periodic review of SSP and proposing modifications to SSP.

3. 船长和船舶保安员负责迅速处理和纠正船舶保安内部审核、定期评审、保安检查和外部验证时，所发现的不符合项和缺陷。

The Master and SSO are responsible for dealing with and correcting the deficiencies and non-conformities identified during internal audits, periodic reviews, security inspections and verifications of compliance.

三、船舶保安内部审核程序 Internal ship Security Audit Procedures

1. 船舶保安内部审核一般规定 General requirements of internal ship security audits

（1）船舶每年至少进行一次保安内部审核。若有必要，公司保安员可安排对船舶进行附加保安内部审核。

Internal ship security audit is to be carried out at least once per year. If necessary, an additional internal security audit should be carried out by CSO.

（2）船舶保安内部审核由公司保安员指定具有内审资格的人员担任。

The internal ship security auditors is to be designated by CSO from the competent personnel who have been properly trained.

（3）若因营运原因或其他特殊情况使得公司对船舶的内部审核不能如期进行，公司保安员可安排本船具有船舶保安员资格的人员，对本船进行内部审核。如果该审核未得到船旗国或其授权机构的认可，公司保安员在合适时间另派保安内部审核员进行追加审核。

If due to management or other special circumstances the internal security audit could not be conducted in time, the audit could be performed by SSO under the authority of CSO. If such internal audit is not accepted by the flag state or its recognized security organization, the follow-up verification should be carried out by internal auditors assigned by CSO.

（4）船舶保安内部审核可与船舶 SMS 的内部审核结合起来一起进行，但必须单独编写审核报告。

Internal security audit may be conducted in conjunction with the internal ISM audit on board whilst the audit reports should be made separately.

2. 船舶保安内部审核程序 Internal ship security audit procedures

（1）组成审核组，编制审核计划。

To set up an audit team and make audit plan.

（2）由审核组长召开首次会议，明确审核目的、范围和依据，确认审核计划。

The opening meeting to be held by chief of the audit team to clarify the audit purpose, scope and criteria to be complied with and to approve the audit plan.

（3）通过询问、交谈，审核船长、船舶保安员和其他船员是否熟悉本人的保安职责，确认是否了解和掌握船《船舶保安计划》的相关程序和操作要求。

To verify if the master, SSO and the other crew are familiar with their security duties and if they understand the relevant procedures and operation requirements assigned in SSP by interviewing and taking.

（4）查阅保安活动记录。审查是否按开展了各项保安活动并按规定做了记录。如《保安声明》的填写和实施、保安培训、演练和演习情况和记录、保安设备的检查、维护、测试和校准情况及记录等。

To check the records of security activities and verify if the security activities has been executed and recorded such as issue and implementation of Declaration of Security (DOS), records of security training, drills and exercise, examination, maintenance and test of security equipment on board.

（5）检查保安设备的完好情况。

To inspect the condition of the security equipment.

（6）对船舶采取的保安措施进行现场检查，如允许也可模拟保安事件的演练或演习。

To perform on-scene inspection of security measures taken. If time permits, drills or exercise may be carried out for an imaginary security incident.

（7）审核组根据审核情况，评价船舶保安活动的符合性和有效性。提出不合格项目和不足，开列清单并要求船舶制定措施和限期纠正。

To assess the compliance and effectiveness of ship security activities, identify and list non-conformities and deficiencies, and request ship side to take measures to modify such non-conformities and deficiencies within a definite time.

（8）召开末次会议，总结审核结果。

To hold closing meeting to summarize the audit.

（9）审核组编制船舶保安内部审核报告，报告正本提交公司保安员，副本交船舶保安员存档。

Report of ship internal security audit to be prepared by audit team. The original to be submitted to CSO and one copy to be kept by SSO.

四、船舶保安的定期评估程序 Periodic Ship Security Assessment Procedures

1. 船舶每半年至少进行一次船舶保安的定期评估，且两次评估的间隔不能超过6个月。

Periodic assessment of ship security to be carried out on board at least once per 6 months and the maximum interval between the assessments not exceeding 6 months.

2. 船舶保安定期评估的主要内容：

Main content of period ship security assessment:

（1）《船舶保安计划》包括各种保安措施、程序的熟悉程度和执行情况。

SSP should include all sorts of security measures, familiarization and performance of procedures.

（2）船舶保安的自我检查、船舶保安内部审核发现的缺陷和不符合项。

Non-conformities and deficiencies identified during self-check and internal audit of ship security.

（3）船舶保安培训、演练和演习情况。

The status of ship security training, drills and exercises.

（4）文件和记录的保管和控制等。

Custody, records and control of documents.

3. 船舶保安定期评估实施：

Implementation of periodic ship security assessment:

（1）船舶保安定期评估由船长提出，并将会议内容和要求提前通知船舶保安员。

The periodic ship security assessment should be applied by master and SSO should be advised of the meeting content and requirements in advance.

（2）船舶保安员根据船长的要求，做好各项保安评估准备工作，并将会议内容和要求通知部门长和相关人员。

SSO shall prepare for assessment as per master's requirement and inform department chief and relevant staff of the meeting content and requirements.

（3）船舶保安评估会议由船长组织和主持。与会人员展开讨论并评估船舶保安的符合性、适宜性和有效性。

The ship security assessment meeting should be organized and held by master. The attendant discuss and assess the compliance, suitablity and effectiveness of ship security.

（4）最后，由船舶保安员根据会议记录，整理编写船舶保安定期评估报告，经船长审定后报公司保安员，并跟踪会议所提出的改进措施的落实。

SSO compiles periodic Ship Security Assessment Report according to the meeting's notes. Such report will be verified by master and submitted to CSO. The modification measures and execution will be followed up.

4. 公司保安员接到船舶保安定期评估报告后，应对其进行评估，并协助船舶改进和完善保安体系。

Upon receiving the ship security assess report, CSO should conduct assessment of the report and help ship with improvement and development of ship security.

五、《船舶保安计划》的定期评审程序 Procedures of Periodic Review of SSP

1. 船舶应在不超过 12 个月的时间间隔期内，对《船舶保安计划》进行一次定期评审。但在下述情况下应立即开展对保安计划的评审：

Period review to the execution of SSP within the period not exceeding 12 months should be carried out. While review should be performed immediately when the following circumstance occur:

（1）船舶发生保安事件。

Any security incidents have happened to the ship.

（2）船舶在保安内部审核、定期评估、保安检查和期间外部验证中，发现存在重大的保安隐患。

Any major security potential troubles have been identified during internal security audit, periodic assessment, security inspection and external intermediate verification.

（3）船舶营运情况发生重大变化，如航线、航区、运输货物等发生重大变化。

There are major operation changes such as navigation course, trading area and cargoes transported etc.

（4）船舶结构或保安设备发生重大变化。

There are major changes of ship's construction and security equipment.

（5）发现《船舶保安计划》的某些措施、程序存在较大的不适宜性等。

The major unsuitability of some measures and procedures stipulated in SSP is identified.

2. 《船舶保安计划》评审的实施：

Implementation of review of SSP:

（1）《船舶保安计划》评审由船长提出，并将评审内容和要求提前通知船舶保安员。

Review of SSP shall be applied by master and its content and requirements shall be informed to SSO in advance.

（2）船舶保安员根据船长要求，提前通知部门长和相关人员，并做好各项评审准备工作。

SSO shall prepare for review as per master's requirement and inform department heads and relevant staff.

（3）船舶保安计划评审会议由船长组织和主持，与会人员展开讨论，并评价《船舶保安计划》的适宜性和有效性。同时，提出对《船舶保安计划》的修改建议。

The ship security review meeting should be organized and held by master. The attendant discuss and assess the compliance, suitability and effectiveness of SSP and put forwards modification suggestions.

（4）最后由船长根据会议讨论情况，做出总结性的评审意见。

Master makes summary verification comments.

（5）船舶保安员根据会议记录，整理编写船舶保安计划评审报告，经船长审定后报公司保安员。

SSO compiles Review Report of SSP according to the meeting's notes. Such report will be verified by master and submitted to CSO.

（6）公司保安员接到《船舶保安计划》评审报告后，应对评审结果进行认真的核验。若认为有必要修改该船的《船舶保安计划》时，应对该船重新进行评估，并依照评估结果决定修改保安计划。如属重大的修改必须报主管机关批准。

After received the Review Report of SSP, CSO should verify the review result carefully. If modification of SSP is needed, a re-assessment should be conducted and make the modification plan according to the assessment result. The major modifications, if there are, should be approved by the appropriate body.

第十三节 保安计划附加要求及参考表格

本节内容包含了美国政府的附加要求、照明计划、保安声明、限制区域清单、船舶保安员任命声明、相关参考表格等特定的保安计划、应急措施及其他对船舶有用的信息，这些资料可提高和改善船舶保安水平，可以作为《船舶保安计划》的附录。

一、美国政府的附加要求

1. 在保安等级 1，任何船舶或港口设施进行界面活动时，船长、船舶保安员或指定代表应与船舶保安员或港口设施保安员或他们的指定代表签发一个《保安声明》。

At security level 1, a DOS is completed and signed by the Master, SSO, or their designated representative, with the SSO or PFSO, or their designated representative, of any ship or port facility with which it interfaces.

2. 在保安等级 1 和 2 时，船舶为了挂靠多个港口且频繁进行船/港活动，船舶保安员可执行一个连续的《保安声明》，假如：

At security levels 1 and 2, SSO implements a continuing DOS for multiple visits with port facilities that are frequently interfaced provided that:

（1）这个《保安声明》对特殊保安等级有效。

The DOS is valid for the specific security level.

（2）保安等级 1 有效期不超过 90 天。

The effective period at security level 1 does not exceed 90 days.

（3）保安等级 2 有效期不超过 30 天。

The effective period at security level 2 does not exceed 30 days.

3. 当保安等级提升，该连续《保安声明》将失去效力，应签发一个符合新等级的《保安声明》。

When the security level increases beyond the level contained in the DOS, the continuing DOS becomes void and a new DOS is signed and implemented in accordance with this section.

4. 保安声明——船舶必须保存最近的 10 个声明，每一个连续声明副本超过有效期后应保存至少 90 天。

Declaration of Security – Manned ships must keep on board a copy of the last 10 DOSs and a copy of each continuing DOS for at least 90 days after the end of its effective period.

二、防偷渡、走私、毒品检查清单

表3-3 防偷渡、走私、毒品检查清单

Stowaway/Contraband/Drugs Search Checklist

本检查清单应由责任人于开航前完成检查。下列舱室或区域检查后应加强看管。 This checklist is to be completed by responsible officers before departure. The spaces below once checked should be secured where possible.	
区域1：生活区 Area 1: Accommodation	
1.1.01 驾驶台/报房 Bridge/Radio room	□
1.1.02 船员房间/ Crew's cabins	□
1.1.03 餐厅 Mess room	□
1.1.04 厨房/伙食仓库/冰库 Galley/Galley stores/Fridges	□
1.1.05 淋浴间/洗衣间/卫生间 Shower rooms/Laundry/Toilet	□
1.1.06 进入机舱的通道 Accesses to engine room	□
1.1.07 救生艇 Lifeboats	□
1.1.08 消防、救生设备储藏间 Fire, Lifesaving fittings store	□
1.1.09 物料仓库 General store rooms	□
1.1.10 空调间和风机间 Air-conditioning room and Fan room	□
1.1.11 应急蓄电池间 Emergency battery room	□
1.1.12 二氧化碳间 CO_2 room	□
1.1.13 驾驶台顶部甲板 Monkey island	□
区域2：机舱区域 Area 2: Engine Room Spaces	
1.2.01 机舱 Engine room	□
1.2.02 集控室 Central control room	□
1.2.03 物料间 Stores room	□
1.2.04 舵机房 Steering gear room	□
1.2.05 机舱污水/机舱舱底 Engine room bilges/Bottom plates	□
1.2.06 车间 Workshop	□
1.2.07 烟囱通道/烟囱顶部 Funnel casing/Funnel top	□
1.2.08 艉轴弄 Shaft tunnel	□
区域3：货物区域（根据船舶类型） Area 3: Cargo Spaces (To be completed according to ship type)	
1.3.01 No.1 货舱及风机室 No.1 Cargo hold and fan room	□
1.3.02 No.2 货舱及风机室 No.2 Cargo hold and fan room	□
1.3.03 No.3 货舱及风机室 No.3 Cargo hold and fan room	□
区域4：主甲板区域 Area 4: Main Deck Spaces	
1.4.01 货舱通道 Hold accesses	□
1.4.02 液压控制室 Hydraulic control room	□
1.4.03 吊杆操纵室 Derrick cabs	□
1.4.04 艏楼处所/物料间 F'cle Space/Stores Room	□
1.4.05 油漆间 Paint lockers	□
1.4.06 锚链舱 Chain lockers	□
1.4.07 锚链筒 Hawse pipes	□

三、电话炸弹威胁记录表

表 3-4　电话炸弹威胁记录表

Bomb Threat Log Sheet

<table>
<tr><td colspan="6">询问来电话者：
ASK THE CALLER:
什么时候爆炸？
When is the bomb to go off?
什么地点爆炸？
Where is the bomb to go off?
什么类型炸弹？
What kind of bomb is it?
炸弹什么样子？
What does the bomb look like?
你从哪里打来电话？
Where are you calling from?</td></tr>
<tr><td colspan="3">1. 电话号码（包括区域号）
1. Phone Number (Include area code)</td><td colspan="3">2. 地点
2. Location</td></tr>
<tr><td colspan="2">3. 日期
3. Date</td><td colspan="2">4. 星期几
4. Day of Week</td><td colspan="2">6. 时间
5. Time</td></tr>
<tr><td colspan="6">详细资料/通话内容记录 DETAILS / TRANSCRIPT OF CONVERSATION</td></tr>
<tr><td colspan="6">a. 接电话者 Recipient</td></tr>
<tr><td colspan="6">b. 打电话者 Caller</td></tr>
<tr><td colspan="6">c. 接电话者 Recipient</td></tr>
<tr><td colspan="6">d. 打电话者 Caller</td></tr>
<tr><td colspan="6">e. 接电话者 Recipient</td></tr>
<tr><td colspan="6">f. 打电话者 Caller</td></tr>
<tr><td colspan="6">背景的杂音（描述街道噪声、声音、音乐等，如果本栏书写不够，反面继续记录）
BACKGROUND NOISES (describe street sounds, voices, music, etc. If more space is needed, continue on reverse.)</td></tr>
<tr><td colspan="6">关于打电话者的声音特点情况 INFORMATION ABOUT CALLER/VOICE CHARACTERISTICS</td></tr>
<tr><td colspan="3">a. 性别 Sex</td><td colspan="3">b. 年龄 Age</td></tr>
<tr><td colspan="3">c. 貌似的国籍
Apparent Nationality</td><td colspan="3">d. 态度（镇定、紧张、严肃）
Attitude (Calm, Nervous, Serious)</td></tr>
<tr><td colspan="6">e. 其他 Other</td></tr>
<tr><td colspan="3">有通话的证人吗？WAS THERE ANY WITNESS TO THE CALL?
☐ 否 No
☐ 是（列出姓名）Yes (List Name)</td><td colspan="3">对打电话人身份有怀疑吗？DO YOU HAVE ANY SUSPICION AS TO THE IDENTITY OF THE CALLER?
☐否 No
☐是（列出姓名）Yes (List Name)</td></tr>
<tr><td colspan="3">你的姓名 YOUR NAME</td><td colspan="3">职务 JOB TITLE:</td></tr>
</table>

四、保安演习或演练记录

表 3-5 保安演习或演练记录表

Security Drill & Exercise Log Sheet

船名 Ship's Name		演习/演练时间 Date	年 月 日 Year Month Date

演习类型（简述）Drill Type (Delete as appropriate):

- 未经许可人员搜查（包括反偷渡） □
  Search for Unauthorised Personnel
- 炸弹威胁和搜查 □
  Bomb Threat and Search
- 禁毒搜查 □
  Contraband Search
- 通道控制（包括行李或人员搜查） □
  Access Control (including bag and personnel search)
- 撤离船舶 □
  Vessel Evacuation
- 在保安等级 3 状况的值班 □
  Watch standing in security level 3 Environment
- 违禁物品介绍（例：假冒武器） □
  Contraband Baggage Introduction (e.g. mock weapon)
- 反海盗和武装袭击演练 □
  Anti pirate and Armed attack
- 船舶或人员被劫持演练 □
  Personnel being hijacked
- 其他（请详细描述） □
  Other (Please specify)

演习方案 Drill/Exercise Plan:

船舶保安员/日期:

Ship Security Officer/Date:

船长讲评 Master's Comments:

船长/日期:

Master/ Date:

五、保安声明格式

保安声明

船名：	
登记港：	
IMO 编号：	
港口设施名称：	

本《保安声明》的有效期自______至________，涉及下列活动：

____

____

（活动清单，包括细节）

所处保安等级：

船舶保安等级：	
港口设施保安等级：	

港口设施和船舶同意以下保安措施和责任，以确保符合《国际船舶和港口设施保安规则》A部分的要求。

活动	船舶保安员或港口设施保安员在本栏的缩签表示该活动将由其所代表的方面根据经批准的相关计划完成	
	港口设施	船舶
确保履行所有保安职责		
监控限制区域确保只有经批准人员才能进入		
对进入港口设施的控制		
对进入船舶的控制		
监控港口设施，包括靠泊区域和船舶周围水域		
监控船舶，包括靠泊区域和船舶周围水域		
货物装卸		
船舶物料交付		
非随身行李装卸		
控制人员及其物品上船		
确保船舶和港口之间的通信联系随时可用		

本协议的签字人证明在具体活动中港口设施和船舶的保安措施和安排符合第 XI-2 章和本规则A部分的规定，并将根据其经批准计划的规定或所同意的列于附件中的具体安排来实施。

签署日期________________地点____________________

代表签字	
港口设施：	船舶：

（港口设施保安员签名）__________　（船长或船舶保安员签名）__________

签字人姓名和职务	
姓名：	姓名：
职务：	职务：

<table>
<tr><td colspan="2">联系细节
（内容视情填写）
（写明电话号码或无线电频道或所用频率）</td></tr>
<tr><td>港口设施方：</td><td>船舶方：</td></tr>
<tr><td>港口设施

港口设施保安员</td><td>船长
船舶保安员
公司
公司保安员</td></tr>
</table>

六、限制区域清单

表3-6 限制区域清单

List of Restricted Areas

限制区域 Restricted Areas	保安责任人 Persons in Charge of Security
驾驶台 Navigation Bridge	船长；船舶保安员；驾驶员； Master; SSO; Deck Officers
报房 Radio Room	船长；船舶保安员；报务员 Master; SSO; Radio Officer
机舱和集控室 Engine Room/Engine Control Room	轮机长；轮机员；电机员；值班机工 Chief Engine; Engineers; El/Eng; Duty Motorman
舵机房 Rear Steering Flat	轮机长；轮机员 Chief Engineer; Engineer
船员舱室 Crew's Cabin	居住船员 Inhabiting Crew
空调间和风机间 Air-Conditioning Plant and Fan Room	轮机长；冷藏员 Chief Engineer; Refrigeration Engineer
应急蓄电池间 Emergency Battery Room	轮机长；电机员 Chief Engineer; Electrical Engineer.
CO_2间 CO_2 Room	大副；三副 Chief Officer; 3rd Officer
液压控制间 Hydraulic Control Room	大副；水手长 Chief Officer, Boatswain
瓶装气体仓库 Bottled Gas Stores	轮机长；电焊工 Chief Engineer; Welder
油漆间 Paint Room	大副；水手长 Chief Engineer; Boatswain
物料间 Stores Room	按职责分工的相关人员 Personnel in Charge
厨房及伙食库 Galley and Galley Stores	大厨 Cook
货舱 Cargo Holds	大副 Chief Officer
饮用水舱 Drinking Water Tank	大副；水手长 Chief Officer; Boastwain

七、船舶保安设备配置表

表 3-7 船舶保安设备配置表

Ship Security Device List

装置	地点
保安警报系统	待安装
AIS	驾驶台左侧
IMO 永久识别号	待标识
GMDSS（包括内部电话、广播等）	驾驶台左侧
照明系统	见照明计划
消防水龙	见防火控制图
Device	Location
Security Alarm System	Be going to Be Installed
AIS	Portside of Bridge
Permanent Marks of IMO Number	Be going to Be Marked
GMDSS (Includin Internal Telephone Public Address etc.)	Portside of Bridge
Lighting System	See Ship's Lighting Plan
Fire Hose	See Ship's Fire Control Plan

八、船舶照明计划

船 舶 照 明 计 划

SHIP'S LIGHTING PLAN

船名 航次 地点 日期

Ship's name :________Voyage:__________Position:______________Date: ____________________

序号 No	照明灯/位置 Light/position	照明范围 Lighting Scope	港口 In Port	锚泊 At anchor	航行 Sailing	紧急情况 Emergency	备注 Remark
1	前大桅 fore mast	向前>180° fore 向后>180° aft	×	×		×	
2	NO.1 大桅 No.1 mast 左右 port, stbd	向前>180° fore 向后>180° aft				×	
3	No. 2 大桅 No.2 mast 左右 port, stbd	向前>180° fore 向后>180° aft				×	
4	驾驶台 bridge 左右 port,stbd	向前>180°fore 向后>180°aft	×	×		×	
5	驾驶台走廊 bridge passage 左右 port, stbd	360°	×	×		×	

6	艇甲板走廊 boat dect passage 左右 port, stbd.	360°	×	×		×	
7	主甲板走廊 main deck passage 左右 port, stbd.	360°	×	×		×	
8	艉甲板走廊 aft deck passage	360°	×	×		×	
9	艉探照灯 stern projectors	向后>180° fore	×	×	×	×	

注：所开启的灯在相应的表格中打“×”号。

Remark: Which is lighted should be marked with “×” in the relative column.

九、船舶保安员任命声明

船舶保安员任命声明

Declaration of Appointment of Ship Security Officer

兹声明：任命船舶×××为本船船舶保安员。

This is to declare that the XXX of the vessel has been appointed as the Ship Security Officer (SSO) at all times.

该船舶保安员已经过相关培训，其应承担 ISPS 规则及本船舶保安计划赋予的职责。

The above SSO is duly certified and is aware of the responsibilities laid down within the Ship Security Plan and the ISPS Code.

签名 Signed:

（公司保安员 CSO）

×××××××××××××公司

××××××××××× CO., LTD.

____

注：该任命书正本存放于该船保安记录簿中，副本存于公司保安员处。

Note: The original is to be kept in Ship Security Book and the copy is to be kept by CSO.

十、来访人员登记表

表3-8 来访人员登记表

Visitors Log

____________船SHIP　　______________港PORT

序号 No.	姓名 NAME	单位 COMPANY	来访事由 CALLING ON	登船时间 TIME ON BOARD	离船时间 TIME AWAY

大副 Chief Officer:　　　　船长 Master:

第四章 船舶保安培训与演习

根据STCW公约的要求，各缔约国船员都必须经过完整的保证船舶安全的教育与培训，才能获得相关证书，从而具备海员资格。而船舶保安与船舶安全隶属于不同领域，因此，船员所应掌握的专业技能各不相同。

船舶保安作为一个新的领域和岗位，国际社会及海运界正在对如何加强海事保安及加强海事保安的特别措施进行广泛的研究。根据SOLAS公约第XI-2章“加强海上保安的特别措施”与ISPS规则的规定，海员及港口相关人员必须学习并掌握海上保安方面的知识与专业技能，以便提高船舶在受到外部威胁或攻击时的保安防范能力。

第一节 船舶保安培训与演习的一般要求

一、船舶保安培训

ISPS规则规定船公司应指定公司保安员，并为公司的每一艘船舶指定受到过适当保安训练的船舶保安员，以负责船舶的保安工作，并且要求相关人员应具备履行其所承担职责方面的充分知识和能力并接受培训。

（一）公司保安员和船舶保安员应具备的主要知识

根据ISPS规则B部分的规定，公司保安员和公司的有关岸上人员以及船舶保安员、负有具体保安职责的船舶人员以及其他船上人员，都必须具备以下知识并接受培训：

（1）了解当前的保安威胁及其特征。

（2）辨认和检查武器、危险物质和装置。

（3）在非歧视的基础上，辨认可能威胁保安者的特点和行为模式。

（4）用来逃避保安措施的技术。

（5）搜身和非侵犯性检查方法。

（二）我国船舶和公司保安员培训相关要求

为全面履约，我国海事局制定了《中华人民共和国船舶和公司保安员专业培训、考试和发证管理办法》（海船员［2003］350号文件），对保安员培训、考试和发证工作做出了具体要求。

1. 对培训学员的要求

要求参加保安员培训的学员，年龄不小于18周岁，且未满60周岁；同时要求船舶保安员应持有《船员服务簿》。

2. 培训周期及考核要求

要求保安员专业培训应不少于 26 学时，其中理论培训不少于 18 学时，实操培训不少于 8 学时。

海事管理机构对已完成培训的人员进行考试。考试采用笔试方式，满分为 100 分，达到 80 分为合格。考试不合格者，可允许其在 6 个月内补考一次，仍不合格者应重新参加培训和考试。

3. 发证和证书管理

完成培训并考试合格的人员，由主管机关授权的海事管理机构签发保安员专业培训合格证（明），取得船舶保安员资格。船舶和公司保安员专业培训合格证（明）由中华人民共和国海事局统一印制。保安员专业培训合格证长期有效，公司保安员负有对船舶保安员知识更新的责任。

二、演习和演练

（一）演习和演练的目的

演习和演练的目的是确保船上人员的熟练履行其在各保安等级所承担的保安职责，以发现需要解决的任何与保安有关的任何缺陷。

（二）ISPS规则对演习和演练的规定

（1）为确保有效地实施《船舶保安计划》，应至少每 3 个月进行一次演练。此外，如果在任一时间有 25%的船舶人员被换成了在前 3 个月内未曾参加过该船任何保安演练的人员，应在人员变动后 1 周内进行演练。

（2）可能有公司保安员、港口设施保安员、缔约国有关机构以及船舶保安员（如有）参加的各类演习应至少每日历年进行一次，两次演习间隔不得超过 18 个月。这些演习测试包括通信、协调、资源的可用性和反应。这些演习可以采用如下方式进行：

①全方位或实况演习；

②桌面模拟或讨论会；

③与其他演习（如搜救演习或应急反应演习）合并。

（3）主管机关对参加另一缔约国政府演习的公司应予认可。

（三）记录

所有完成的演习和演练应记录在航海日志中。该记录应包括涉及的人员、使用到的设备和任何问题的细节，并由船长签署。演习的有效性应在船舶保安会议上正式评审，评审所产生的任何改进建议应尽快并无论如何在到达下一港口时，提交给公司保安员。

第二节 当前的保安威胁及其特征

为确保船上人员熟练履行其在各保安等级所承担的保安职责，提高保安防范意识和技能，并确保培训和演习提高船舶应急反应能力，评审应急反应程序，发现需要加以解决的任何与保安有关的不足，根据 ISPS 规则的规定，船舶保安员与相关人员必须了解当前的保安威胁及其各自的特征。

一、当前保安威胁的主要形式

在海运界，针对船舶、船员、乘客、船上物料和货物的保安或港口设施保安的任何蓄意的可疑的行为包括以下 9 种：

（1）对船舶或港口设施的损坏或破坏，例如通过爆炸、纵火、破坏或恶意行为。

（2）劫持、夺取船舶或船上人员。

（3）损坏货物、船舶关键设备或系统、船舶物料。

（4）未经允许使用或进入，包括藏匿于船上的偷渡人员。

（5）武器或设备，包括大规模杀伤性武器的走私。

（6）使用船舶载运企图制造恐怖事件的人员及其设备。

（7）使用船舶本身作为损坏或破坏的武器或方法。

（8）从海上攻击停靠或锚泊的船舶。

（9）海上攻击。

二、各类保安威胁的特征

上述 9 种保安威胁可以进一步划分为海盗行为和武装抢劫、武器及毒品走私、偷渡以及恐怖主义行为。下面分别介绍各自的种类、特点等内容。

（一）海盗行为和武装抢劫

1. 小股海盗

通常由 4 到 10 人组成，驾驶快艇对船舶实施攻击。作案惯用方法是用小型快艇尾随，并使用钩子等装置爬上船舶，然后实施抢劫。其活动范围一般在内海甚至海岸线附近，危害程度较小，大部分的海盗案件都属于此类，一般只以抢劫货船财物为目标。

2. 属于犯罪团伙的海盗

这类海盗在实施海上掠夺前通常有详细的计划，并具有牢固的基地和来自可靠渠道的情报，从而可以实施谨慎而有计划的攻击。他们有大量的先进武器，并运用现代化的通信方式与世界各地的犯罪团伙甚至恐怖分子联系，随时获得商业信息。

此类海盗会对船员进行杀害并劫持船舶，属于比较危险的类型。他们在作案时往往会伪装成地方政府执法船只，以例行检查为名强行登船，或者驾驶快艇在货船后高速追赶。有些海盗船联合行动，看起来更像是海上舰队。除了远洋船舶，一些停泊在港内，近岸的货船也会成为这类海盗洗劫的目标。

海盗团伙通常会对劫持的船舶进行翻新，改变烟囱标志，更改船名、船籍港、修改发动机的出厂的编号，然后重新配备船员，伪造船舶文件，并航行到其他港口将货物或船舶卖掉。

3. 属于分离主义者或恐怖分子的海盗

活动范围主要出现在阿拉伯水域、斯里兰卡海域、印尼苏门答腊岛北方靠近亚齐附近海域及菲律宾南部海域。常用的作案手法是将全体船员杀害后将船只开到隐秘地点，重新油漆、更换船名，注册后变成所谓的“幽灵”船，连同货物一起卖出，或用来走私人口和贩卖毒品，这是最凶残的海盗，此类海盗在总体中占的比例很小，但危害性最大。

（二）走私武器

走私武器或大规模杀伤性武器是一种严重的犯罪行为。

1. 所走私武器的种类

走私武器的种类繁多，主要包括手榴弹、枪支及其零部件，飞机、坦克和导弹，甚至核弹头、核材料与核武器，冲锋枪、装甲运兵车、重机枪、直升机等应有尽有。

2. 武装走私的途径

（1）政府间违反国际公约和协议，秘密进行军火交易和军事技能转让。

（2）军火商秘密进行军火交易。

（3）犯罪组织进行的武装走私。

3. 武装走私的方式

（1）以人道主义救援为名的武器走私。

（2）以货运、客运为名，直接用大型货船或运输机运送坦克、大口径火炮及导弹等大型武器。

（3）利用集装箱走私，把武器藏在装运大量废铁、五金零件的集装箱内，使海关人员难以查出。

（4）化整为零，把武器拆散，当做各种民用机械零部件装运，通过正常的贸易公开运输。

（5）武器打包，以邮件邮寄。

（6）通过武装押运走私武器。

（7）原木挖洞，鱼腹窝藏。

（8）利用出口雕塑等巨大的艺术品等进行走私武器。

4. 武器走私对国际社会的影响

（1）武器走私严重冲击着国际社会军备控制的努力。

（2）不断引发地区冲突及种族分裂活动。

（3）导致地区冲突及种族纷争的加剧和长期化。

（4）助长了国际恐怖主义活动。

（5）致使暴力犯罪行动频频发生。

（三）毒品走私

1. 毒品的概念

根据我国《刑法》第357条的规定："毒品是指鸦片、海洛因、甲基苯丙胺（冰毒）、吗啡、大麻、可卡因以及国家规定管制的其他能够使人形成瘾癖的麻醉药品和精神药品。"

2. 毒品的特征

毒品具有依赖性、耐受性、非法性和危害性。

3. 毒品的分类

目前毒品的种类已经达到200多种。最常见的有鸦片、吗啡、大麻、海洛因、可卡因、冰毒、摇头丸等。

按照国际标准（来源及对中枢神经系统的作用），将毒品分为三大类：

（1）麻醉品，包括鸦片类、大麻类和古柯类。

（2）精神药物，包括兴奋剂、抑制剂和致幻剂。

（3）其他，包括烟草、酒、易挥发的有机溶剂等。

（四）偷渡行为

进入21世纪，偷渡活动已从单纯的个人非法入境发展成为国际的有组织的犯罪活动。

1. 偷渡的主要特点

（1）偷渡人员有明显的区域性。

（2）藏匿于集装箱内偷渡是惯用的手法。

（3）组织偷渡的集团一般在国内有组织者、运送者，国外有接应人员。

（4）通过制造假护照等证件，组织偷渡人员从口岸偷渡出境。

（5）偷渡人员多数来自经济落后的国家。

2. 偷渡的原因

（1）发展中国家因经济发展水平低、生活条件差、就业压力大等原因，助长了某些人想偷渡到国外打工挣钱的想法。

（2）一些移民国家的移民政策存在漏洞，以接受"难民"申请的名义，容留偷渡人员或给予居住权，客观上等于鼓励偷渡活动。

（3）组织偷渡获利颇丰，案发后量刑偏轻，风险较小，使偷渡集团甘冒风险。

（五）恐怖主义行为

1. 恐怖主义的概念

凡以无辜者为目标，有组织地使用暴力或以暴力相威胁，通过将一定的对象置于恐怖之中，以达到某种政治或社会要求的行为是恐怖主义行为。也可以说，其采取绑架、暗杀、爆炸、空中劫持、扣押人质等恐怖手段，企求实现其政治目标或某项具体要求的主张和行动。

2. 恐怖主义的特点

（1）恐怖主义的行为具有政治性。

（2）恐怖主义采用的是非正常的暴力手段。

（3）打击对象以无辜者为目标。

（4）进入21世纪的新型恐怖主义具有国际性、手段先进、高智能化、隐蔽性强以及背景复杂等特点。

3. 恐怖主义的类别

按恐怖主义行为的类别划分，主要包括政府行为的恐怖主义和非政府行为的恐怖主义。后者表现的形式更为复杂，其又包括以下几种：

（1）以民族、种族、宗教为背景的恐怖主义。

（2）黑社会、黑手党、国际贩毒集团搞的恐怖主义。

（3）邪教性质的恐怖主义。

4. 联合国安理会的行动

联合国安理会第1373号决议（2001）呼吁所有的国家，以一切手段打击恐怖主义行为对国际和平与安全造成的威胁，找出办法加紧和加速交流行动情报，尤其是下列情报：

（1）恐怖主义分子或网络的行动或移动。

（2）伪造或变造的旅行证件。

（3）贩运军火、爆炸物或敏感材料。

（4）恐怖主义集团使用的通信技术。

（5）恐怖主义集团拥有的大规毁灭性武器所造成的威胁。

第三节　辨认和探查武器、危险物质和装置

一、武器、危险物质和装置的分类及构成

武器、危险物质和装置的种类繁多，船舶保安意义上的这些物质是指能够引起重大人身伤亡、造成财产损失或毁灭，从而导致人们心理恐慌、对船舶和港口设施保安具有严重的危险性、破坏性和危害性的物质。

（一）武器的分类

按武器的用途可划分为：轻武器、导弹、火炮、军用飞机、坦克与装甲车、舰船、警用武器、生化武器及核武器等。

（二）危险物质和装置

危险物质具有爆炸性、燃烧性、腐蚀性、窒息性等性能和作用快、威力大、破坏性强的特点。它们通常是人类社会生产、科学实验不可缺少的物质。

危险物质和装置主要有：化学危险品、放射性物质、爆炸装置等。

（三）爆炸装置的构成

爆炸装置通常是以爆炸为目的而制成的具有一定结构的复合体，可分为军用型和民用型两大类。爆炸装置一般由包装物、炸药、起爆系统三部分组成。

二、常用的排爆器材与装置

（一）排爆服

由防静电、阻燃的面料制成，具有良好的隔音效果和排风调节装置，排爆头盔上通常设有先进的通信装置。

（二）蒸气捕获炸药探测器

利用搜集、检测空气中是否存在炸药的挥发成分而发现炸药的装置。

（三）中子炸药探测器

通过检测炸药中是否存在氨的成分来发现炸药的一种装置。

（四）定时炸弹探测器

又称钟控延时探测器，俗称电子听诊器。它是通过放大应藏在行李物品内的炸弹定时装置的走动声，使保安人员听到，从而达到辨认该爆炸装置的仪器。

（五）排爆机器人

排爆机器人通常是履带式四轮远控驱动车，全身覆盖防爆钢板，由机器抓取臂、控制柜及监视器等系列附件组成。

操作者可以通过专用遥控箱操控，使它能爬楼梯、过地壕，克服复杂地形。排爆机器人身上通常装有频谱干扰仪，能够干扰犯罪分子利用无线电引爆炸弹；机械抓取臂上装有水炮，能够远距离摧毁爆炸物。

三、辨认爆炸装置的一般办法

采取各种有效的对策，准确地辨认爆炸装置是安全排除的必要前提。在船舶保安中，主要涉及发现爆炸装置并辨认炸药种类、数量、危险程度，从而为专业人员的排爆提供条件。

船舶保安员应指派熟悉爆炸装置辨认业务的人员对可以装置进行探察，具体辨认方法包括以下几种。

（一）现场观察法

通过视觉对可疑装置的表面特征、所处的位置等所实施的外部检查，是一种最普遍、最简易的辨认方法。

（二）仪器探测法

利用船上的探测设备，在一定范围内或针对特定的目标，为辨认可疑装置或其内部结构而实施的检测。

（三）生物探测法

利用经过专业训练的警犬、鼠类等敏感的嗅觉发现隐藏的炸药，并结合专业知识对可疑装置进行辨认的识别方法。

四、辨认爆炸装置的一般程序

在辨认可疑爆炸装置的过程中，应遵循以下程序：

（1）先观察、再询问、后动手。

（2）先用探测仪，再使用人工方法。

（3）先检测外表，再探测内部。

（4）先远距离探测，再近距离辨认。

第四节　搜身和非侵犯性检查的方法

根据 ISPS 规则 B 部分的规定，所有试图登船的人员均可能受到搜查。此种搜查最好由港口设施与船舶密切合作，在船舶附近进行。除非有明确的保安理由，否则，不应要求船舶人员搜查其同事或其同事的个人物品。在进行此种搜查时，应充分考虑到被搜查人的人权，并维护其基本尊严。

航行中，如果在船舶上发现进行违法、犯罪活动的可疑人员，根据各国海商法和国际惯例，船长有权对其采取禁闭或其他必要措施，搜身便是惯用的方法。搜身也是机场、口岸对人身或随身携带的行李进行安全检查的一种方式，是世界各国普遍采用的一种检查制度。

一、搜身

（一）搜身的概念

指在制服和缉捕了犯罪分子或犯罪嫌疑人的前提下，对人身进行的搜索和检查。搜身必须由具有执法权的机关、部门行使，必须符合法定的条件和程序。

各国法律都明确规定禁止非法搜身，其目的在于保护公民的合法权益和人格尊严。搜身的关键在于这种措施必须是合法的，例如，为保障航空器的安全，机场对乘客人身和行李的检查。

（二）搜身的目的

（1）为了查明和清除可能隐藏在犯罪嫌疑人身上的各种凶器。

（2）为了查获犯罪嫌疑人携带的罪证。

（3）为了探明旅客是否携带枪支、弹药、凶器、易燃易爆物品、剧毒品，以及其他威胁飞机、船舶安全的危险物品。

（三）搜身的方法

对拟登船的人员以及航行中的已登船的可疑人员进行搜身，必须坚持安全而有效的原则。常见的搜身方法有以下三种：

（1）展臂靠墙搜身法。利用墙壁或其他支撑物来完成，让可疑人员靠在墙边，双腿尽可能叉开，低头朝下，双手指尖触墙，船舶保安员从后面自上而下摸索其全身。

（2）俯卧式搜身法。要求可疑人员面向下卧倒，双手交叉置于脑后，船舶保安员揪住可疑人员的头发和交叉在头后的手指，用一只膝盖置于其髋部再进行搜身。

（3）跪式搜身法。要求可疑人员跪在地上，手指交叉置于脑后，船舶保安员擒住其交叉双手的小指和头发，一只膝盖顶在可疑人的背后，另一只手进行搜身。

（四）搜身时应注意的问题

（1）搜身必须在保持高度警惕的情况下进行。

（2）应采取正确的搜身方法。搜身时，不能让可疑人员原地站立，应命令其靠住物体。在没有倚靠物时，应采取跪式搜身方法。

（3）对可疑人员进行全面搜身，一般按从上至下、从前至后的步骤进行，不能只搜上身，不搜下身。

（4）搜身一般要求用手挤压、触摸翻动。

（5）搜身必须认真、彻底，不留任何死角，不能在搜出一件凶器后就放弃进行全面搜身。

（6）搜身时应注意凶器隐藏部位，尤其应注意帽子、衣领、护腕、腋下、小腿内侧等可能隐藏凶器的部位。

二、非侵犯性检查方法

为了切实保护公民的人身权利，采取适当的方式和技术手段，在尊重人格尊严的前提下，对所有试图登船人员进行非侵犯性的安全检查，从而达到查清事实的目的是被各国法律所认可的。

非侵犯性的安全检查是为了防范和制止危害船舶安全的非法行为，保障船员、旅客的人身安全而采取的一项预防措施。其主要的检查方法包括以下几种。

（一）证件检查

真实、合法和有效的证件可以证实一个人的真实身份。船舶保安员对试图登船或已经登船的人员进行的证件检查，目的就是判定证件的真伪和对证件记录内容与持证人进行核对，查明登船人员的真实身份，从身份方面确认或排除可疑人员。

（1）证件检查的种类：船舶保安员对试图登船人员应检查的证件主要有居民身份证、护照与签证以及其他有效身份证件。

（2）证件检查的内容：船舶保安员应判定证件的真伪，并核对来访者人与证件完全相符，然后核对证件内容的真实有效性。

（3）检查证件时的注意事项：在检查证件时，应始终注意持证人的反应，并保持安全防范，同时应边查边问，防止出现差错。

（二）磁性探测器的近身检查

保安人员手持金属探测器对来访者进行近身检查（见图4-1），仪器遇到手表及衣袋内的钥匙、小刀、纪念章等金属物品后，即发出特殊声音，来访者则需要从衣袋内取出全部金属物后再进行检查，直到消除怀疑为止。

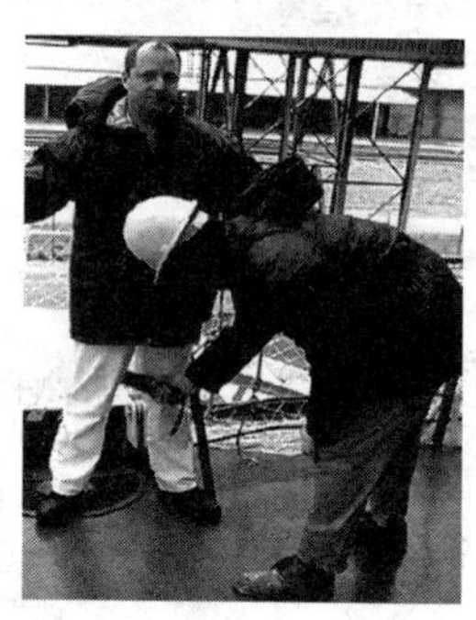

图4-1　使用金属探测器进行近身检查

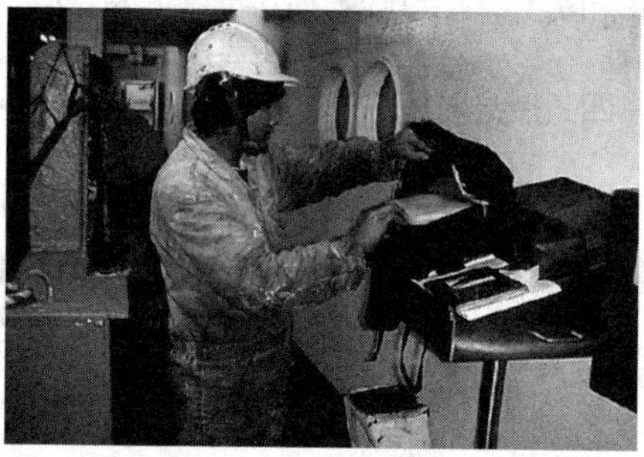

图4-2　物品检查

（三）物品检查

物品检查主要是对箱包的检查（见图4-2），实践中通常的做法与所应坚持的原则包括以下几个方面：

（1）人、包分离，控制被检查人员的物品。

（2）检查物品的步骤应遵循“一看、二听、三闻、四摸、五拆包”的原则。
（3）对需要开包检查的物品，应遵循“轻开、慢拉、谨慎开启”的原则。
（4）坚持“轻拿、轻放、顺序查验”的文明检查原则。

第五节 船舶保安演练方案

本节中列举了几项推荐的船舶保安演练方案，各公司可以此为参考，并结合本船的实际情况，定期开展船舶保安演练。

一、保安演练方案一

（一）演练内容

（1）对登船人员进行身份识别。
（2）对进入船舶的通道进行控制。
（3）对船上的限制区域进行控制。
（4）对甲板和船舶四周进行监控。
（5）对发现的可疑分子进行处置等。

（二）演练地点

宜选择船舶在遮蔽水域锚泊或在码头非生产性停泊期间进行本次演练。

（三）演练目的

本次保安演练是通过对登船人员进行身份识别、对进入船舶的通道进行控制、对船上的限制区域进行控制、对甲板和船舶四周进行监控等的演练，以达到防止船舶在港作业期间可疑分子进入船舶，避免船舶、货物、设备等造成损坏或破坏的目的。

（四）演练组织

参加本次演练的人员可适当分组，如分为两组演练，船长和船舶保安员应分别参加其中一组的演练，并担任该组演练的组织和指挥者。

（五）演练方式

本次演练采用现场演练形式，如分两组以上进行演练，现场模拟演练可交叉轮换进行。

（六）演练方案

1. 对登船人员进行身份识别

(1) 参加演练的船员应明确哪些登船人员需要对其进行身份识别，以及如何对不同的登船人员进行身份识别。

（2）模拟演练对进入船舶的接班船员、装卸工人以及政府指定官员进行身份识别。

2. 对进入船舶通道的控制

（1）参加演练的船员应明确进入船舶的通道有哪些及其具体位置在何处；哪些进入船舶的通道平时应锁闭及其锁闭方法，以及经何人批准方可打开；在不同保安等级时，对进入船舶通道的控制措施有哪些规定；如何对进入船舶的通道进行保安巡逻。

（2）模拟演练在保安等级 3 时，对进入船舶的舷梯口的控制。

3. 对限制区域的控制

（1）参加演练的船员应明确船上哪些区域为限制区域及其具体位置；有关船上限制区域的警示、锁闭及钥匙保管方面的规定；在不同保安等级时对船舶限制区域的监控与巡逻要求。

（2）将船上部分平时锁闭的限制区域打开，安排参加演练的船员进行巡逻检查，找寻这些被打开的区域，并采取相应行动。

4. 对甲板和船舶四周的监控

（1）参加演练的船员应明确在何种情况下应加强对甲板和船舶四周的监控；哪些区域为甲板和船舶四周的主要监控区域；在不同保安等级时如何加强对甲板和船舶四周进行监控。

（2）模拟演练在保安等级 3 时，对甲板和船舶四周的监控。

5. 发现可疑分子后的处置

（1）参加演练的船员应明确如何确定和控制可疑人员；发现可疑人员后应向谁报告和如何报告；若确认可疑人员为恐怖分子后应如何处置。

（2）现场模拟演练

①安排任一参加演练的船员设法携带某种类似于爆炸物的物件与其他参加演习的船员共同登船，指定参加演练的另一船员设法（可采取搜查或非侵害性检查的方式）指认该船员；

②如果发现某欲登船的人员为可疑分子，设法避免其接近船舶，或拒绝其登船或将其控制（包括制服）的演练；

③演练发现可疑人员后的报告程序。

以上演练中，凡需要参加演练的船员明确的事宜，可由船长或船舶保安员以提问的形式加以验证，以证实他们确实已经明确。

6. 进行船舶保安设备的使用试验

（1）进行船舶保安系统的启动、关闭和复位操作。

（2）进行本船配备的其他保安设备的操作训练。

（七）总结

在本次演练结束后，由船舶保安员负责对本次演练情况进行总结。

（八）记录

由船长负责将本次演练情况记入航海日志中；由船舶保安员负责将本次演练情况记入船舶保

安日志中。表4-1给出了控制登船通道演练的记录样表。

表4-1 船舶保安演习和训练记录表（控制登船通道）

<table>
<tr><td>日期
Date</td><td></td><td>位置
Position</td><td></td></tr>
<tr><td colspan="2">演习和训练种类
Kind of dills and exercises</td><td colspan="2">控制登船通道训练
Drill of controlling access to the ship</td></tr>
<tr><td colspan="4">参加人员（Participants）：
船舶全体船员
All crewmembers onboard</td></tr>
<tr><td colspan="4">训练和演习内容（Description of drills and exercises）：
1. 进入船舶的出入口限制到一个。Limit entry to the ship to a single access points.
2. 询问来访事由。Confirm the reason for visit.
3. 随身物品及行李检查。Inspection of paraphernalia and baggage.
4. 要求上船的优秀任何人员必须出示有关的身份证明。All persons embarking must be asked to show relevant identification.
5. 值班驾驶员和水手确保手持VHF处于正常状态。Duty officer and watch-keeping sailor must keep watch with hand-held VHF and ensure it is in proper condition.
6. 值班人员应对任何来访人员予以在《梯口值班记录簿》上登记。Watch-keepers are to register any visitor in Gangway Watch Record Book.
7. 如有正当理由或船长已指示有来访者并事由一致，并由船舶保安员发放登船证后方可以上船，否则有任何疑问，在允许其登船之前，报告船长和船舶保安员。A visitor where there is proper reason to do so or the Master has notified the visit can board the ship after get the boarding pass which is issued by the SSO. If not so, any doubt is to be reported to the Master and the SSO before allowing the visitor to board the ship.
8. 在登记、检查后并由船舶保安员发放登船证后方可进入相关人员房间，必要时由专人陪同。Personnel may enter the related carbines after registered and inspected and get the boarding pass which issued by the SSO, if necessary, they should be escorted.
9. 演习结束。Finished with exercise.</td></tr>
<tr><td colspan="4">船舶保安员评价（Evaluation by SSO）：
船上人员熟悉了在保安等级1中的职责，训练效果较好。
Shipboard personnel were proficient in all assigned security duties at security level 1. The efficiency of training was preferably.
签名(Sign)：</td></tr>
</table>

二、保安演练方案二

（一）演练内容

查找危险品（武器、爆炸品、危险品等）以及偷渡者，并对其进行处置。

（二）演练地点

宜选择船舶在遮蔽水域锚泊或在码头非生产性停泊期间进行本次演练。

（三）演练目的

本次保安演练主要通过查找危险物品、搜寻偷渡者，并对其进行妥善处置，以达到规避保安事件、减少保安风险的目的。

（四）演练组织

参加本次演练的人员可适当分组，如分为两组演练，船长和船舶保安员应分别参加其中一组的演练，并担任该组演练的组织和指挥者。

（五）演练方式

本次演练采用现场演练形式，可分两组以上进行演练，现场模拟演练可交叉轮换进行。

（六）演练方案

1. 查找危险物品

（1）演练组织者向参加演练的船员介绍可对船舶、船上货物以及船上人员构成威胁的危险物品的基本知识。

（2）现场模拟演练。演练组织者在开始演练前，事先在船上2～3个重要部位（如动力设备、通信设备、导航设备等所在处所），以及船员经常聚集处（如餐厅、大台等场所）和物品堆放相对杂乱的地点（如油漆间、物料间、工具间等处所）设置一些隐藏巧妙的物品。告知参加演练的船员，接到有关情报，在船上可能藏有危险物品以及大概的藏匿位置，组织参加演练的船员查找这些被隐藏的物品，并按有关规定进行报告。然后，以油漆间（或物料间、机舱工具间等）为特定场所，模拟演练发现炸弹的应急反应程序。

2. 拒收可能混有危险物品的物料

（1）演练组织者应向参加演练的船员介绍在何种情况下应拒收送船的物料。

（2）现场模拟演练。安排一参加演练的船员模拟向船舶送物料，模拟演练将送物料清单与演练组织者事先准备好的物料订单进行核对的程序；模拟演练如何拒绝接受可能混有危险物品的物料，并向船舶内部报告的程序。

3. 搜查偷渡者

（1）演练组织者应向参加演练的船员介绍偷渡者在本船可能藏匿的场所。

（2）模拟演练在锚链舱、物料间、空货舱等处所搜查偷渡者，包括：

①判断所搜查的场所是否有偷渡者；

②判断偷渡者是否会对搜查者的人身安全有威胁；

③模拟演练在发现偷渡者后对其应采取的控制措施；

④模拟演练对偷渡者进行搜身检查；

⑤模拟演练船舶内部报告程序。

4. 分组讨论

（1）船长或船舶保安员可在本次演练之前或之后组织分组讨论。

（2）分组讨论的内容包括，但不限于：

①当发现危险物品或偷渡者后，应如何向船长或船舶保安员报告；

②当发现可疑物品、危险物品或偷渡者后应如何处置以及注意事项；

③当发现可疑物品、危险物品或偷渡者后如何与港口设施保安员联络并取得港口设施方面的帮助。

（七）演练总结

在本次演练结束后，由船舶保安员负责对本次演练情况进行总结。

（八）记录

由船长负责将本次演练情况记入航海日志中；由船舶保安员负责将本次演练情况记入船舶保安日志中。表 4-2 给出了武器搜索演练的记录样表。

表 4-2　船舶保安演习和训练记录表（武器搜索）

<table>
<tr><td>日期
Date</td><td></td><td>位置
Position</td><td></td></tr>
<tr><td colspan="2">演习和训练种类
Kind of drills and exercises</td><td colspan="2">武器搜索
Search for weapon</td></tr>
<tr><td colspan="4">参加人员（Participants）：
公司岸基地应急反应小组人员/船舶全体船员
Shore-base contingency responding team/All crewmembers onboard</td></tr>
<tr><td colspan="4">训练和演习内容（Description of drills and exercises）：
1. 船舶保安员在演习前放置一啤酒瓶，并用一张写有炸弹的纸包在瓶上，然后将其藏匿在舵机间一隐藏位置。Before exercise, SSO hide a beer bottle which was marked with “bomb” in the steering gear room.
2. 船舶保安员装扮成恐怖分子用手提 VHF 威胁船长，要求船长提供一笔钱，否则引爆位于舵机间的炸弹。SSO was simulated as a terrorist to threat the master give him a sum of money, otherwise he will active the bomb.
3. 船长尽量延长与恐怖分子的通话时间，以辨认其身份。Master tries to keep the terrorist on the line as long as possible in order to recognize him.
4. 船长在谈判失败的情况下启动应急反应程序，发出两长声一分钟，全体船员（除机舱值班人员以外）在驾驶台集合。Contingency action was deactivated. Two long blasts were sound for 1 minute for mastering all crewmembers to the bridge except OOW in engine room.
5. 船舶保安员下达炸弹搜索指令，并报告公司保安员。SSO ordered to search for bomb and report to the CSO.
6. 公司保安员用电话告知岸基人员在通信室集合，并利用缔约国保安联络点中的通信录模拟向主管机关和指定当局报告。CSO call shore base persons to the communication room and reported to the administration and designated authority.
7. 船上分成两组人员，一组对舵机间作为重点区域进行搜索，另一组对生活区及其他限制区域进行搜索.搜索人员带好粉笔、一根绳子、手提 VHF、消防水龙。Two groups are divided in the ship. One to search the steering gear room, another to search the accommodations and other restricted areas. Chalk, line, hand held VHF and fire hose to be carried.
8. 公司保安员指示搜索过程中的注意事项。 CSO provided some guidelines on how to search.
9. 搜索人员将搜索中未发现异常的区域用粉笔做好记号，如“OK”，并及时向船舶保安员和公司保安员汇报搜索进展。 The areas searched shall be marked with “OK”. The details of search to be reported to the SSO and CSO.
10. 当发现炸弹时，立即关闭 VHF，改用派小组人员口头汇报。该区域作为临时限制区域，用绳子围起来，并用粉笔写上“限制区域”。 When bomb was found, VHF should be power off and oral report to be used. Restricted area shall be established with a line and marked with “Restricted area”.
11. 汇报人员向船舶保安员汇报炸弹的外表、尺寸、颜色和发现的位置等，船舶保安员将该情况报告公司保安员。 The appearance, size, color and location found shall be reported to the SSO and CSO.
12. 船舶保安员组织人员模拟对搜索过程中可能受伤的船员进行救治。 SSO organize crew to carry out medical treatment to the wounded crewmember.
13. 演习结束。Finished with exercise.</td></tr>
<tr><td colspan="4">船舶保安员评价（Evaluation by SSO）：
船上人员熟悉了在保安等级 1 中的职责，训练效果较好。
Shipboard personnel were proficient in all assigned security duties at security level 1. The efficiency of training was preferably.
签名 (Sign):</td></tr>
</table>

三、保安演练方案三

（一）演练内容

船舶遭遇海盗或武装攻击时的应变。

（二）演练地点

宜选择船舶在遮蔽水域锚泊或在码头非生产性停泊期间进行本次演练。

（三）演练目的

本次保安演练将通过对在遭遇海盗或武装攻击时的应变，以及在需要撤离船舶人员时的应变的演练，以达到最大限度地保护船员人身安全之目的。

（四）演练组织

参加本次演练的人员可适当分组，如分为两组演练，船长和船舶保安员应分别参加其中一组的演练，并担任该组演练的组织和指挥者。

（五）演练方式

本次演练采用现场演练形式，如分两组以上进行演练，现场模拟演练可交叉轮换进行。本次演练可结合船舶弃船应变演习时同时进行。

（六）演练方案

1. 遭遇海盗或武装攻击时的应变

（1）演练组织者应向参加演练的船员介绍本船营运海区可能会遭遇海盗或武装分子攻击的海域，以及在遭遇海盗和武装分子攻击后的应变基本要求。

（2）现场模拟演练：

①驾驶台发现海盗，向船长、船舶保安员报告；

②鸣放预先规定的警报，集合船员；

③演练《船舶保安计划》中规定的当遭遇海盗或武装攻击时的应急反应程序；

④演练如何将船员撤至预先安排的安全区；

⑤安排若干参加演练的船员，要求他们锁闭船上的重要场所（不告诉具体场所），检查被分派此项任务的船员是否将船上的重要场所锁闭；

⑥模拟演练向周围船舶和所在海域的沿岸当局报警；

⑦模拟演练对在遭遇海盗或武装分子攻击时受伤的人员进行救治。

2. 船舶遭遇劫持时的应变

（1）演练组织者应向参加演练的船员介绍当船舶或船上人员遭遇劫持后的应变基本要求。

（2）假定船长被海盗或武装分子劫持，现场模拟演练：

①通报全体船员，并模拟演练向公司和当局报警；

②演练如何与劫持者谈判，以争取劫持者释放船长；

③模拟有船员情绪失控，演练如何使得该船员恢复镇静；

④模拟演练对在劫持中受伤的人员进行救治。

3. 撤离船舶人员时的应变

结合船舶弃船演习进行，重点演练撤离路线选择和撤离时的自我保护。

4. 分组讨论

（1）船长或船舶保安员可在本次保安演练之前或之后组织分组讨论。

（2）分组讨论的内容包括，但不限于：

①当前船舶的保安形式以及需要重点防范的保安风险；

②如何正确对待海盗和武装攻击行为；

③当海盗或武装分子劫持或登船后，如何最大限度地保护船员的人身安全以及船舶和货物的安全。

（七）演练总结

在本次演练结束后，由船舶保安员负责对本次演练情况进行总结。

（八）记录

由船长负责将本次演练情况记入航海日志中；由船舶保安员负责将本次演练情况记入船舶保安日志中。表4-3给出了船舶遭遇海盗演练的记录样表。

表4-3 船舶保安演习和训练记录表（遭遇海盗）

日期 Date		位置 Position	
演习和训练种类 Kind of drills and exercises		船舶遭遇海盗 Ship encountering pirate	
参加人员（Participants）： 公司岸基地应急反应小组人员/船舶全体船员。 Shore-base contingency responding team/All crewmembers onboard.			
训练和演习内容（Description of drills and exercises）： 1300 值班驾驶员发现可疑小艇，并向船长，船舶保安员报告。OOW find a suspicious craft approaching the ship, report to the Master an SSO. 1303 船长和船舶保安员上驾驶台，船长操纵船舶，保安员按保安计划的规定向公司保安员报告。Master and SSO come to the bridge. Master maneuver the ship, SSO report to CSO. 1305 船长发出两长声信号，连发一分钟，除机舱值班人员以外，全体船员在驾驶台集合，船舶保安员对船员安排具体任务；公司保安员用电话告知岸基人员在通信室集合。Two long blasts were sound for 1 minute for mastering all crewmembers to the bridge except OOW in engine room. SSO assigns duties to each crew. CSO call shore base persons to the communication room.			

续表

1310 GMDSS 操作员检查测试相关报警设备。船长拉响汽笛向附近船舶报警。GMDSS operator tested relevant equipment. Master sounded the whistle to alarm the ships in the vicinity. 1315 公司保安员命令关闭船上限制区域，只留一个通道。CSO ordered all restricted areas to be secured, and limit entry to a single access point. 1320 公司保安员利用缔约国保安联络点中的通信录模拟向主管机关和指定当局报告。CSO reported to the Administration and designated authority. 1325 船上人员连接好消防水龙。所有人员准备好防御器械。Fire hoses were connected. Self-defence apparatus was carried by each crew. 1330 船长改变航向做 Z 形操纵，防止可疑小艇靠近本船。Master alerted the course and takes "Z" maneuvers to prevent from approaching of the craft. 1335 消防龙头出水。High pressure water comes from fire hose. 1340 模拟船员情绪失控，公司保安员和船舶保安员利用人群控制方法使船员恢复镇静。Simulate the case in which some crew members are lost control of themselves, SSO and CSO let them calm down. 1345 船舶保安员组织人员模拟对受伤的船员进行救治。SSO organize crew to carry out medical treatment to the wounded crewmember. 1355 船舶保安员组织人员对全船进行巡逻。SSO organize crew to patrol the whole ship. 1400 演习结束。Finished with exercise.
船舶保安员评价（Evaluation by SSO）: 船上人员熟悉了在保安等级 1 中的职责，训练效果较好。 Shipboard personnel were proficient in all assigned security duties at security level 1. The efficiency of training was preferably. 签名 (Sign):

第五章 船舶保安审核与监督

船舶保安审核与监督是加强船舶保安管理，保证船舶保安计划正常实施，以减少船舶保安风险，防止保安事件发生的重要环节。在我国，依据《中华人民共和国国际/国内船舶保安规则》，由海事管理机构审核船舶保安情况并颁发《国际船舶保安证书》或《临时船舶保安证书》。

第一节 船舶保安审核

对于适用于 ISPS 规则的船舶，在投入营运之前或在第一次签发证书之前，主管机关对其保安系统和相关保安设备进行审核，证明其均符合适用要求，处于令人满意的状态，并适合船舶预定的营运后，颁发《国际船舶保安证书》(ISSC 证书)。

一、船舶保安审核种类

船舶保安审核分为：初次审核、换新审核、中间审核、附加审核、临时审核。审核过程中，如发现存在不合格项，船舶及其公司应予以纠正和（或）采取纠正措施。

（一）初次审核

初次审核是在船舶投入营运前或首次签发《国际船舶保安证书》前进行的审核。

1. 审核内容

（1）对 SOLAS 公约第 XI-2 章、ISPS 规则 A 部分和经批准的《船舶保安计划》所涉及的船舶保安体系和任何相关保安设备进行全面核验。

（2）船舶保安体系和相关保安设备符合 SOLAS 公约第 XI-2 章、ISPS 规则 A 部分的所有使用要求。

（3）所有相关保安设备处于令人满意的状况并适合预定用途。

通过初次审核的船舶将为之签发《国际船舶保安证书》。

2. 船舶满足下列条件即可向主管机关或其认可的保安组织申请初次审核

（1）持有主管机关或其认可的保安组织批准的《船舶保安计划》。

（2）具有《船舶保安计划》在该船上至少实施了 2 个月的客观证据，包括内部审核证据。

3. 初次审核应进行的验证

（1）SOLAS 公约第 XI-2 章、ISPS 规则 A 部分和经批准的《船舶保安计划》的船舶保安体系和任何相关保安设备的完整性。

（2）船舶保安体系和相关保安设备符合 SOLAS 公约第 XI-2 章、ISPS 规则 A 部分的所有使用要求。

（3）所有相关保安设备处于令人满意的状况并适合预定用途。

（4）确认船上人员熟悉《船舶保安计划》中规定需要承担的职责和责任。

审核过程中，如发现存在不合格项，船舶及其公司应予以纠正和（或）采取纠正措施。

（二）换新审核

换新审核即换证审核，是在船上现有《国际船舶保安证书》到期，申请换发新证书前进行的审核，间隔期不应超过 5 年。

换证审核的内容与初次审核相同，即审核船舶保安系统和相关保安设备，以确保其处于适合船舶预定营运的令人满意的状态。

通过换证审核的船舶将为其签发新的《国际船舶保安证书》。

（三）中间审核

船舶在《国际船舶保安证书》有效期内应至少进行一次中间审核，如果仅进行一次中间审核，一般在第二和第三周年日之间进行。

审核内容主要是检查船舶保安系统和相关保安设备，以确保其处于适合船舶预定营运的令人满意的状态。

中间审核完成后，应在《国际船舶保安证书》证书上予以签注。

（四）附加审核

船舶应完成主管机关决定的任何附加审核。

中国籍船舶有以下情况之一的，应当申请附加审核：

（1）在接受海事管理机构检查时，检查人员有充分理由确认船舶不符合 ISPS 规则 A 部分及我国《船舶保安规则》的要求。

（2）《船舶保安计划》做出修正并经批准后，公司应当在 3 个月内申请对船舶进行附加审核，以检查计划修正后的执行情况。

（3）船舶因不满足 ISPS 规则的要求被滞留、被禁止进港或者驱逐出港。

附加审核完成后，应在证书上予以签注。

（五）临时审核

需要进行临时审核的船舶为：

（1）在交船时或在投入营运或重新投入营运之前，船舶没有证书。

（2）船舶从一缔约国政府换旗到另一缔约国政府。

（3）船舶从一非缔约国政府换旗到一缔约国政府。

（4）公司承担了以前不是由该公司经营的船舶的经营责任。

只有当主管机关或经认可的保安组织检验了以下情况后，才可签发《临时国际船舶保安证书》：

（1）ISPS 规则的 A 部分要求的船舶保安评估业已完成。

（2）船上有满足第 XI-2 章和 ISPS 规则 A 部分要求的《船舶保安计划》的副本，该计划已提交审批并正在船上实施。

（3）船上有满足第 XI-2/6 条要求的船舶保安警报系统（若有要求）。

（4）公司保安员已确保：

①对船舶保安计划符合 ISPS 规则 A 部分的情况进行评审；

②该计划已提交批准；

③该计划正在船上实施；

④已确立必要的安排，包括操练演习和内部审核的安排，公司保安员通过这些安排确信船舶将在 6 个月内顺利完成；

⑤已按 SOLAS 公约 XI-2 章、ISPS 规则 A 部分和经批准的《船舶保安计划》所要求的检验的安排；

⑥船长、船舶保安员和承担具体保安职责的其他船上人员熟悉 ISPS 规则 A 部分为其规定的职责和责任，熟悉已放在船上的《船舶保安计划》的有关规定，并且用船上人员的工作语言或其所通晓的语言提供了此类资料；

⑦船舶保安员满足 ISPS 规则 A 部分的要求。

对于完成临时审核的船舶，主管机关应签发《临时国际船舶保安证书》（临时 ISSC 证书）。

二、船舶保安审核的实施

（一）申请

要求船舶保安初次审核验证和保持 ISSC 证书有效性审核的公司和（或）其所属船舶，应向主管机关或其认可的保安组织提出书面申请。

（二）实施

（1）船舶保安审核，无论是初次、中间和换证审核，均应在船舶正常营运条件下进行，并应处于安全配员证书满员状态。

（2）审核员应收集和验证公司提供的经批准的《船舶保安计划》的执行情况，以及能证实文件化程序实施有效性的客观证据，包括对任何船舶保安设备和状态的检验。审核主要通过面谈、审查文件和演练、培训记录以及现场检查的方式完成。

（3）ISPS 规则的初次、中间和换证审核可结合 ISM 规则的审核同时进行。

（三）审核报告

（1）审核完成后，审核员依据所收集的资料、船舶符合经批准保安计划的情况，以及符合 ISPS 规则的实施的客观证据编写审核报告。

（2）审核报告应提交公司，公司应将相关审核报告的副本提供给船舶。

（3）公司与船舶应保持所有保安审核报告的记录，保存期限与证书有效期相同，或至少为5年。

第二节　船舶保安证书

一、《国际船舶保安证书》样本

《国际船舶保安证书》证书以及临时《国际船舶保安证书》证书所用格式应与 ISPS 规则附录中的范本相符。中国船级社颁发的《国际船舶保安证书》的格式如下：

中 国 船 级 社

国际船舶保安证书

证书编号 NO.____________

经（国名）政府授权，中国船级社根据经修正的《1974 年国际海上人命安全公约》第 XI-2 章规定签发。

船名：

船舶编号或呼号：

船籍港：

船型：

总吨位：

IMO 编号：

公司名称和地址：

兹证明：

1. 业已按照《国际船舶保安和港口设施保安规则》（ISPS 规则）A 部分第 110.1 节对该船的保安体系和任何相关保安设备进行了审核；

2. 审核表明该船的保安体系和任何相关保安设备在所有方面均令人满意，该船符合 SOLAS 公约第 XI-2 章和 ISPS 规则 A 部分的适用要求；

3. 该船配备一份经批准的船舶保安计划。

本证书所依据的初次/换证审核日期（不适用者划去）______________________________。

本证书有效期至____止，

但须视 ISPS 规则 A 部分第 110.1.1 节规定的审核情况而定。

发证地点：______________

发证日期：______________

（中国船级社印章）

中国船级社

中间审核签注

兹证明业已按 ISPS 规则 A 部分第 110.1.1 节的要求对该船进行了中间审核，查明该船符合公约第 XI-2 章和 ISPS 规则 A 部分的有关规定。

中间审核　　　　　　　　　　　　　签名＿＿＿＿＿＿＿＿（中国船级社审核员）

（中国船级社签注章）

地点：＿＿＿＿＿＿＿＿＿＿＿＿　日期：＿＿＿＿＿＿＿＿＿＿＿＿

二、《临时国际船舶保安证书》样本

中 国 船 级 社
临时国际船舶保安证书

证书编号 NO.＿＿＿＿

经（国名）政府授权，中国船级社根据经修正的《1974 年国际海上人命安全公约》第 XI-2 章规定并依照 ISPS 规则 A/110.4 签发。

船名：

船舶编号或呼号：

船籍港：

船型：

总吨位：

IMO 编号：

公司名称和地址：

本证书是否为续签的后继临时证书？是/ 否（不适用者划去）

如果是，原临时证书的签发日期为＿＿＿＿＿＿＿＿＿＿＿＿＿＿

兹证明业已符合 ISPS 规则 A/110.4.2 的要求。

发证地点：＿＿＿＿＿＿＿＿

发证日期：＿＿＿＿＿＿＿＿

（中国船级社印章）

中国船级社

证书可以使用船旗国官方语言文字，但应有英文、法文或西班牙文三种文字中的一种译文。

三、证书的签发与签注

（一）证书的签发

（1）在完成船舶保安初次或换新审核后，应签发《国际船舶保安证书》。该证书由主管机关或经认可的保安组织代表主管机关签发。应主管机关要求，另一缔约国政府也可代为审核并签发，如此签发的证书应载明是应主管机关的请求而签发的，与主管机关签发的证书具有同等效力，签

发后应尽快将一份证书副本和审核报告副本提交主管机关。

（2）主管机关或经其认可的保安组织也可根据有关规定，为船舶签发《临时国际船舶保安证书》证书。

（3）《国际船舶保安证书》所用格式应与 ISPS 规则所规定的范本相符。如果所用语言不是英文、法文或西班牙文，则证书文本还应包括其中一种语言的译文。

（二）证书的签注

在按要求完成规定的中间审核和任何附加审核，认为《船舶保安计划》的实施和船舶保安设备完全满足 SOLAS 公约第 XI-2 章和 ISPS 规则 A 部分所有适用要求，所有相关保安设备处于令人满意的状况并适合预定用途后，主管机关或经期认可的保安组织应在 ISSC 证书上予以签注。

四、证书有效期

（1）《国际船舶保安证书》的有效期自初次审核或换新审核完成之日起最长不超过 5 年，临时证书的有效期为 6 个月。

（2）如果换新审核已完成，而新证书在现有证书到期日之前不能签发或不能发放到船上，可以在现有证书签注，签注后的证书的有效期自证书到期之日起最长不超过 5 个月。

（3）《国际船舶保安证书》证书到期时，若船舶不在可以实施审核的港口，主管机关可延长该证书的有效期，但该项展期只能以使船舶完成其驶抵进行审核港口的航次为限。对任何证书的展期均不得超过 3 个月，且经展期的船舶在抵达应进行审核的港口后，在未获新证书的驶离港口，临时《国际船舶保安证书》证书不得展期。

（4）签发给从事短途航行船舶的证书，可由主管机关给予自到期日起最多 1 个月的宽限期。

（5）如果船舶在证书有效期内进行了中间审核，则应通过签注对证书上的到期日进行修正，修正后的到期日应自中间审核完成之日起不超过 3 年。

《国际船舶保安证书》的到期日可协调至与《船舶安全管理证书》（SMC 证书）载明的到期日相同。

五、证书失效

遇到下述情况之一者，《国际船舶保安证书》证书将失效：

（1）在 ISPS 规则规定的期限内完成有关审核。

（2）未经过中间审核或中间审核后证书未按规定进行签注。

（3）船公司承担了其以前未经营过的某一船舶的经营责任。

（4）船舶转挂另一缔约国国旗。

因《国际船舶保安证书》失效而重新申请新证的，需按初次审核的要求进行审核，合格后重新签发《国际船舶保安证书》。

第三节 船舶安全港口国监督

SOLAS 公约第 XI-2 章第 9 条规定：船舶在另一缔约国港口或意图进入其港口时应接受该国政府正式授权官员的监督。

一、对在港船舶的监督

适用 SOLAS 公约第 XI-2 章的所有船舶在另一缔约国的港口时，将受到该国政府正式授权的官员的监督检查。此种监督应仅限于核验船上是否具有有效的《国际船舶保安证书》。

如果有明显理由认为接受监督的船舶不符合 SOLAS 公约第 XI-2 章或 ISPS 规则 A 部分的要求，或在被要求时不能出示有效的《国际船舶保安证书》等，缔约国政府正式授权的官员有权对该船舶采取必要的监督措施，包括：检查船舶、延误船舶、滞留船舶、限制操作（包括限制在港活动）、或将船舶驱逐出港等，除此之外，还可以辅以其他较轻的管理或纠正措施。所采取的任何此类措施必须轻重适当，并应考虑到 ISPS 规则 B 部分提供的指导。

“明显理由”包括：

（1）在审查证书时发现《国际船舶保安证书》无效或已过期。

（2）发现船舶保安设备、文件或安排存在严重缺陷。

（3）收到了报告或投诉，明确指出船舶不符合第 XI-2 章和 ISPS 规则 A 部分的要求。

（4）发现船长或船员不熟悉关键的船上保安程序，或不能开展与船舶保安有关的演练，或未履行该程序或演练。

（5）发现船上关键船员不能与其他船舶上的负有船舶保安责任的关键成员建立正常通信的证据。

（6）发现船舶在某一港口设施或从另一船舶或从其他渠道接纳人员上船、接收物料或装载货物，而该港口设施或其他船舶或其他渠道违反了 SOLAS 公约第 XI-2 章或 ISPS 规则 A 部分，且未填写《保安声明》，也没有采取适当的、特别的或附加的措施等。

如果因设备缺陷而导致船舶被滞留，又无法在受检查的港口予以纠正或文件无效，缔约国政府可以允许船舶驶往另一港口，条件是要满足港口国与船旗国主管机关或船长之间达成的协议。

二、对意图进港船舶的监督

为了避免对船舶采取监督措施或步骤，缔约国政府可以要求意图进入其港口的船舶在进入港口前向该缔约国政府正式授权的官员提供以下信息，以确保船舶符合 SOLAS 公约第 XI-2 章和 ISPS 规则 A 部分的要求：

（1）船舶具有有效的《国际船舶保安证书》，以及证书的签发机关。

（2）船舶当前营运所处的保安等级。

（3）船舶以前在任何港口进行船/港界面活动时，其所处的保安等级。

（4）船舶以前在任何港口进行船/港界面活动时，所采取的特别和附加的保安措施。

（5）船舶在以前任何船对船活动时维持了适当的保安程序。

（6）其他与船舶保安有关的实用信息，如：

①《连续概要记录》中包含的信息；

②进行报告时的船位；

③船舶预期抵达港口时间；

④船员名单；

⑤船上货物的整体描述；

⑥乘客名单等。

船长可以拒绝提供此类信息，当然，其后果是不提供上述信息可能会导致船舶被拒绝进港。

船舶应保存挂靠前 10 个港口设施的上述信息。

缔约国政府正式授权的官员如果有明显理由相信意图进港的船舶不符合 SOLAS 公约第 XI-2 章或 ISPS 规则 A 部分的要求，应与船舶及其主管机关或在船舶与其主管机关之间建立联系，以改正不符合的情况。如果上述通信未能解决问题，或该官员有其他明显理由相信船舶不符合 SOLAS 公约第 XI-2 章或 ISPS 规则 A 部分的要求，该官员可以对该船舶采取以下步骤：

（1）要求纠正不符合的情况。

（2）要求船舶开往缔约国领海或内水中的一个指定位置。

（3）如果船舶位于其将要进入港口的缔约国政府的领海，对船舶进行检查。

（4）拒绝进入港口。

任何此类步骤应轻重适当，并考虑到 ISPS 规则 B 部分提供的指导。

在采取任何此类步骤之前，缔约国政府应将其意图通知船舶。受到此类信息后，船长可以撤销其进入该港的意图。在这种情况下，不再适用上述规则。

三、附加规则

如果采取了某种监督措施或步骤，缔约国政府正式授权的官员应将所采取的此类监督措施或步骤及其原因，书面通知主管机关及经其认可的保安组织以及国际海事组织。

如果禁止船舶进入港口或船舶被驱逐出港，港口国当局应将该情况通知船舶随后挂靠港口的国家当局以及其他适当的沿岸国当局。

只有在缔约国正式授权的官员有明显理由相信船舶对人员、船舶或其他财产的保安和安全构成紧迫威胁，并且没有其他适当方才能拒绝船舶进入港口或将船舶驱逐出港。

在导致采取监督措施或步骤的不符合情况得以纠正并且使缔约国政府满意时，即应停止。应考虑到采取主管机关所建议的行动。

缔约国政府在行使监督措施或步骤时，应尽一切努力避免船舶受到不当滞留或延误。如果受到了不当滞留或延误，船舶有权就其所受任何损失或损坏取得赔偿，且不得阻止出于紧急或人道主义原因和出于保安目的而在必要时上下船舶。

第六章 港口设施保安

港口作为航运物流的中心，客、货集中，极易被恐怖分子选作破坏对象，成为他们进行袭击的突破口。稍有不慎，恐怖分子一旦袭击成功，造成的经济损失将无法估量。

有鉴于此，美国在“9・11”事件发生后不久，2001 年 12 月就通过了《2001 年港口和海上安全法》(the Port and Maritime Security Act 2001)，要求美国海岸警卫队对本国港口进行弱点评估等。由于美国的特殊地位，其港口安全制度的建立也推动了国际港口安全制度的发展。在美国的倡导和推动下，国际海事组织修改了 SOLAS 公约，制定了 ISPS 规则。ISPS 规则对港口安全进行了规定，其主要内容是对港口设施提出了保安要求，即对于港口需要采取的保安措施包括：人员进入船舶或港口设施、船上或港口设施内的限制区域、货物装卸、船舶物料交付、非随身携带行李的装卸，以及监控船舶和港口设施的保安。

为加强港口设施保安工作，履行 SOLAS 公约第 XI-2 章、ISPS 规则以及《国际海运危险货物规则》(IMDG Code，简称国际危规)，我国交通运输部制定了《中华人民共和国港口设施保安规则》(以下简称《港口设施保安规则》)，该规则已于 2008 年 3 月 1 日起施行，主要适用于为航行国际航线的客船（包括高速客船）、载重量 500 总吨及以上的货船（包括高速货船）和移动式海上钻井平台服务的港口设施。图 6-1 为烟台港客运码头。

《港口设施保安规则》分层级明确了主管机关的职权，规定交通运输部主管全国港口设施的保安工作，港口所在地的港口行政管理部门是本行政区域内港口设施保安工作的监管主体。港口设施经营人或管理人需指定主要负责制订、实施、调整《港口设施保安计划》的港口设施保安员（PFSO），港口设施保安员还负责与船舶保安员和船公司保安员进行保安联络。

图 6-1 美丽的烟台港客运码头

第一节　港口设施保安等级

保安等级是指可能发生保安事件的风险级别划分。港口设施保安等级从低到高分为三级，分别是保安等级1、保安等级2和保安等级3。

一、保安等级1

保安等级1系指应当始终保持的最低防范性保安措施的等级，是港口正常工作时的保安等级。处于保安等级1时，ISPS规则要求确保履行港口设施的所有保安职责，同时提供的保安工作指导还包括以下方面。

（一）对进入港口设施的通道予以控制

所有进入港口设施内的人员应接受检查，对船员或其行李的检查应充分考虑人权并尊重个人尊严。保安等级1应考虑实施下列控制地点的保安措施：

（1）经政府批准，在限制区域周围使用围栏或栅栏。

（2）检查进入船舶停泊港口设施内的人员的证件，包括乘客、船上人员和访问者，对通过检查联合签发的证明、船票、登船证和工作许可证等进行确认。

（3）检查进入船舶附近港口设施内的人员和车辆。

（4）验证港口设施作业人员、港口设施内雇员的身份及其车辆。

（5）非港口设施雇员只有出示证件才能进入限制区域。

（6）检查人员、随身物品、车辆以及车上物品。

（7）检查不常使用且永久关闭和加固的通道。

（二）监视港口设施（包括锚泊和靠泊区域）

保安等级1要求，通过照明、保安站岗或使用保安监视设备等组合适用的保安措施，以使港口设施保安人员能：

（1）观察到整个港口设施区域，包括通往港口的岸上和水上区域。

（2）观察到通道口、栅栏和限制区域。

（3）使港口保安人员能监视使用港口设施的船舶的行动，包括加强船舶的照明。

港口设施监视一般采用保安视频监控系统。《中华人民共和国海关监管场所设置标准》中要求为海关配置的视频监控系统具有存储时间不少于3个月的存储功能，我国边防检查站对边检视频监控系统也要求图像数据保存3个月，如遇特殊情况，这一时间可能将延长到1年。

（三）监视限制区域，确保只有经过授权的人员才能进入

限制区域的保安措施包括：

（1）限制区域周围设置临时或永久性的栅栏。

（2）保安员能控制的通道（如使用）以及能被有效关闭或隔离的通道（不使用时）。

（3）必须出示通行证证明有权滞留在限制区域内。

（4）清楚标示准予进入限制区域的车辆、货物或船用物料。

（5）提供保安和巡逻。

（6）使用巡逻、自动报警系统或监视设备或系统等，发现未经允许的进入或在限制区域内的行动。

（7）限制未经允许的船舶在已靠港船舶附近航行。

（四）监督货物装卸

货物装卸时的保安措施包括：

（1）货物装卸之前和期间对港口设施内货物、货物运输工具和货物储存地定期检查。

（2）确保进入港区的货物与单据相符。

（3）搜查车辆。

(4)检查封条和采取其他措施，防止进入港口设施及对港口设施内堆放的货物进行破坏活动。

（五）监督船舶物料装卸

控制交付船舶物料适用的保安措施包括：

（1）检查船舶物料。

（2）提交物品的构成、司机背景和车辆牌号。

（3）检查交付物料的车辆。

（六）确保随时可进行保安通信

另外，对于无人照管的行李，必须被扫描或搜查，包括使用 X 射线检查。

二、保安等级 2

保安等级 2 系指由于保安事件危险性升高，而应在一段时间内保持适当的附加保护性保安措施的等级。处于保安等级 2 时，ISPS 规则要求确保履行港口设施的所有保安职责，同时提供的保安工作指导还包括以下方面。

（一）对进入港口设施通道予以控制

保安等级 2 规定附加的保安措施有：

（1）增派通道站岗人员以及对围栏附近的巡逻。

（2）限制通往港口设施的通道，关闭那些需要关闭的通道，以及加固措施。

（3）采取措施禁止进入其余通道，例如可设置保安围栏等。

（4）加强对人员、随身物品和车辆的检查。

（5）禁止没有正当理由的人员进入港口设施。

（6）使用巡逻艇加强水上保安。

（二）监视港口设施（包括锚泊和靠泊区域）

相对保安等级 1，保安等级 2 适用的附加保安措施包括：

（1）加强照明和监视设备的覆盖范围，包括提供额外的照明和监视范围。

（2）加强对人员、车辆的检查和水上巡逻。

（3）增加保安人员监控和巡逻。

（三）监视限制区域，确保只有经过授权的人员才能进入

保安等级 2 中，限制区域的保安措施包括：

（1）加固限制区域周围的栅栏和围蔽物，包括人员的巡逻和采用自动侵入探测设备。

（2）减少通道的数量，加强控制开放的通道。

（3）限制在靠泊船附近停泊。

（4）进一步限制通往限制区域的通道以及区域内的行动和储存。

（5）使用连续监控和记录监视设备。

（6）增加限制区域附近及内部的巡逻人数并提高巡逻频次。

（7）建立并限制进入限制区域附近的区域。

（8）限制未经允许的船舶在靠港船舶附近水域航行。

（四）监督货物装卸

保安等级 2 中，货物装卸时的附加保安措施包括几下几方面。

（1）仔细检查港口设施内的货物、货物运输工具和货物存放点，检查货物的措施包括：

①加强对港口设施内的货物、货物运输工具和货物存放点检查的频次和力度（实地目视检查）；

②增加使用扫描/探测设备、机械设备或警犬的频次；

③除已有的协议和程序外，与承运人或其他有关方协调加强保安措施。

（2）进一步检查保证只有符合单据的货物才能进入港口设施暂时保存然后装船。

（3）仔细检查车辆。

（4）增加密封件等细节检查方法和频次，以防止被破坏。

（五）监督船舶物料装卸

保安等级 2 要求，适当加强对交付船舶物料控制适用的保安措施。

（1）详细检查船舶物料，检查船舶物料可以采用下述措施：

①加强对交付车辆的检查频次和力度；

②增加使用扫描/探测设备、机械设备或警犬的频次；

③限制或禁止存放滞留港内一段时间的物料。

（2）对交付物料车辆进行详细搜查。

（3）与船员一起检查货物单据，然后才准许进入港口设施。

（4）护送港口设施内交付物料的车辆。

（六）确保随时可进行保安通信

三、保安等级 3

保安等级 3 系指当保安事件可能或者即将发生（尽管可能尚无法确定具体目标）时，应当在一段有限时间内保持进一步的特殊保护性保安措施的等级。只有得到保安事件可能发生或即将发生的可靠信息时，才能确定保安等级 3 实施的特殊措施，且该等级仅用于确定的保安威胁或保安事件实际发生时的阶段内。保安等级可以从保安等级 1 改变至保安等级 2 再至保安等级 3，也可以直接从保安等级 1 改变至保安等级 3。处于保安等级 3 时，ISPS 规则要求确保履行港口设施的所有保安职责，同时提供的保安工作指导还包括以下几方面。

（一）对进入港口设施通道予以控制

保安等级 3 要求控制进入港口设施通道的保安措施包括：

（1）切断通往港口设施的部分或全部通道。

（2）只有负责应对保安事件或威胁的人员可以通过。

（3）禁止港口设施内的部分或全部行人和车辆往来。

（4）加强港口设施内的保安巡逻。

（5）停止港口设施内部分或全部作业。

（6）指挥港口设施内部分或全部车辆交通。

（7）从港口设施内部分或全部撤离。

（二）监视港口设施（包括锚泊和靠泊区域）

本等级中，港方应遵循负责应对保安事件或威胁的人员的指令，具体指导性措施包括：

（1）打开港口设施及其附近的所有照明。

（2）打开所有港口设施内或附近的监控设备。

（3）尽可能延长监控设备的运行时间。

（三）监视限制区域，确保只有经过授权的人员才能进入

保安等级 3 要求港方应遵循负责应对保安事件或威胁的人员的指令，具体指导性措施包括：

（1）在保安事件发生地附近的港口设施内或可能受到保安威胁的地点增设限制区域，并封锁通道。

（2）准备搜查港口设施的所有或部分限制区域。

（四）监督货物装卸

保安等级 3 要求港方应遵循负责应对保安事件或威胁的人员的指令，具体指导性措施包括：

（1）限制或停止货物在港口设施内部分或全部地区或某些船上的移动或操作。

（2）验证港口设施内及货物存放地危险货物和物资清单。

（五）监督船舶物料装卸

保安等级 3 要求港方应遵循负责应对保安事件或威胁的人员的指令，其保安措施应包括限制或停止在部分或整个港口设施内交付船舶物料。

（六）确保随时可进行保安通信

另外，对于无人照管的行李，一般保安等级都要求对其进行扫描或搜查，包括使用 X 射线检查，保安等级 3 对无人照管行李格外重视，不仅要求加强对行李的扫描检查（如至少从 2 个不同角度进行 X 射线检查），而且还要求准备限制或停止处置无人照管行李，或拒收其进入港口设施。

《港口设施保安规则》规定，我国由交通运输部发布港口设施保安等级，各级交通（港口）管理部门可以向交通运输部提出变更港口设施保安等级的建议。交通运输部变更港口设施保安等级，应当根据具体情况及时以适当的方式通知有关的交通（港口）管理部门、海事管理机构、港口设施经营人或者管理人。上述部门和人员收到港口设施保安等级变更的决定后，应当予以确认，并报告所采取的相应措施。当确定实施 3 级保安时，交通运输部在必要的情况下应当发出适当的保安指令，并向可能受到影响的港口设施提供与保安有关的信息。

计划入港或者在港的船舶保安等级高于港口设施的保安等级时，港口设施保安主管应当与船舶保安员或者船公司保安员协商，对有关情况做出评估，确定适当的保安措施，签署《保安声明》；计划入港或者在港的船舶保安等级不得低于该港口设施的保安等级。

第二节　港口设施保安评估

港口设施保安评估是指港口所在地港口行政管理部门通过对港口设施保安状况进行分析，并提出相关保安措施建议的活动。换言之，港口设施保安评估是对港口设施进行的风险分析，判别其哪些部分容易和/或可能成为攻击目标，确定其风险水平，提出应对措施的工作。

我国《港口设施保安规则》规定，除港口行政管理部门外，保安评估也可以委托经指定的保安组织进行。评估每 5 年进行一次评审和更新。另外，当港口设施发生重大变化时要及时对保安评估予以评审和更新，重大变化包括港口主要设施或者其功能发生重大变化，港口设施保安组织、通信系统、保安工作的协调与配合程序发生重大改变，港口设施发生了重大保安事件等。

一、评估准备

港口设施保安评估首先要组建由保安、风险分析、港口行政管理、港口经营、港口设计、工程、船舶经营与管理、海事等方面的专家组成的委员会，该委员会首先应获得以下基本资料：

（1）港口设施经营人或管理人情况。

（2）工程资料。

（3）保安设备设施。

（4）相关图纸。

（5）保安组织结构、人员及持有保安培训证书的人员情况。

（6）港区周围设施、相邻单位概况。

（7）装卸储运货种（主要是外贸货种）及吞吐量、流向。

（8）装卸工艺流程及装卸设备、设施。

（9）保安规章制度及应急预案。

二、港口现状调查

专家委员会针对港口设施现状及其保安工作开展情况进行现场调查，主要考察事项包括：

（1）保安设施的状况。

（2）设施的结构、布局情况。

（3）对人员进行保护的安全体系。

（4）保安工作程序。

（5）无线电和电信系统，包括计算机系统和网络。

（6）有关基础设施。

（7）公用设施（Utilities）若被损害或被用于非法窥测，会对人员、财产或港口作业构成危险的其他区域。

一般来说，现场调查要针对港口位置和环境、自然条件、平面布置、码头情况、出入口、货物种类及流向、装卸设备、供水供热供电情况、消防救生、通信、防雷、旅客及行李检查、交通管理情况、助航设备、燃料供应情况、港作船舶及保安情况等内容开展。

三、港口现状分析

（一）确定重点保护的财产和设施

在现场调查的基础上，确定需要重点保护的财产和基础设施，范围包括：

（1）入口、通道、航道、锚地、船闸、船舶操纵和靠泊区域。

（2）码头、仓储设施和货物装卸设施、设备。

（3）配电系统、无线电和电信系统、计算机系统和网络等。

（4）港口船舶交通管理系统和助航设施。

（5）电厂、货物输送管道和供水系统。

（6）桥梁、铁路、公路。

（7）港作船舶。

（8）保安、监控设备和系统。

（9）港口设施附近的水域。

针对上述设施，确定过程中可参考下列因素进行：

（1）可能的人员伤亡。

（2）港口的经济重要性。

（3）标志性价值。

（4）港口内是否有政府设施。

（5）受到破坏的情况下能否发挥原有功能和恢复正常功能的难易程度。

（二）识别可能威胁财产和基础设施的因素

对可能威胁财产和基础设施的因素及其发生的可能性进行识别是保安评估的重要工作，专家委员会可以根据港口设施的特点，选择风险矩阵法、故障树分析法、预先风险分析法等进行识别。识别活动应明确：

（1）港内任何可能会使港口设施成为攻击目标的因素。

（2）对港口设施的攻击或在港口设施发动的攻击可能会造成的人员伤亡、财产损失、经济破坏（包括运输系统破坏）的后果。

（3）有可能发动此种攻击者的能力和意图。

（4）攻击的可能类型。

一般情况下，识别活动应考虑下述保安威胁事件：

（1）通过爆炸、纵火、毁坏或恶意行为损坏、破坏港口设施或船舶。

（2）劫持、占领船舶或劫持船上人员。

（3）损坏货物、船舶关键设备或系统、船舶物料。

（4）未经允许进入或使用港口设施。

（5）走私武器或设备，包括大规模杀伤性武器。

（6）使用船舶运输企图制造保安事件的人员和/或设备。

（7）利用船舶作为制造损坏或破坏的武器或方法。

（8）阻塞港口入口、船闸、航道等。

（9）核攻击、生物攻击和化学攻击。

如果港口附近存在下列建筑时，港口所在地港口行政管理部门应当与这些建筑的所属单位进行磋商、处理：

（1）可在港口设施内造成破坏。

（2）可被用于对港口设施造成破坏。

（3）可被用于非法窥测港口设施。

（4）可被用于分散保安注意力。

四、港口设施保安应对措施的确定

在调研、分析的基础上，确定港口设施结构、安全体系、营运流程存在的缺陷，以及可能导致保安事件的其他薄弱环节，制定用于消除或降低这些薄弱环节的措施。

（一）确定安全体系及措施的参考因素

（1）从水路和陆路进入港口设施的通道和停靠在港口设施的船舶。

（2）码头、设施和相关结构的结构完整性。

（3）现有保安措施和程序，包括识别系统。

（4）无线电和通信设备、港口服务和公用设施，包括计算机系统和网络的保护措施。

（5）在攻击中可能被利用的附近区域。

（6）与保安公司签订的协议。

（7）安全和保安措施之间的矛盾。

（8）港口设施和保安职责间的矛盾。

（9）实施保安措施和人力资源的矛盾。

（10）培训、演练和演习中发现的缺陷。

（11）日常作业中、发生事件或警报后、报告保安事件时、采取监督措施和进行审核时发现的缺陷。

（二）保安措施的鉴别、选择和优化

依据对可能威胁财产和基础设施的因素及其发生可能性的识别结果，以及相应的保安要求，鉴别、选择保安措施，优化保安方案。可参考下列因素进行：

（1）保安措施的可行性和合理性。

（2）港口设施所有人、经营人、管理人以及相邻建筑物的所有人、经营人接受保安措施的可能性。

（3）发生过的保安事件。

（4）港口设施运营的情况。

五、港口设施保安评估报告

在上述工作基础上，编制《港口设施保安评估报告》，该报告应实事求是、系统全面、突出重点、层次分明、数据准确、图表规范清晰，充分反映港口设施保安评估的主要内容、过程及方法。评估报告章节设置应分为前言、编制说明、港口设施保安现状调查与分析、港口设施保安风险评估、港口设施保安应对措施、评估结论、附件、附录等部分。

我国《港口设施保安规则》规定，保安评估每5年进行一次，但是港口设施主要设施发生重大变化，或其功能发生变化，保安组织、通信系统、保安协调程序发生重大改变，发生了保安事

件等重大变化时，应当及时重新进行评估。

第三节　港口设施保安计划

《港口设施保安计划》是指港口设施经营人或者管理人根据保安评估报告，为确保采取旨在保护港口设施和港口设施内的船舶、人员、货物、货物运输单元和船上物料免受保安事件威胁的措施而制订的计划。我国《港口设施保安规则》规定，港口设施经营人或者管理人根据《港口设施保安评估报告》、交通运输部提出的修改意见和建议制订《港口设施保安计划》。

一、制订保安计划的基础工作

制订《港口设施保安计划》应首先组建项目组，开展现场调查，明确保安计划适应对象和范围，建立保安联系和通信系统，参考《JT/T780-2010 港口设施保安计划制订导则》等完成。

（一）港口设施现场保安工作调查

本阶段调查工作主要是基于《港口设施保安评估报告》进行。项目组需要调查《港口设施保安评估报告》通过评审后的港口设施变化情况，重点包括港口设施的设备设施和生产经营情况；调查了解港口设施保安工作状况、保安组织机构的建立及其运行情况、保安规章制度的制定与执行情况、保安应急预案的制定及训练、保安事件的发生过程及处置等。

另外，项目组应确认港口设施经营人或管理人是否已根据《港口设施保安评估报告》，对港口设施的保安隐患和薄弱环节采取整改措施；是否针对风险较高的潜在保安威胁事件采取降低风险的应对措施；是否针对风险较低的潜在保安威胁事件采取必要的应对措施等。

（二）明确港口设施保安组织及职责

港口设施经营人或管理人应成立保安工作领导机构及必要的辅助机构，确定港口设施保安主管及负责实施《港口设施保安计划》的部门，明确主管人员及其职责。保安工作领导机构及部门、保安主管、相关人员之间必须明确有效的保安联系与通信方式。

二、制订保安计划

《港口设施保安计划》应实事求是、系统全面、措施得当、重点突出、内容简洁、图表规范清晰，充分反映港口设施的保安措施、保安工作程序和相关部门及其人员的职责。保安计划一般包括前言、概述、保安组织及职责、联系及通信系统、保安措施、工作程序、培训与演习等内容。

（一）前言及概述

前言主要介绍港口设施的简况、《港口设施保安评估报告》的评审、《港口设施保安计划》制订的必要性及其制订过程等。概述则包括制订计划的目的和意义、制订依据、主要内容、适用范围、分发与保管、维护与更新以及保密要求等。

（二）保安组织及职责

本部分内容主要介绍保安组织的构成、各相关部门与人员的保安职责等。

（三）保安联系及通信

保安联系与通信系统包括：

（1）保安联系与通信系统的构成及工作原则。

（2）保安组织内部联系与通信。

（3）保安组织外部联系与通信。

（四）港口设施保安措施

本部分主要包括下列内容：

（1）概述。

（2）保安隐患和薄弱环节的整改措施及风险较大的潜在保安威胁事件的应对措施。

（3）周界与通道的保安措施（包括1、2、3级保安状态）。

（4）限制区域的保安措施（包括1、2、3级保安状态）。

（5）货物装卸活动的保安措施（包括1、2、3级保安状态）。

（6）船舶燃、物料交付活动的保安措施（包括1、2、3级保安状态）。

（7）无人照管行李的保安措施（包括1、2、3级保安状态）。

（8）保安设备设施的保安措施（包括1、2、3级保安状态）。

（9）保安声明的签署。

（五）港口设施保安工作有关程序

本部分主要应包括以下内容：

（1）保安信息与保安事件报告程序，包括港口设施内部报告程序；向所在地港口行政管理部门、相关部门和机构以及上级交通运输（港口）主管部门报告保安事件的程序；报告程序中包括对报告的形式、内容、优先顺序及信息反馈等方面的具体要求。

（2）保安事件的信息发布程序。

（3）对保安状况受到的威胁或者破坏做出应急反应的程序。应急反应程序应根据港口设施实际情况确定，通常包括恐怖袭击事件、可疑人员与车辆、疑似爆炸装置、武装袭击、绑架和劫持活动、恐怖威胁、在港船舶遭到爆炸袭击、食品和饮用水被投毒、纵火、偷渡、走私或贩毒活动、变配电系统遭到破坏、蓄意损坏港口设施或发生重特大盗窃案件、计算机信息系统遭受攻击等应急反应程序。

（4）便利船上人员登岸或者人员变动以及来访者上船的程序。

（5）与船舶保安活动进行配合的程序，特别是港口设施的保安等级低于船舶的保安等级时，港口设施应当采取的程序和保安措施。

（6）对国家交通运输主管部门在3级保安状态下发出的保安指令的反应程序。

（7）在保安状况受到威胁或者港口设施被破坏情况下撤离人员的程序。

（8）港口设施内船舶的保安报警系统被启动后做出反应的程序。

（9）针对于曾靠泊过非缔约国港口的船舶、不适用ISPS规则的船舶以及固定（浮动）平台或者移动式海上钻井平台进行船/港界面活动的程序。

（六）港口设施保安培训、训练和演习

保安计划的该部分主要包括以下内容：

（1）保安培训，包括各级交通运输（港口）主管部门组织的培训及港口设施经营人或管理人组织的培训等。

（2）保安训练，包括训练方案、过程记录、评估、存档等。

（3）保安演习，参加并配合各级交通运输（港口）主管部门组织的保安演习。

（七）保安费征收和使用

本部分主要列出保安费征收和保安费使用等事项。

（八）保安规章制度与履约工作台账

本部分主要包括以下内容：

1. 保安规章制度

（1）人员、车辆、物料进出港管理制度。

（2）保安工作相关人员职责。

（3）限制区域管理制度。

（4）证件发放、使用及回收管理制度。

（5）保安设备设施使用与维修管理规定。

（6）保安巡逻制度。

（7）保安教育与培训制度。

（8）保安信息、保安事件报告与调查制度。

（9）保安声明签署制度等。

2. 保安应急预案

（1）火灾应急预案。

（2）人员伤亡事故应急预案。

（3）电力中断应急预案。

（4）紧急撤离应急预案。

（5）危险货物泄漏事故应急预案等。

3. 保安履约工作台账

（1）《港口设施保安符合证书》及港口设施人员保安培训证书。

（2）各级交通运输（港口）主管部门关于保安工作的文件、通知。

（3）本公司有关保安履约工作的通知、规定、文件等。

（4）日常教育、学习、培训等情况记录。

（5）保安事件发生及应对情况记录。

（6）保安训练、演习的记录、总结。

（7）保安设备设施的运行状况及维修情况记录。

（8）门卫关于进出人员、车辆、物料的检查登记情况。

（9）保安隐患、薄弱环节的整改完善情况。

（10）《港口设施保安计划》的修订、补充、完善情况。

（11）《港口设施保安符合证书》年度核验申请书、年度履约工作报告。

（12）历次保安活动多媒体汇报演示材料。

（13）保安费的征收及使用情况等。

（九）附件

附件主要包括以下内容：

（1）港口设施经营人或管理人申请审批《港口设施保安计划》的文件。

（2）国家交通运输主管部门的审查意见（限于复审或备案的《港口设施保安计划》）。

（3）根据审查意见对《港口设施保安计划》所做的修改说明（限于复审或备案的《港口设施保安计划》）。

（4）《港口设施保安计划》的修改记录表。

（十）附录

附录主要包括以下内容：

（1）港口设施保安相关图件，包括但不限于地理位置、周边环境、总平面布置、周界及通道布置、保安监控设施、照明设施、紧急疏散路线等。

（2）港口设施人员保安培训证书、原有《港口设施保安符合证书》（复印件或影印件）。

（3）与相关单位签订的保安协议（复印件）。

（4）重要保安规章制度及应急预案。

三、《港口设施保安计划》制订、批准程序

《港口设施保安计划》的制订、批准程序如图6-2所示。

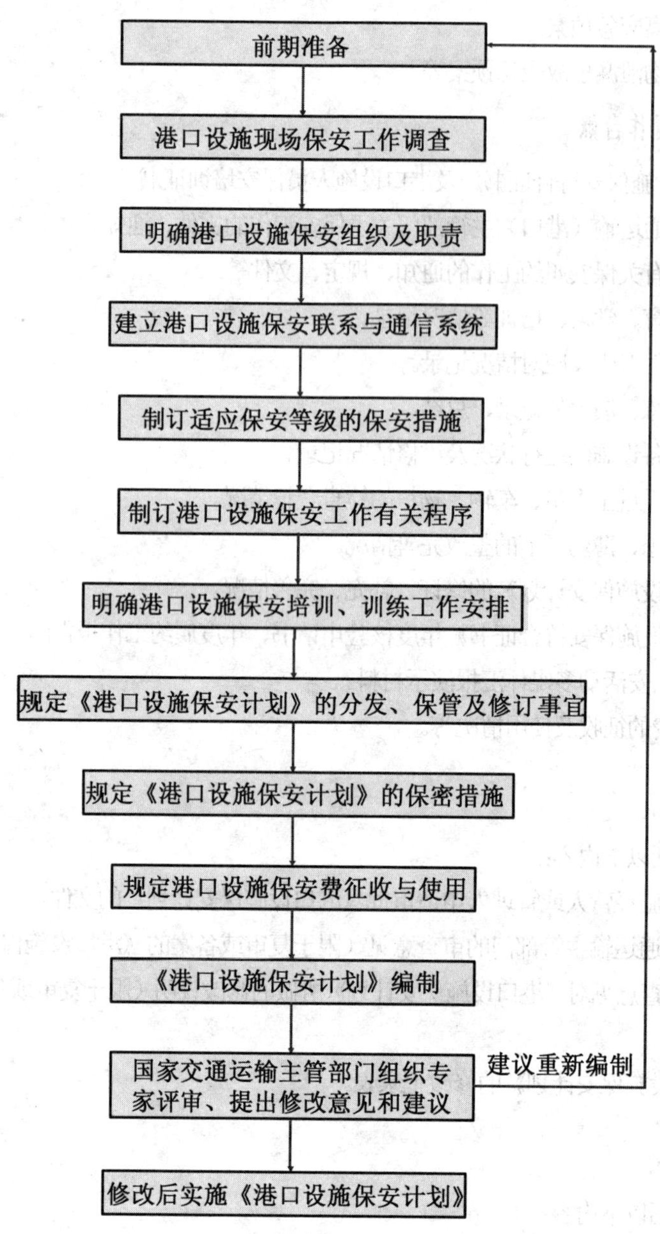

图6-2　保安计划制订、批准程序

第四节　港口危险货物保安

《国际海运危险货物规则》（下称《国际危规》）自第32套修正案开始，增加了第1.4章海运危险货物保安规定，建议各国主管机关制定补充保安规定，以便在提供或运输危险货物时，有关方面遵守这些规定，以保证人命、财产安全和社会的安定。该章引言部分强调，国家主管机关可以应用附加的保安规定，这一点应在交付运输或运输危险品时考虑。

就危险货物的海上运输而言，《国际危规》第1.4章列出了对公司、船舶和港口设施保安的一般规定，对岸上人员的一般规定；列出有可能被恐怖分子滥用的、后果严重危险货物清单，并推荐了监控这些后果严重危险货物运输的保安计划内容。

一、对公司、船舶和港口设施的一般规定

《国际危规》(34-08版）第1.4.1.1为强制性要求，规定经修订的《1974年国际海上人命安全公约》第XI-2章和《国际船舶和港口设施保安规则》A部分的有关规定适用于从事危险货物运输的公司、船舶和港口设施，并且在适用1974年SOLAS公约第XI-2章时考虑到ISPS规则B部分的指导。

第1.4.1.2至1.4.1.5章为建议性条款，列出建议如下：

（1）建议SOLAS公约缔约国政府考虑为从事危险货物运输的、总吨位小于500的货船制定保安规定。

（2）从事危险货物运输的任何岸基人员、船基人员和港口设施人员除应知晓ISPS规则的规定外，还应知晓此类货物的保安要求及其相应职责。

（3）公司保安员和公司承担具体保安职责的岸基人员、港口设施保安员和从事危险货物运输的承担具体保安职责的港口设施人员的培训，应包括与这些货物有关的保安知识要素，譬如爆炸物的敏感度、威力和猛度等。

（4）在上款未提及而又从事危险货物运输的所有船基人员和港口设施人员均应熟悉与这些货物相关的、与其职责相应的保安计划的规定。

二、对岸上人员的一般规定

对岸上人员保安的一般规定列于《国际危规》第1.4.2节。本节所指岸上人员不包括ISPS规则A部分第13.1节提到的公司保安员和适当的岸基公司人员，第13.2和13.3节提到的船舶保安员和船基人员，以及第18.1和18.2节提到的港口设施保安员、适当的港口设施保安人员和具有专门保安任务的港口设施人员，这些人员的培训应符合ISPS规则的规定。

对第1.3.1.2节提到的岸上人员建议如下：

（1）从事危险货物海上运输的岸上人员应遵守与其职责相应的关于危险货物运输的保安规定。

（2）岸上人员培训应包括危险货物标志。

（3）保安知识培训内容应包括保安危险特性、保安危险认识、处理和减少危险的方法、发生保安违章事件时应采取的行动、熟悉与其职责相应的保安计划和在实施保安计划时的作用等。

（4）应为招聘涉及危险货物运输的岗位人员提供保安培训或确认受过此培训，并定期提供再培训。

（5）雇主应保存所进行的所有保安培训记录并应在需要时提供给被雇人员。

三、对高风险危险货物的规定

《国际危规》（34-08 版）第 1.4.3 节列出了有可能被恐怖分子滥用、后果严重的危险货物定义和清单，并推荐了监控这些高风险危险货物运输的保安计划内容。该节规定不适用于符合 ISPS 规则中有关船舶保安计划和港口设施保安计划所涉及的船舶和港口设施。

高风险危险货物是指具有在恐怖事件中被滥用的潜在可能，会产生诸如大量人员伤亡或巨大破坏的后果严重的危险货物。其清单如下：

（1）第 1.1 类爆炸品。

（2）第 1.2 类爆炸品。

（3）配装类为 C 的第 1.3 类爆炸品。

（4）第 1.4 类联合国编号为 0104、0237、0255、0267、0289、0361、0365、0366、0440、0441、0455、0456 及 0500 的爆炸品。

（5）第 1.5 类爆炸品。

（6）公路罐车、铁路罐车或可移动罐柜中装运的数量超过 3 000 L 的易燃气体。

（7）有毒气体。

（8）公路罐车、铁路罐车或可移动罐柜中装运的数量超过 3 000 L 的包装类 I 和 II 的易燃液体。

（9）退敏液体爆炸品。

（10）退敏固体爆炸品。

（11）公路罐车、铁路罐车或可移动罐柜中装运的数量超过 3 000 kg 或 3 000 L 的包装类 I 的第 4.2 类易燃固体。

（12）公路罐车、铁路罐车或可移动罐柜中装运的数量超过 3 000 kg 或 3 000 L 的包装类 I 的第 4.3 类易燃固体。

（13）公路罐车、铁路罐车或可移动罐柜中装运的数量超过 3 000 L 的包装类 I 的第 5.1 类氧化液体。

（14）公路罐车、铁路罐车或可移动罐柜或散装容器中装运的数量超过 3 000 kg 或 3 000 L 的第 5.1 类高氯酸盐、硝酸铵、硝酸铵化肥和硝酸铵乳剂、悬浮剂或凝胶剂。

（15）第 6.1 类包装类 I 的有毒物质。

（16）第 6.2 类的 A 项感染性物质（UN2814 和 UN2900）。

（17）第 7 类中在 B（U）型或 B（M）型或 C 型包件中数量超过 3 000A_1（特殊形式）或 3 000A_2 的放射性物质（视适用情况而定）。

（18）公路罐车、铁路罐车或可移动罐柜或散装容器中装运的数量超过 3 000 kg 或 3 000 L 的第 8 类包装类 I 的腐蚀性物质。

针对上述高风险危险货物，发货人及运输相关人员应采用、实施和遵守的保安计划至少应包括《国际危规》第 1.4.3.4 所述要求，内容如下：

（1）相应的主管机关为履行其职责而专门分配给适任人员的保安职责。

（2）所运输的危险货物记录或危险货物类型。

（3）对现有操作的审查和易受破坏性的评估，包括多式联运、临时中转储存、装卸和分类（视适用情况而定）。

（4）各种情况的清晰表述，包括：

①培训、方针（包括对高度威胁情况的反应、新雇员/招聘审核等）；

②操作实际，如已知路径的选择和使用、在临时储存处如何接近危险货物、与易受破坏的基础设施的接近程度等；

③拟用于降低保安风险的设备和资源。

（5）对保安威胁、保安违章或相关事件报告和处理的有效和最新程序。

（6）保安计划评估和测试程序以及对该计划进行定期审查和更新的程序。

（7）确保保安计划中所涉及的运输信息安全的措施。

（8）确保运输信息传播尽一切可能受限的措施（这些措施不得妨碍本规则第5.4章所要求的运输单证规定）。

对于放射性物质，如果满足《核物质物理防护公约》和国际原子能机构INFCIRC/225（Rev.4）的规定即视为符合《国际危规》保安规定。

第五节　美国港口保安措施介绍

自“9·11”事件之后，美国联邦政府实施了旨在保证港口安全的多层防护战略，投入了大量经费支持港口保安建设。用于港口保安的经费仅在“9·11”事件发生的2001财政年度就达到2.59亿美元。目前美国在港口保安方面采取的措施有：

1. 筛选和检查

所有货物在到达美国港口之前，美国海关与边境保护局（CBP）采用智能和尖端的技术手段对其进行筛选，并检查所有经过筛选确认为高风险的货物。

2. 集装箱安全倡议（CSI）

授权CBP与货源国海关协同工作，集装箱货物装船发往美国之前，在货源国港口检查高风险集装箱货物。2006年底，全球已经有约50多个大型集装箱港口加入CSI，这些港口输往美国的集装箱占总量的80%；目前已有更多的港口加入CSI，使加入CSI的港口输往美国的集装箱占集装箱总量的90%以上。

3. 24 h规则

根据该规则的要求，发往美国集装箱的舱单信息需要在该集装箱装船发运前24 h提供给CBP，CBP可能拒绝高风险集装箱在货源国港口装船。

4. 海关贸易反恐合作计划（C-TPAT）

目前加入C-TPAT的贸易商已经超过10 000个。考虑到港口保安不仅涉及货物运输公司，也涉及为货物提供各种服务的公司，CBP与这些贸易商合作提高供应链以及集装箱保安的基本标准。

5. 应用尖端技术手段

CBP通过实施分层防护策略，组合应用尖端探测技术、完善的定位和通信系统，保证美国港口的安全。目前CBP应用的主要信息、检查和监视技术包括以下一些内容。

（1）放射线入口监视器：它提供了一种被动的、非浸入式的检查方法，探测从核设备、炸弹、特殊核材料、自然资源、在药物和工业上使用的同位素中发出的放射线。全美国计划安装800多台放射线入口监视器，目前已经安装了690多台。

图6-3　纽约港自由女神像

（2）人员放射线探测器：这种探测器小而灵敏，在使用中如果探测到放射线就会发出警报。在港口入口的CBP官员以及在公路检查站的CBP巡逻人员使用这种探测器的总数量近12 500台。

（3）放射性同位素识别器：手持式放射性同位素识别器能够探测到γ射线和中子射线。目前已经应用了560多台这种仪器。

（4）大型X射线或γ射线成像系统：利用大型X射线或γ射线成像系统生成载货集装箱、火车车厢、车辆以及拖挂车上货物的图像，以确定车载货物与载货单上所列货物是否一致。目前使用了176套这类系统。

（5）爆炸物和毒品探测系统：爆炸物和毒品探测系统可以探测和识别痕量（极少数量）和可测量爆炸物或者毒品，可以利用便携取样设备取样。

（6）便携式违禁品探测器：便携式违禁品探测器能够探测出藏在轮胎、仪表盘、挡泥板等表面不透明物体内部密度异常的物品，能够快速和容易地检查进入港口的车辆。

（7）自动目标定位系统：自动目标定位系统可以通过收集和分析货物运输数据，辨别和选择高风险货物以便进一步检查。

（8）综合自动指纹识别系统：将实时扫描获得的指纹信息与印记数据库中的信息进行比对，快速识别出有犯罪记录的人员，该系统已经应用在150多个美国口岸。

（9）警犬探测队：目前CBP在美国口岸配备有600多支警犬探测队，能够识别毒品、散放纸币、人员、爆炸物、农业有害物以及化学武器。

第七章　港口设施保安培训与演习

第一节　港口设施保安培训的一般要求

每一港口应为每个港口设施指定一名港口设施保安员，一人可以作为一个或数个港口设施的港口设施保安员。ISPS 规则要求港口设施保安员和适当的港口设施保安人员应具备相应的专业知识并接受培训。

一、港口设施保安员和负责具体保安职责的港口设施人员应具备的主要知识

ISPS 规则 B 部分中指出，港口设施保安员和负责具体保安职责的港口设施人员都必须具备以下知识并接受培训：

（1）了解当前的保安威胁及其特征。

（2）辨认和检查武器、危险物质和装置。

（3）在非歧视的基础上，辨认可能威胁保安者的特点和行为模式。

（4）用来逃避保安措施的技术。

（5）搜身和非侵犯性检查方法。

二、我国交通运输部对港口设施保安员培训方面的要求

为全面履约，中华人民共和国交通运输部 2007 年第 10 号令颁布了《中华人民共和国港口设施保安规则》，对我国港口设施保安工作做出了具体的规定，同时，也对港口设施保安员的培训提出了具体的要求，并委托交通运输部水运科学研究所组织全国港口设施保安培训。

（一）参加培训的人员要求

根据交通运输部的要求，港口设施保安主管及下列从事港口设施保安工作的人员，应当按照 ISPS 规则的有关要求，完成交通运输部规定的港口设施保安培训，具备履行其职责的知识和能力：

（1）从事港口设施保安行政管理工作的人员。

（2）从事港口设施保安评估的人员。

（3）制订《港口设施保安计划》的人员。

（4）参加《港口设施保安评估报告》、《港口设施保安计划》审查批准和预审工作的人员。

（5）港口设施经营人中主管安全、生产的副总经理。

其他从事与港口设施保安有关工作的人员，应当按照 ISPS 规则的有关要求，经过相应的培训，具备履行其担任职责方面的知识和能力。

（二）港口设施保安人员参训人数要求

履约工作开始以来，各港口管理部门和港口企业普遍反映，港口设施保安员的数量和水平都与公约要求存在一定的差距，在此情况下，根据全国港口设施保安履约阶段性工作总结会议精神，并结合《关于发布〈港口设施保安符合证书年度核验办法〉的通知》中的有关规定，交通运输部通过的规范性文件，在《关于再次举办港口设施保安培训的通知》（厅水字[2005]109 号）中提出了新的、更高的配员要求。2007 版《港口设施保安规则》也沿用此标准，要求各级交通（港口）管理部门港口设施保安履约工作组应当保证有 8 名以上相关工作人员接受过培训，并持有《港口设施保安岗位资格证书》；泊位等级在万吨级以上的码头应当至少配备 6 名具有《港口设施保安岗位资格证书》的人员，泊位等级在万吨级以下的码头应当至少配备 3 名具有《港口设施保安岗位资格证书》的人员，这些人员中包括主管港口设施生产或安全的经理和参与保安的工作人员。这种规定，使得无论在港口管理部门还是在港口企业，都有充足的港口设施保安方面的人力资源储备，从而更好地保证港口设施保安工作的顺利开展。

（三）培训内容

培训内容包括港口设施保安评估方法、保安计划的编制与执行、保安符合证书年审程序与方法、国际履约情况和 IMO 要求、保安技术与设备知识、演练演习方案与组织等。

（四）考核、发证

国务院交通主管部门（或其委托的培训机构）对参加港口设施保安培训并考试合格的人员颁发《港口设施保安岗位资格证书》。从事相关工作必须持有相应的资格证书。

（五）港口设施保安的培训方式

《港口设施保安规则》规定了交通运输部（或其委托的培训机构）进行港口设施保安培训，并未禁止地方港口管理部门和港口企业结合自身情况，根据需要举行多层次的、不同方式的港口设施保安培训。

（1）港口设施保安员及辅助人员、港口设施分管生产与安全的领导必须接受交通运输部组织的港口设施保安培训，通过考试获得交通运输部颁发的《港口设施保安岗位资格证书》。

（2）负有具体保安职责的人员应接受港口设施保安员、港口设施安全保卫部门组织的内部培训，并通过考核。

（3）港口设施其他人员接受港口设施安全保卫部门组织的内部培训。

（4）港口经营人或管理人应当根据各保安岗位的工作特点，聘请专家对相关人员进行专项培训，以提高保安技能。

（5）在港口设施内部，可以通过开展上岗前保安教育、宣传贯彻保安管理规章制度、发放宣传册、设立保安标牌或告示等方式进行保安培训。

第二节　港口设施保安演习与演练的实施

根据SOLAS公约、ISPS规则、我国《港口设施保安规则》和《港口设施保安演练演习指导意见》的要求，必须切实做好港口设施的保安演练、演习，保证各港口设施所制订的《港口设施保安计划》得以有效实施。

一、港口设施保安演练、演习的定义及区别

演练是指以港口设施为单元，根据港口设施运营类型、港口设施所服务的船舶类型和其他相关情况，对《港口设施保安计划》所规定的保安措施、程序部分或全部项目的练习。

演习是指以港区或港口为单元，根据船/港界面活动所涉及的各项保安要求进行的多级和/或多部门参与、多单位协同进行的练习。

二者之间的区别体现在以下几个方面：

1. 组织者不同

港口设施保安演练由港口设施经营人或管理人负责组织；港口设施保安演习由各级交通（港口）行政管理机关或港口企业组织实施，港口设施经营人或管理人应当参与演习。

2. 规模不同

港口保安演练由港口设施内的相关部门和人员参加，涉及人员一般为港口设施内相关各部门的人员；港口保安演习的参加者包括，但不限于各级交通（港口）主管部门、各级保安组织、相关部门、港口设施保安员、船公司保安员、船舶保安员等。

3. 目的不同

港口保安演练的目的在于验证、评价和提高港口设施保安人员的具体操作技能与反应能力，确保港口设施的人员能够熟练地履行各级保安状态下所承担的保安职责；港口保安演习的目的是验证、评价和提高港口设施保安人员的综合反应能力，强调各级保安组织、各相关部门的整体反应和协调配合能力。

4. 内容不同

一般情况下，港口设施保安演练是针对保安计划中的一项或多项保安措施（可以具体到保安计划中的某章节内容）或保安应急反应程序进行操练；港口保安演习则是对1、2、3级保安状态下，各项保安措施及特定保安事件情景下应急反应程序的综合操练，重点应测试通信、协调、资源的可用性和反应。

二、演练、演习的指导思想和宗旨

以《港口设施保安规则》、《港口设施保安演练演习指导意见》为指导，认真落实各港口设施保安计划所确定的各项保安措施，模拟保安事件情景和港口设施现场实景，在近似实战的条件下，

立足现有保安组织机构、保安装备、保安措施、保安联络，高标准地组织演练和演习，进一步提高港口设施快速反应和协调作战的能力，并使港口设施人员能够熟练地履行各保安等级所承担的保安职责，加强和保持港口设施保安所需的应急准备与应急反应能力。港口保安演练和演习的重点是强调可操作性。

三、总体要求

ISPS 规则对港口设施保安演习和演练做出了具体规定：

（1）为确保有效实施《港口设施保安计划》的规定，应至少每 3 个月进行一次演练，除非具体环境另行需要。

（2）可能有港口设施保安员、缔约国有关机构、公司保安员、船舶保安员（如有）参加的各类演习应至少每日历年进行一次，两次演习间隔不得超过 18 个月。这些演习测试通信、协调、资源的可用性和反应。这些演习可以采用如下方式：

①全方位或实况演习；

②桌面模拟或讨论会；

③与其他演习（如搜救演习或应急反应演习）合并。

各港口设施的保安演练、演习都应立足实战，保证各种保安事件发生后，相关人员能够及时准确地按照《港口设施保安计划》规定的内容完成操作。演练和演习应对批准后的《港口设施保安计划》中所规定的各项软硬件保安措施进行测试，使每一项保安措施都能得到落实。演练与演习应当分别或结合进行。演练、演习不能影响社会公众正常的生产和生活。

四、组织领导

根据演习规模大小，可以成立相应的演习组织机构。

演习可以成立指挥机构，其职责是：确定任务、审定方案、明确分工、核准计划、协调关系及解决疑难问题。

保安演习可以设总指挥和现场指挥，并可根据工作需要，视情成立下列专门小组，具体负责制定演习实施方案、落实《港口设施保安计划》中的各项保安措施、现场指挥与协调、安全保卫、物资经费的保障工作等，参与港口保安演习的各专门小组应优势互补、信息共享、协同作战、高效联动。

1. 综合协调组

主要职责是制定演习实施方案；综合信息，及时向演习总指挥和现场指挥汇报演习动态，传达总指挥和现场指挥指示精神，协调各参演单位的工作开展；向演习涉及的毗邻地区及时通报有关信息，并根据处置工作需要，承担与相关区域的联系、沟通和协调工作。

2. 治安警戒组

主要职责是组织力量对演习范围实施警戒、交通管制、疏散和撤离人员等。

3. 工程抢险组

主要职责是组织抢修被损坏的公共交通、通信、供水、供电、供气等基础设施，开展工程抢险、加固和清理现场等工作。

4. 医疗救护组

主要职责是迅速组织专业救护机构、人员开展现场救护、院前急救、专科医救、卫生防疫等工作。

5. 信息报送组

主要职责是实时记录演习开始、进展及完成情况，组织起草有关通报、简报等文字材料，按规定向演习总指挥和现场指挥、参与演习的相关部门报送信息，确保实现音频、视频、数据等信息的双向传递。

6. 物资保障组

主要职责是根据演习总指挥以及现场指挥部要求监督各类保安物资。

7. 交通运输组

主要职责是组织运送演习参与人员及保安设备等。

8. 环境处理组

主要职责是快速查明演习可能产生的主要污染源、污染种类以及污染影响，在职责范围内及时控制污染的扩散，消除危害，并对潜在危害继续监控。

9. 消防控制组

主要职责是对演习过程中可能发生的火灾进行探测、预警、处理及控制。

10. 调查评估组

主要职责是对演习进行分析、评估和总结。

由于演练的规模一般较小，科目较少，不一定要成立专门的演练组织机构，如港口设施经营人的安全保卫部门就可以组织某一类科目或程序的演练。当然，根据需要，演练也可以成立专门的临时性指挥机构，或在保安计划中规定由港口设施保安领导小组兼任。演练专门组织机构的设立，可以参照演习的相关规定。

五、演练、演习的方案编制与准备工作

（一）演练、演习方案的编制

进行港口设施保安演练、演习前，演练、演习的组织者应当会同当地的港口管理机构港口设施经营人、相关部门，按照已有的《港口设施保安计划》和应急反应程序，组织编制周密的演练、演习方案。

当《港口设施保安计划》规定的内容实现了完全的分解和可操作，能够落实到具体的岗位、操作人，并能具备完成时限、措施、实施顺序、协调等因素，则可以将《港口设施保安计划》规定的各类保安措施或程序进行分科目操练，无需另外编制演练方案。此时，《港口设施保安计划》的相关内容构成了演练方案，例如：

（1）港口设施通道和出入口的保安措施。

（2）港口设施限制区域的保安措施。

（3）港口设施使用 CCTV 系统对港区进行保安监控的措施。

（4）在港口设施码头水域组织公安巡逻艇、海事巡逻艇进行水面保安。

（5）港口设施保安员向主管部门报告假定的保安事件的程序。

（6）港口设施保安员与船舶保安员进行联络和交换保安信息的程序。

（7）保安人员在港口内对假定的可疑人员、车辆或集装箱进行检查、处理的程序等。

当《港口设施保安计划》规定的内容无法实现分解操作，或当港口设施要进行各部门协同性的演练、演习时，港口设施应当制定港口设施保安演练、演习方案。首先选择一个符合港口设施实际情况的、适当的保安事件情景，即以书面描述方式对某一保安事件、保安威胁情况做出说明，包括事件界定、事件演变过程、事件状态特征等。然后，结合《港口设施保安计划》编制适当的演练、演习方案，其内容是通过对保安事件情景进行适当剪裁、压缩或扩展，详细说明剪裁、压缩或扩展后保安事件的特征与进程，并标明相应的预期反应行动。此种演练演习方案通常应包括以下要素：

（1）演练、演习的具体目的与要求。

（2）时间安排。

（3）参演部门、单位及人员。

（4）具体演练、演习内容（包括科目）。

（5）设定的保安等级或保安事件情景。

（6）演练、演习的观摩。

（7）演练、演习的记录与评估。

（8）演练、演习过程中保障人员、观摩人员等的职责、任务和相互关系。

（二）演练、演习的准备工作

为了保证演练、演习的实际效果，在演练、演习开始前，应完成以下准备工作：

（1）有关文件和方案编制、组织安排、任务分配、设施与设备准备、后勤与经费保障。

（2）演练、演习前应当做好有关的公众信息沟通工作，同时要做好与新闻宣传和有关政府部门的信息沟通工作。

（3）演练、演习前，组织者应根据演练、演习方案做好演练、演习过程中发生事故或其他意外事件时的应对预案。

（4）做好现场记录准备。

六、演练、演习的具体实施

演练、演习应当按照《港口设施保安计划》规定的程序和演练、演习方案设定的实施方式组织实施。

演练、演习的实施可以如下三种方式进行：

（1）训练式演练、演习。参加演练、演习的全部人员知晓演练、演习方案，所有参演人员均按照方案进行操演。

（2）测试式演练、演习。参加演练、演习的部分人员知晓演练、演习方案，其他参演人员应根据《港口设施保安计划》和指挥中心的信息、指令做出反应。

（3）实战模拟式演练、演习。参加演练、演习的人员除指挥中心外均不知晓演练、演习方案，演练、演习开始后，由指挥中心发布演练、演习情景，并发出适当的指令，参演人员根据现场情况和指令，根据《港口设施保安计划》和有关程序自主做出反应。

港口设施保安演练、演习也可与其他演习（如消防演习、海上防污染演习、防空演习等）联合进行。但必须说明的是，港口设施保安是一项以防范和化解恐怖及其他违法犯罪活动为主的工作，其工作的重点是预防，而非事后处置。演练、演习应当充分注意到这一点。

港口设施保安员应当参加演练、演习的组织和方案的制定，并如实记录演练、演习全过程，以备港口行政管理机关的抽查。记录的内容至少应当包括：演练、演习的时间，地点，组织单位，操作项目，参加人员，演练、演习过程及进展，《港口设施保安计划》规定措施的实施情况，发现的问题及改进方法等。

演练、演习的记录在有条件的地方应当采用摄像的方式进行。图 7-1 为某港口设施保安演习的镜头之一。

图 7-1　港口设施保安演习

七、评估及总结

港口设施保安演练、演习结束后，应当进行评估。评估由演习总指挥组织进行，参演各部门参加，并应做出书面评估报告，港口设施保安员应将评估结果记录备查。

评估应对所有参演岗位和人员的操作及反应能力做出评价。评价标准包括：

（1）参演岗位及人员能否在规定时间内正确进行所要求的操作及反应。

（2）各岗位及人员能否协同配合完成各项操作及指令。

（3）行动过程是否出现失误及失误大小。

（4）各级、各部门的保安联络实现状况。

（5）演练、演习方案和/或《港口设施保安计划》内容的完成情况等。

演练、演习的组织者应在演练、演习结束后组织参演单位和人员进行总结，结合评估报告讨论研究演练、演习的经验教训，提出修改《港口设施保安计划》和改进相关程序的建议，并写出书面总结报告。该报告应作为《港口设施保安计划》修订的重要依据之一。

演练或演习记录、评估报告、书面总结应当与《港口设施保安计划》一并保存。

第八章　全球海盗活动的状况

海盗行为作为一种针对海洋运输或渔业船舶以盗窃或抢劫为手段的非法获利行为，实际上是航海业衍生出来的非法行为，它几乎是在航海业产生的同时产生，并伴随着航海业的发展与繁荣。可以说，只要有航海活动的存在就不可避免要面对海盗行为的威胁。就海盗的活动范围看，东南亚、非洲、南亚和南美洲附近海域一度是海盗活动的热点地区。

第一节　海盗行为

1982 年《联合国海洋法公约》第 101 条对海盗行为做了明确定义。

（1）私人船舶或私人飞机的船员、机组成员或乘客为私人目的，对下列对象所从事的任何非法的暴力或扣留行为，或任何掠夺行为：

①在公海上对另一船舶或飞机，或对另一船舶或飞机上的人或财物；

②在任何国家管辖范围以外的地方对船舶、飞机、人或财物。

（2）明知船舶或飞机成为海盗船舶或飞机的事实，而自愿参加其活动的任何行为。

（3）教唆或故意便利①或②项所述行为的任何行为。

而我们所探讨的船舶保安防海盗中所指的海盗行为，实际范畴超出了《联合国海洋法公约》中的定义。例如曾经在马六甲海峡内发生的几乎所有的案件，都是在领海内而不是在公海上；还有相当多的案件是发生在船舶在港锚泊或靠泊期间。另外各种国际国内防海盗组织经常或定期发布的海盗情况报告，也无一例外把在公海以外的诸如经济专属区、领海，甚至港口和内水发生的海盗案件统计在内。

因此，一般我们所指的海盗行为，应该采用国际海事组织（IMO）海事安全委员会在其第 984 号公告（MSC/Circ.984）中对“海盗行为”与“对船舶之武装抢夺”做出的定义，其中“海盗行为”（Piracy）采用 1982 年《联合国海洋法公约》对于“海盗行为”的定义；“对船舶之武装抢夺”（Armed robbery against ships）的定义则指“在任何国家可以行使管辖范围之内，除了‘海盗行为’之外的直接对于船舶、船上之人员或财产之非法的暴力、扣留或掠夺行为或者因此之威胁行为。”

目前国际海事组织所讨论及统计的海上暴力及武装抢夺案件，皆来自上述“海盗行为”与“对船舶之武装抢夺”两种定义。

最早的海盗记录出现在公元前 1350 年，这被记载在一块黏土碑文上。在这期间，腓尼基人和其后的迦太基人都是优秀的航海家，当然，他们也是当时地中海横行无忌的海盗，他们打劫商船、掠夺城镇。在罗马人征服了迦太基和埃及之后，整个地中海海域就没有别的国家的船队了，但是

帝国境内，海盗活动依然很活跃，即使强大如罗马帝国，也因为初成气候的海盗而大伤脑筋。从公元前5世纪开始，罗马人就不得不煞费苦心地对付科西嘉和撒勒岛上的海盗，虽然海盗活动的势头受到压制，但是威胁仍然存在。散布在伊利里亚海岸的众多小岛，竟然是那些抢劫过往船只的“野蛮民族”的老巢，他们擅长造船，经常骚扰意大利海岸。女王特塔的王国成了一个真正的“掠夺者的国家”，不断给罗马帝国制造麻烦，直至公元前219年罗马出兵，才结束了她的统治。但是受到部分贪图利益的商人影响，海盗活动并没有受到更严厉的打击，反而有了反弹的势头。在海盗活动日益猖獗的情况下，罗马帝国终于忍无可忍，由庞培将军率战船5 000艘、士兵12万人出征地中海，摧毁了海盗的老窝，让地中海暂时恢复了一段时期的平静。这个时候的海盗们都还只是些打劫商船、杀人放火的小角色，还无法和国家的舰队相抗衡，没有成为统治者们的心腹大患。亚里士多德把海盗行为和游牧、农作、狩猎并称为人类生存的谋生方式。可见在那个时代，海盗行为并无贬义，根本不能和当今的海盗行为相提并论。且古代战争、殖民、劫掠、贸易往往是错综复杂的，很难把它们分开来。

中世纪是海盗的发展期，也是北欧海盗（维京海盗）的成名期。公元800年到1100年，海盗在北欧成为重要的社会角色。8 世纪开始诺曼武士乘船出外征伐劫掠。他们从丹麦、瑞典出发，向南沿着海岸而下，劫掠英格兰、爱尔兰、法国、西班牙并直穿直布罗陀海峡进入地中海，同阿拉伯人拼争；又向东沿着大河进入俄罗斯和欧洲内陆。他们的海盗行为使得人们望而生畏，所到之地无不被迫拿出钱粮以求安生。后来诺曼人因不愿意再回到寒冷的北方，在侵占的地方定居下来，陆续建立了英国的“丹麦区”，法国的“诺曼底”和意大利的“西西里”这样的邦国领地，12世纪后诺曼人的侵略活动才平息下来。后来北欧的土著居民陆续建立起北欧各国。同时期在亚洲东南部沿海、阿拉伯海和波斯湾地区也开始出现海盗。随着13世纪中央集权的衰落，中国沿海的海盗也开始猖獗起来。

海盗的黄金时代是从1691年到1723年。随着新航路的开辟，航海贸易热了起来。新大陆的发现，殖民地的扩张，令世界各地游弋着各种各样满载黄金和其他货物的船只，各国的利益竞争和对殖民地的野心提供了海盗活动最大的温床。当时，英国的私掠船可以随意攻击和抢劫西班牙的货船，并不受惩罚。随着私掠许可证的出现，海盗活动甚至开始“合法化”了，各国利益竞争和对殖民地的野心，让水手们发现将残忍的海盗行为合法化非常容易。后来各国政府使用这些许可证作为国家工具来加强海军，可以使本国在不增加预算的情况下，凭空多出一支能够攻击敌国商船的海上力量。其后的海上霸主英国，就是靠着一群海盗起家的，难怪有人曾戏说全英国就是一大群海盗。一批著名的海盗头子在这个时期涌现出来，基德船长、“黑胡子”蒂奇、“黑色准男爵”罗伯茨等都成了海盗史上的传奇经典。

随着科学技术的发展，尤其是蒸汽机的使用，以及各国海军实力壮大加强了海岸巡逻，海盗在18世纪末到19世纪初的相当长时间里几乎销声匿迹，人们都只是从小说、戏剧、绘画中获知海盗的故事和传奇。

第二节　现代海盗

一、现代海盗形势

自从20世纪80年代开始，随着全球航运业的繁荣和兴旺，海盗又死灰复燃。进入21世纪后海盗活动曾一度衰落，但自2007年以来，海盗活动又呈猖獗之势，尤其是索马里海域发生的海盗活动，在规模、形式和影响等方面都为第二次世界大战以来所罕见。特别是近几年来，全球海盗袭击事件越演越烈。以下是近十几年来全球海盗案件的数字统计：

1999年世界各地报告海盗袭击事件285起。

在2000年全球海盗（案件）达到了一个历史性的高潮，为469起。

在2001年全球海盗（案件）又明显地下降，为335起。

据IMB（国际海事局）驻吉隆坡的海盗举报中心报告，2002年发生了370多起海盗袭击事件，比上一年增加了10%。

2003年共发生445起。

2004年共发生325起，其中印度尼西亚海域93起（2003年为121起），仍然是海盗活动最猖獗的海域。

2005年全世界共发生208起海盗事件，其中近几年逐渐崛起的索马里海盗作案也是从这一年开始大幅上升，从2004年的2起突增到2005年的35起，占当年世界总共上报208起海盗事件的16.8%。

2006年全球共发生海盗案件239起，印尼、尼日利亚、索马里还是占前三甲。

2007年度全球共计发生263起海盗袭击船舶事件，比2006年度的239起上升了10%，其中，非洲的尼日利亚和索马里海域是海盗活动增长最快的区域。

2008年全世界总共发生293起海盗事件，比2007年的263起增加了11%，有49艘船舶被劫，889名船员被劫为人质，此外，有46艘船舶遭到海盗的射击，32名船员受伤，11名船员被杀，21名失踪（据悉已经死亡）。在海盗袭击事件中，有139起使用了枪支，而2007年只有72起海盗袭击事件中使用了枪支。

海盗袭击事件的增加归因于亚丁湾/索马里海盗的猖獗，2008年在索马里以东海面和亚丁湾水域已经发生了111起海盗袭击事件，最多的为9月份共19起，10月份和11月份分别发生了15艘和16艘船被袭击事件，这几乎是2007年同类事件的200%。据联合国官员称，索马里海盗在2008年已收到赎金可能超过1.2亿美元。

据国际海事组织的统计，2009年全球海盗袭击事件的总数为406起，比2008年增加了100起，有8名船员被害，746名船员被扣为人质或遭到绑架，56艘船只被劫持。目前东非沿海发生的袭击数量最多，从2005年到2009年的4年时间里增加了7倍。

2009年索马里附近海域发生海盗袭击事件214起，劫持至少47艘船只，占全球海盗活动的一半以上。2009年10月19日中远集团“德新海”号在在塞舌尔岛东北320 n mile、摩加迪沙东

偏南980 n mile处（1°49′39″S/60°4′49″E）遭索马里海盗劫持，这是第一次中远集团船舶被海盗劫持的案例。

国际海事局发布报告说，2010年全球有53艘船舶遭到海盗劫持，劫船袭击事件445起，较2009年增加10%。与此同时，海盗劫持人质数量也连年递增，其中2006年海盗劫持人质数量为188人次，这一数字到2009年已攀升至1 050人次。

索马里海盗2010年共劫持船舶49艘，占全球被劫船舶总数的92%，劫持人质1 016人次。截至2010年年底，仍有28艘被劫船只、638名人质被索马里海盗扣押。报告还指出，2011年索马里海盗活动范围日趋扩大，袭击范围已延伸至莫桑比克海峡附近海域，并深入到东印度洋海域内。此外，亚丁湾海域海盗去年发起的袭击次数较此前减少了一半以上，全年劫船企图为53次。这主要应归功于各国护航舰队在相关海域护航力度的加强，以及途经货船自我保护意识的增强和打击海盗能力的提高。

国际海事局发布的报告显示，2011年第一季度发生142起海盗袭击船舶事件，创下国际海事局有统计数据以来的新高。2011年第一季度，海盗劫持了18艘船舶和344名船员，其中7人死亡，34人受伤。国际海事局局长波滕加尔·穆昆丹在一份声明中说："过去3个月来发生在海上的海盗和持械抢劫数量比我们有记录以来任一年份的第一季度都多。"

在2011年第一季度的142起案件中，有97起为索马里海盗所为，15艘船在索马里东部海域遭劫，这一区域索马里海盗活动猖獗，截至3月31日，索马里海盗仍扣有28艘船舶和596名人质。大型油船容易成为海盗袭击的目标，在遭遇索马里海盗袭击的97艘船舶中，37艘为油船，其中有20艘载重量超过10万吨。

总之，随着索马里海盗的日益猖獗，世界防海盗的形势将日益严峻。

二、现代海盗的类型

到目前为止，活跃在世界各海域的海盗大致可以分为4种类型。

（一）偷盗者

主要活动在港内、锚地等船舶停泊点，常混在码头工人当中以摸清船员防盗活动规律，等船员放松警惕时混上船舶，或者趁深夜船舶警戒有所放松时爬上船，偷盗油漆、缆绳、钢丝、工具等物品，一般不会威胁到船员和船舶的安全。

（二）小股的海盗

通常由2～10人组成，往往驾驶小型快艇实施攻击，经常冒充执法和水上警务人员进行作案。其惯用手法是先用钩子钩住船只栏杆或外舷，上船后立即对船员实施抢劫并洗劫船上的货物及金钱。另外船上的绳索、艇内发电机、小舢板一类也是其偷窃的目标。这种海盗属于游击性质，他们往往先侦察船只是否有利可图且是否容易得手，然后再行动，一般在得手后迅速逃离现场。

在东南亚海域还有一种非职业类海盗，这类海盗一面是渔民，一面是海盗。他们白天以打鱼为主，但在打不到鱼的情况下，或者在夜晚发现有可攻击的船舶时，他们就是海盗。他们常用的武器一般是刀具或棍棒，他们攻击船舶的方式是群起而攻之，即纠集多条小船，同时向被攻击目标的两侧靠近，然后分散登船。

此类海盗攻击大都发生在内海甚至海岸线附近，并在每年全球海盗攻击案例中占据多数。其危害程度较小，大部分的海盗案件都属于此类，一般只以抢劫货船财物为目标。

（三）有组织的犯罪团伙

此类海盗会不定期地抢劫或偷窃来往船舶的货物，一般在事先都有详细的作案计划，拥有熟练的驾船者、固定的海盗基地和来自可靠渠道的情报。行动时，惯用方法是用两艘船只埋伏在攻击对象必经的水域上，船只之间用一条绳索连接，等到攻击对象挂上绳索把两艘海盗船拖上后，乘机上船进行洗劫。此类海盗属于计划周密、有组织的犯罪团伙，他们的人数虽不多，但一旦出动就会造成巨大危害。攻击目标都是大型船舶，被攻击的船舶往往损失惨重。此类海盗为了巨额利润不惜采用杀人灭口、烧船灭迹等残忍手法。1998 年轰动一时的海盗杀害“长胜”号船船员案就是中国大陆和印尼海盗勾结、谋财害命的有组织犯罪团伙干的。

目前猖獗一时的索马里海盗也属于此类，他们的目的很单纯，就是索要赎金，一般不会杀害船员。甚至有报道说索马里海盗为了获取高额赎金，专门制作可口的西餐喂食西方人质。但如果不能及时得到赎金，他们也会气急败坏，做出伤害人质的事件，例如我国台湾渔船“庆丰华 168”号上就有一名大陆船员被索马里海盗残忍杀害。

（四）属于分离主义者或恐怖分子的海盗

此类海盗属于一种混合体，他们或实为某分离主义组织与恐怖主义组织的成员，或受这些组织的操纵与控制，其目的是将劫掠的钱用来资助恐怖主义行动和分离主义运动，或者以海盗身份从事恐怖活动。这类海盗主要活跃在阿拉伯水域、斯里兰卡海域、印度尼西亚苏门答腊岛北方靠近亚齐附近海域以及靠近南菲律宾海域。其惯用的作案手法是把全体船员杀死后将船只开到隐秘地，重新油漆、更换船字，再度注册后变成所谓的“幽灵船”；或连同货物一起卖出，或用来作为走私人口和贩卖毒品的工具；甚至劫持船舶作为工具，对国家和政权进行自杀式攻击。这是最凶残的海盗，此类海盗在总体中占的比例很小，但危害性最大，也是 ISPS 规则的重点防范对象。

三、现代海盗的活动特点

近年来，全球发生的海盗行为具有以下几个显著特点。

（一）海盗打劫数量激增

20 世纪 90 年代以前，全球海盗攻击事件很少，每年在几起或几十起之内。自 20 世纪 90 年代开始，这一数目开始急剧增加，平均每年都在几百起左右。国际海事局的统计数字显示，海盗行为和武装抢劫船只事件自 2007 年以来屡创新高。2007 年度全球共计发生 263 起海盗袭击船舶

事件，比2006年度的239起上升了10%；2008年全世界总共发生293起海盗事件，比2007年增加了11%；2009年全球海盗袭击事件的总数是406起，比2008年增加了100起；2010年全球海盗共劫持船舶53艘，发起劫船袭击445起，比2009年增加10%；2011年第一季度发生142起海盗袭击船只事件，创下国际海事局有统计数据以来的新高。

（二）海盗活动区域不断扩大

以前劫船事件大都在近岸海域发生，海盗乘坐的也只是渔船；而现在，通过使用海盗母船，其活动范围不断扩展。海盗活动的范围扩展到南美地区的瓜亚基尔（厄瓜多尔）、桑托斯（巴西）和科隆（巴拿马），非洲的索马里、尼日利亚、达喀尔（塞内加尔）、蒙罗维亚（利比里亚）、阿比让（科特迪瓦），以及拉各斯（尼日利亚）附近海域，而东南亚及印度洋东部的海盗活动一直没有停止过。国际海事局发表报告称，索马里海盗袭击活动范围已蔓延至亚丁湾和红海南部海域，阿曼附近的阿拉伯海域，肯尼亚、坦桑尼亚、塞舌尔以及马达加斯加周边的印度洋海域。

就地区分布而言，2008年以前东南亚、非洲、南亚和南美洲一直是世界海盗活动的热点地区，其中东南亚是世界海盗活动最多的地区。根据各国向国际海事局报告的数据，2003年至2008年9月，东南亚共发生海盗事件和未遂海盗事件669起，占同期世界海盗活动总数的38.2%；非洲位居第二，占33%；南亚和南美分列第三和第四位，分别占世界总数的14.7%和11.5%。自2008年以来，世界其他海域的海盗活动则在不断下降，如东南亚海域的海盗活动就在逐年减少。索马里及东非沿岸成为海盗活动增长最快的区域，到2011年第一季度，索马里海盗攻击案件已经占全球海盗攻击案件的68%，使此海域成为近年来航运船舶防海盗形势最为严峻的海域。

（三）海盗人数不断增加，活动内容不断扩展

据报道，仅西非拉各斯海盗团伙成员已有150～200人，而在东南亚还有大量的“业余海盗”。海盗行为内容也不断扩展，不仅从事“常规作业”，还进行贩毒、偷渡、绑票、倒卖船只、参与或主导走私、勾结恐怖分子等犯罪活动。西方情报机构和海事安全部门认为，印度尼西亚海域发生的某些袭击事件与“基地”组织或其他恐怖组织有关联。而美国方面最担心的是恐怖分子可能利用集装箱货船从事恐怖活动，一旦恐怖分子将化学、生物甚至放射性武器藏在某个集装箱里并引爆，其后果不堪设想。还有一些安全专家认为，“9·11”事件后“基地”组织已经组成了一支拥有大约20艘船只的“恐怖舰队”，分布在阿拉伯海和印度洋等海域，随时可能发动恐怖袭击。

（四）海盗装备日趋现代化

海盗的装备日趋现代化，他们配备了各种新式常规武器和精良的装备，利用雷达搜索装置探测海上欲掠夺的目标，甚至干扰货船的通信系统。海盗还通过各种渠道为海盗船只配备了电脑和圆盘卫星天线，通过互联网和世界各地的犯罪集团甚至恐怖分子联系，并随时获取商业信息。此外，他们乘坐的是现代化的快艇和高速摩托艇，航速大大超过20 kn，不但可以避开雷达监视，还可以迅速撤退。装备的现代化使得他们劫持的目标由小型货船发展到油船，从抢劫货物发展到掠夺船舶。

（五）攻击方式以持械实施暴力行为和胁迫为主，施暴手段凶猛

海盗犯罪一贯使用暴力行为和胁迫等手段，而且其手法通常都非常残忍和恐怖。目前海盗攻击所使用的武器以枪械等武器装备攻击的情形正在逐步增加，许多海盗配备了自动步枪、火箭弹等先进武器，由此造成人身伤亡的可能性也大大增加。国际海事局指出，越来越多的海盗在作案时使用杀伤力较强的武器，暴力倾向越来越明显。他们甚至装备了火箭和导弹，手持先进的美式自动步枪。海盗横行的马六甲海峡被视为危险的航途，每当夜幕降临之后，海盗船便驶出海峡外星罗棋布的无人小岛，向在海峡入口停泊的商船扑去。午夜过后至黎明之前，是海盗施暴凶猛之时，也是过往商船最为紧张之时。此外，海盗攻击船舶的部位主要是以储藏间、船长及船员住舱、货舱为主，这更容易造成人身伤亡和财产损失。由此可见，当代海盗攻击事件给海上安全尤其是海上人身生命安全以及财产安全带来的威胁比以前要“恐怖”得多。

（六）海盗组织方式趋向于集团化、组织化和国际化

当代海盗已不再是打着“骷髅旗”、明火执仗的草莽之流。现代海盗的组织形式和行动方式都发生了很大变化。当世界各国采用“多国联防”抵御海盗时，海盗也开展了“多国协作”。一些海盗组织由国际犯罪集团控制，下设分支机构，并且在很多地区都有雇员；还有一些多股海盗统一行动，看起来更像是舰队作战，甚至有的海盗组织背后还有大商人的投资。据报道，新加坡、中国香港、中国台湾、泰国、印度尼西亚及菲律宾等地的海盗已形成非常职业化的犯罪“辛迪加”。海盗船上不但有机枪，还有电脑和卫星天线，可通过互联网和电子邮件与世界各地犯罪集团联系，并随时攫取海运信息。有的海盗作案已形成集团化和国际化，下设分支机构，成员来自不同国家。据报道，东南亚的海盗活动基本上控制在五大海盗集团手中。同时，一些海盗集团已与恐怖分子相勾结，共同从事犯罪活动，这无疑给海上安全带来了更严重的威胁。

四、现代海盗活动猖獗的原因分析

通常认为，当今海盗泛滥是由以下单个或多个因素所导致的。

（一）冷战结束为海盗再度崛起提供了契机

现代海盗问题真正引起航运界的重视是在冷战之后。冷战期间，美苏之间的相互监控，使得海盗的生存空间也受到威胁，作为一种附加效应，海盗难以形成气候。随着冷战的结束，过去曾大量部署和游弋在各个海域中的东西方阵营的军舰急剧减少，在过去一段时期内曾对海盗的活动起到的遏制作用大大减弱。冷战时期大量的武器装备和军用物资由于被闲置而通过各种渠道流入到有组织犯罪集团包括海盗手中，这些先进的武器和通信设备增强了海盗实施攻击的能力。

（二）部分国家政局动荡是某些地区海盗猖獗的主要原因

部分国家政局动荡，无暇顾及海盗行为。如索马里，自 1991 年西亚德政权倒台后，这个国家陷入了持续的混战之中，整个国家长期处于无政府状态，连陆地上的治安都得不到保障，更不要

谈海上秩序的维护了。另外“9・11”事件后，在美国压力下，许多国家特别是东南亚国家，不得不将有限的资源转到打击恐怖主义方面，从而进一步减少了对打击海盗的投入。

（三）海盗猖獗与经济发展密不可分

首先，随着世界经济发展，各国对海洋运输的依赖越来越大，这包括对原料的进出口和产品贸易等。到目前为止，90%～95%的世界商贸、约2/3的石油和天然气等都通过海洋运输。作为海洋运输的载体——船舶的数目大幅增加，给海盗的攻击提供了众多的选择和许多潜在的目标。

同时由于全球经济发展的不平衡性，区域经济发展的差异，失业率的上升，增加了贫困人口参与海盗活动的动机和兴趣。例如1997年的东南亚金融危机导致许多东南亚国家经济几乎崩溃，在接下来的几年里，也造成了东南亚的海盗犯罪出现了一次高峰期。索马里估计现有至少 1 500名海盗，因“职业回报”丰厚，每年新增大约400人。一名索马里海盗一年可收入7.9万美元，比索马里人均年收入500美元高150多倍。

其次，打击海盗需要大量的资金支持，没有足够强大的海军和海岸警卫队，根本无法组织起有效的防海盗巡逻。例如亚洲金融危机后，东南亚国家货币贬值，防务开支减少，海上安全力量薄弱，打击海盗的斗争步履艰难。而在非洲，许多国家根本就没有真正意义上的海军，根据其装备只能算做海警。

（四）复杂的地理环境为海盗提供了便利条件

全球海域情况复杂，遍布着荒无人烟的岛屿、海峡、海湾和水道，使海盗在进行袭击和洗劫之后容易藏身。有些国家和地区海岛众多，许多小岛无人居住，适合海盗藏匿，如印度尼西亚，拥有约1.7万个岛屿，其海域一直就是海盗高发地区。重要的海峡、航道由于船只密集，也是海盗最喜欢下手的地方，例如马六甲海峡、新加坡海峡，过往船只都要加强防范。特别是部分海域疆界划分有矛盾，存在归属争议，海盗常常跨界作案，各国难以协调一致，缺乏有效监管，海盗活动猖獗。如马六甲海峡与新加坡海峡以及南海某些区域的疆界划分中的矛盾，导致了管辖权上的争议。

（五）国际法的不完善和部分国家不合作的态度在一定程度上纵容了海盗犯罪

由于国际法中海盗行为单纯界定在公海，这使得发生在一国内水、领海，毗连区、专属于经济区的针对本国和外国船舶的攻击或抢劫行为就难以界定和处理，这为打击海盗犯罪和海盗犯罪统计带来不便。另外，而海盗行为经常涉及两个或多个国家的利益方，其中管辖权、取证、审判和引渡问题必须由国际法来进行规范，各国国内立法也有漏洞，因此解决海盗问题在当前的法律上非常复杂。这些情况在一定程度上纵容了海盗犯罪。

此外，也有些国家不愿进行国际合作，即使是一些为消灭海盗根源的贫困援助也不愿接受，更不愿承认本国的一些海域为海盗出没的危险海域。

（六）船舶防范力量薄弱使海盗行为容易得逞

首先，科技的进步迅速提高了海运效率。船舶装备日趋现代化，使得船舶配员人数减少。据资料统计，在过去一般18 000～20 000吨级的船舶需配备50名左右的船员，如今同等吨位的船舶只需配备一半甚至更少的船员。这也为海盗分子提供了便利，造成船只在遭受海盗攻击时缺乏足够的抵抗力量。另外船员平时工作量大，普遍存在疲劳工作的现象，在海盗高发的海域连组织有效的防海盗值班都有困难，更不要谈组织对海盗进行反击了。

其次，根据《联合国海洋法公约》中关于船舶无害通过（Innocent passage）权的定义，船舶配备武器装备进入他国领海可能会被拒绝，民用船舶上配备武器装备是不被国际惯例所接受的，因此当今航运界对于当船舶遭遇海盗袭击时防卫反击问题的看法趋向于英美法系中的观点，即"只要能躲避就不要自卫"。各国家政府都建议船员最好不要跟海盗斗争，以免受到更大的损失。

第三节　海盗行为的危害和惩治

据国际海事局估计，海盗活动每年给世界经济造成约250亿美元的损失。英国一家智库研究显示，仅索马里海盗活动到2015年将导致全球经济损失150亿美元，与2010年83亿美元相比接近翻番。与此同时，海盗获利将增加近70%，2015年将可能达4亿美元。

由于索马里附近海域海盗活动猖獗，许多企业旗下的货船将改由其他航道通行，避免驶入这一海域。比如来往于欧亚之间的船只为躲开亚丁湾海盗而不走苏伊士运河，就不得不从非洲最南端的好望角绕行。那样，从大西洋欧洲沿岸各国到印度洋的航程将增加5 500～8 000 km，从地中海各国到印度洋的航程将增加8 000～10 000 km，对黑海沿岸来说，航程更将猛增约12 000 km。航线改变意味着油船航行时间延长12～15天，而油船在海上多待一天，成本将增加20 000～30 000美元。以20 000 t的多用途船为例，按每天要消耗30 t燃油计算，1 t燃油现价500～600美元，绕行一天就要多花15 000～18 000美元。

海盗活动迫使船舶绕道航行，增加了航行时间和船运成本。一些船公司和保安公司出于安全起见，想方设法防范海盗劫船，比如，如果货船行驶航线途经危险海域的话，有些船东就会雇用一些雇佣兵进驻货船以保护船舶及船员的安全。但由于使用雇佣兵代价昂贵，且海盗袭击具有不确定性，船东一般难以承受如此大的费用，船公司也不大赞成这一做法。

由于索马里海盗猖獗，蒙巴萨港已经被海运商列为世界上收费最高的港口之一。据英国国际问题研究所统计，全球保险行业针对亚丁湾的海运保险费率已达到2008年年初的10倍。这意味着，不管海运企业是否选择回避索马里海域，相关贸易商品的海运价格均会明显增加，而这一成本开支也必将体现到消费者购买的终端消费品价格上。

由于海盗活动的海域多半是海上运输的枢纽地带，那里经常有运油船只通过，一旦碰上海盗的抢掠活动，随时都可演变成大型的海难。因此，海盗行为不仅对整个自由国际贸易造成威胁，同时也对各国的安全和人类的生命构成严重威胁。成千上万名海员和渔民在海盗的袭击中丧生。

海盗还用所获赎金从事走私毒品、武器及组织偷渡等犯罪活动，并与国际犯罪集团和恐怖势力紧密相连，抢劫船只，特别是运载石油、天然气的大型运输船作为他们进行自杀性恐怖活动的工具，不仅威胁附近海域的海上通道畅通，而且威胁到整个地区的安全。

中国是世界十大航运国家之一，船队规模位居世界第三，港口货物和集装箱吞吐量居世界第一，规模巨大的船队也成为海盗攻击的目标。根据各种报告和统计数据，自20世纪90年代以后，针对中国船舶的海盗打劫事件开始上升。目前，在中国登记注册的远洋船舶有1 000余艘，但与中国利益相关的船舶却远不止这些。许多中国公司或其子公司出于注册方便及费用和税收上的优惠，更愿意在巴拿马、洪都拉斯等国注册。另外，中国船员的劳务输出量非常庞大，很多国家的船上都有中国船员，甚至是成编制外派，出事后往往不容易统计。特别是作为石油进口的大国，中国从1997年开始，每年至少进口7 000万吨石油，其中约有60%的进口石油通过印度洋—马六甲海峡—南海这条运输线，而这条航线上有世界五大海盗多发带中最严重的两个。从贸易上来说，目前中国外贸对海洋运输业的依靠程度达80%左右，而且基本是通过马六甲海峡、印度洋和苏伊士运河航线，因此，活跃在这些地区的海盗使中国海运、外贸都受到严重的威胁。

海盗是“违反人类的罪行者”，海盗行为是一种国际罪行，受到世界各国的痛恨。严惩海盗犯罪，是19世纪以来国际社会的一贯主张。依据国际法，海盗行为使海盗丧失其国籍国的保护，代之以普遍管辖原则，各国都有拿捕、扣押和处理海盗船舶和飞机的权力。军舰、经正式授权并有清楚标志可以识别的为政府服务的任何其他船舶或飞机，对有从事海盗行为嫌疑的船舶可登临检查。如果仅仅是发生在一个主权国家领海内的海盗行为，则不构成作为国际犯罪的海盗罪，而只能算是国内法上的犯罪，此时别国对此种犯罪不能行使普遍管辖权。中国和印度前几年均在本国管辖范围内抓获过国际海盗并对其判了刑，2005年年底有一艘装植物油的油船被海盗劫持后，国际海事局发出通缉令，最后海盗不得不把该船放弃在新加坡海域。这均说明海盗是“过街老鼠，人人喊打”。

对海盗的惩治国际社会分为国内有海盗罪与国内无海盗罪规定两种，我国属于在国内法中未规定海盗罪的那一类。根据我国《刑法》，对海盗的定罪主要有：故意杀人罪、故意伤害罪、抢劫罪、劫持航空器罪、劫持船只罪、暴力危及飞行罪、破坏交通工具罪等。

国际海事组织海上安全委员会第48次会议于2009年5月27~6月5日审议并通过了《船东、船舶营运人、船长以及船员预防和组织海盗和武装劫掠船舶行为导则》(Guidance to Shipowners and Ship Operators, Shipmasters and Crews on Preventing and Suppressing Acts of Piracy and Armed Robbery Against Ships)，并以“IMO MSC.1/Circ.1334”通函发出。该指南给出了有关船舶即将或正在受海盗/武装劫掠攻击时应遵循的一些做法。同时，在这次会议上也通过了 IMO MSC.1/Circ.1335通函，由业界制定的有关阻止亚丁湾及索马里沿海海盗的最佳管理事务。

随着索马里海盗从2005年以来活动的日益猖獗，联合国安理会2008年先后通过4个有关打击索马里海盗的决议：6月通过第1816号决议，授权外国军队经索马里政府同意进入索马里领海打击海盗及海上武装抢劫行为，授权有效期为6个月；10月7日，安理会又通过第1838号决议，呼吁关心海上活动安全的国家积极参与打击索马里海盗的行动；12月2日安理会一致通过第1846

号决议，决定从即日起延长各国打击索马里海盗12个月的授权，同时呼吁联合国为打击海盗发挥协调作用；12月16日就打击索马里海盗问题全票通过第1851号决议，授权各国使用海陆空力量，上岸或利用空袭打击索马里海盗。2009年11月30日，联合国安理会通过第1897号决议，将在索马里海域打击海盗和武装抢劫行为的授权延长12个月至2010年11月30日。2010年11月23日，安理会通过第1950号决议，第三次延长各国打击索马里海盗的期限。

在此法律基础与国际政策下，各国纷纷派出海军前往亚丁湾海域为商船护航，打击海盗。2008年12月26日中国海军第一批索马里护航编队于从海南三亚军港起航，并于2009年1月6日到达索马里亚丁湾海域，正式开始护航。2011年2月21日中国海军第八批索马里护航编队从浙江舟山某军港起航，开赴亚丁湾。截至2011年2月28日，中国海军已先后派出20艘舰艇、18架次飞机、6 700多名官兵执行护航任务。中国海军护航编队已完成300批共3 454艘中外船舶的护航任务，其中外国商船1 507艘。自2008年12月26日以来，海军护航编队共为3 400余艘中外船舶实施了安全护航，22次对海盗袭击的33艘中外船舶实施了营救行动，对遭海盗袭击和劫持的9艘中外船舶实施了护航行动，并多次圆满完成与外军联合护航、联合演习，以及友好访问等任务，充分展示了我国负责任大国和我军和平文明之师的良好形象，受到国际社会的广泛好评。

第九章　船舶防海盗工作

长期以来，海盗问题是影响船舶航行安全和船员生命财产安全的重要问题。海盗是凭借着盗窃或抢劫船上的现金、物品，甚至是劫持船舶而生存的，海盗的存在不仅严重地扰乱了世界航运秩序，同时也对船舶以及海上的人命财产安全构成了严重威胁。近年来，海盗偷盗、劫船的活动日益猖獗，全球海盗袭击、劫持船舶的事件不断上升。肆虐的海盗不仅对世界各国的经济和贸易带来干扰和影响，也对各国营运船舶和从事海上职业的人群造成威胁。

打击海盗已是当务之急，因此如何避免船舶被劫持是当前航运界关注的一个热点问题。海盗对船舶的袭击已引起IMO和各航运国家政府的高度重视，并出台了一系列抗击及预防措施。但是由于海盗所袭击的船舶一般为单一个体，在受到袭击时难以及时获得外界的支援，这就要求航行或停泊在海盗出没水域的船舶必须采取比较规范的措施来防范。多国军舰护航行动虽然能够在一定范围内有效保护商船的安全，但是由于远洋航线航行里程远，在非保护区范围内还是需要船舶采取适当的自我防护措施，有效抵御海盗的袭击，保护船舶、船员及货物的安全。所以，在目前全球范围内对海盗劫船事件未有有效遏制措施的形势下，船舶作为海盗经常袭击的目标，更应该制定相应的防盗措施，以遏制海盗的袭击。作为船舶上的工作人员，为了人和船的安全，必须从战略上着眼，从战术上着手，最大限度地避免和消除海盗的劫船事件。

实际上海盗袭击并非每次都能成功，“有记录的海盗攻击行为中，有约1/3的记录是攻击未遂的。也就是说并不是船舶一碰到海盗就定遭殃，只要做好防范，海盗是不一定能得逞的。”航运专家指出：“通过大量分析和研究得出的结论是，商船自我防范和成功击退海盗的概率是78%。”因此，作为在船上工作的船员，提高对海盗的防范意识，了解和掌握海盗在世界各地区的分布和活动特点，熟悉船舶在防海盗工作中应注意的问题是非常重要和必要的。而不断地总结、提高、完善各种防范的措施，全力以赴采取自护、自卫、自防，才能让海盗的图谋无法得逞。

本章在综观当前世界范围内海盗活动的新情况、新特点、分析形势的基础上，总结和借鉴各航运公司的船舶防海盗的成功经验，重点介绍船舶防海盗措施。这些有助于船舶制定防范海盗的战略与战术，减少海盗对船舶和船员的威胁与伤害，确保船舶的安全。

第一节　船舶防海盗工作的战略原则

长期以来，海盗行为是影响船舶航行安全和船员生命财产安全的重要问题。海盗行为的全球性蔓延和暴力化倾向越来越突出，海盗对船舶的袭击已引起IMO和各航运国家政府的高度重视，并出台了一系列抗击及预防措施。但是，营运中的商船几乎无一例外都是单船执行航次任务的，这就注定了防海盗工作也是以单船“作战”为主，外部支援力量为辅。由于在受到袭击时难以及时获得外界的支援，这就要求航行或停泊在海盗出没水域的船舶必须采取比较规范的措施来防范。只要全体船员重视，积极采取正确的预防海盗袭击船舶的措施和对策，就可以避免或使损失降到最低，使海盗对船舶的袭击不易得逞。

以下是用来指导所有船舶防海盗工作的几项战略原则。

一、确保船员人身安全

船舶防海盗工作的首要目标是确保船员的人身安全，其次才是保护财产安全和保护海洋环境。相对于船舶或货物来说，船员的生命安全是更为重要的财富。也就是说，船舶对海盗的所有防范措施都要在确保船员安全的前提下实施。

多数海区的海盗分子登船的目的是偷盗财物，当偷盗活动被船员发现时，海盗为得到财物可能袭击船员，因此，船舶防海盗应坚持“以防为主”，“拒海盗于船舷之外”的方针，加强防范，不让海盗有上船的机会。如发现海盗在仓库、个人房间等封闭场所行窃，切勿单独入内驱赶海盗，应报警呼叫其他船员协助驱赶。以上情形都是以驱赶为主，尽量避免对海盗造成人身伤害以招致对方更为疯狂的报复行动。对亚丁湾、索马里、西非等武装海盗，船员无论当班与否，一旦发现海盗在船，应与其保持安全距离，并立即报告驾驶台，驾驶台应立即拉响警铃，通知全体船员集合驱赶海盗，切勿单独行动，以防被其所伤。一旦没能避免船员被武装海盗劫持，被劫持船员应保持镇静，不要与海盗发生激烈冲突。如果有船员被海盗袭击受伤，船长应认真评估船员伤势，妥善急救，并及时报告公司，尽快安排送岸治疗。

二、加强认识

航行于海盗多发海域的船舶要经常召开全船动员大会，分析当前形势、统一思想、克服麻痹思想，提高对防海盗工作的重视程度；同时加强对船员的心理疏导，引导船员充分认识自身的防卫能力，缓解个别船员的思想压力，以增强全体船员战胜海盗的信心。

三、充分做好准备工作

在进入海盗活动高危区前，要做好防海盗的准备工作。船舶要按照《船舶保安计划》和公司已成熟的防海盗指导方案，落实防海盗工作的各项措施。一切从实战出发，从难从严要求，开展经常性的演习演练活动，增强实效性和有效性，以适应应急需要，所有船员应对船舶防海盗应急反应程序以及自己的职责非常熟悉。还要经常学习研究每一个成功战胜海盗的实例，对自己的应急反应程序查漏补缺，不断完善。防海盗器材和物资配备到位，并经常检查；船舶机械设备也要经常全面检查，特别是“四机一炉”要确保正常可用。

四、防海盗工作人人有责

当前，在海盗活动地区航行的船舶，做好防范海盗工作是船舶的一件头等大事，是一切工作的重中之重，因此，必须全员投入，全员参战，人人做好防范工作。防盗工作绝不是哪一个人、哪一个领导的事，一艘船是一个整体，人人都是守护者。可以想象，如果海盗一旦登船，将对每个人带来风险甚至威胁生命。全员参与，就是要人人有事做，人人会做事、会战斗，招之即来，来之能战，战之能胜。全员参与，才能真正筑起一道众志成城的防线，让船舶成为攻不破的战斗堡垒。当然，在战略上要藐视它，也就是不让海盗事件束缚我们的工作，影响我们的防范决策和行动，以保证人命和财产的安全。

五、具体战术灵活应变

根据船舶自身的实际情况以及航区的海盗的活动特点，制定灵活多变的防范措施，比如绕道航行、避让躲离、警告驱赶、报警求援等。船舶每次经过海盗出没区域都要心中有数，要有警觉和戒备。事实上，近几年来各个区域海盗活动和劫船的做法在不断地改变，向灵活、快速、隐蔽、狡猾的方向发展，因此，作为船舶的防范工作也应不断地变化，而不应死搬教条。

六、立足自救，积极寻求外部救援

如果发现疑似海盗船，除了尽可能远离和做好自身积极防范外，还应及早报告附近军舰或反海盗中心等有关机构，争取早点得到救援。万一发生海盗强行进攻，要全力坚守，同时争取宝贵时间以等待救援。

第二节　海盗活动的主要区域和活动特点

目前全球很多海域都存在各种各样的海盗行为，其目标和攻击方式也各不相同。除了目前影响最为广泛的劫持船舶和偷盗货物外，还有东南亚海盗的目标是船上保险箱里的现金，船员的私人物品和其他便携设备，甚至电线和绳索；某些南美洲海盗的攻击行为和毒品有关。“知己知彼，百战不殆”，船舶要成功做到防海盗工作，必须掌握全球海盗活动的主要区域，以及各区域海盗的类型和活动特点，从而有针对性地采取防范措施。

以下是近年来全球海盗活动的主要区域和活动特点。

一、索马里/亚丁湾水域

索马里/亚丁湾已成为近年来海盗攻击次数最多的区域，其海盗活动的区域和特点将在下章中做详细介绍。

二、几内亚湾/尼日利亚水域

频繁发生海盗袭击船舶事件。在尼日利亚，几乎所有的海盗事件在其领海范围内进行，尤其是拉各斯待泊锚地，而非洲东部大部分的海盗事件发生在公海上。尼日利亚海盗与索马里/亚丁湾海盗特点也明显不同，不以赎金为目的，而以武力抢劫方式谋求船员及船上财物。正如IMB反海盗中心的官员所说，“尼日利亚海盗的袭击在本质上比索马里海盗要暴力得多”，在尼日利亚，海盗事件通常是很暴力的事件，船员经常受伤和被绑架。一般建议驶往尼日利亚的船舶不要在其港口锚地抛锚，应在距引航站70 n mile或更远处漂航，等待靠泊计划。在尼日利亚三角洲地区与石油行业有关的船舶要注意，该地区经常有武装分子劫持、袭击船舶，并以其作为与政府谈判的筹码。除尼日利亚外的西非沿岸海域的海盗，主要是抢劫船上财物，也比较暴力。

三、印尼水域

整个印尼水域都有可能发生海盗劫持船舶，持械抢劫，偷、抢船舶财物的情况，其中，主要是偷、抢船舶备件、工具、救生筏、缆绳、油漆、钢丝等物品。海盗团伙一般选择在船员交接班、下大雨等时机潜入船舶，迅速搬走救生筏、缆绳等物品，或藏匿起来观察船员值班情况，择机进入机舱或物料间行窃。不过在印尼政府的抑制下，最近几年海盗事件逐年下降，2009 年印尼水域只发生 15 起海盗事件，而且性质轻微。

四、泰国水域

主要发生在锚地，在船舶抛锚装卸货期间，偷盗者混在工人当中摸清船员防盗活动规律，等待船员失去警惕时，撬开物料间偷走油漆、缆绳、钢丝、工具等物品。

五、孟加拉水域

海盗活动十分频繁，在船舶抛锚期间，海盗分子随时可能乘小船上船盗窃。在港期间，任何时候都有可能被盗，缆绳和钢丝是海盗们的首选目标。

六、西非沿岸

这里指除尼日利亚外的西非沿岸海域。出现过武装抢劫。2007 年曾发生沿海航行船舶被袭击。2009 年 11 月一艘油船在贝宁沿海海域遭到海盗袭击，一名乌克兰籍船员死亡，船上保险柜中物品也被抢走。塞拉利昂海面也有海盗出没，2007 年 9 月和 2008 年 11 月分别有 2 艘中国渔船在该区域被海盗袭击过。这些海域海盗的作案特点主要是抢劫船上财物，也比较暴力，不可轻敌。

七、南美东部

巴西、苏里南和圭亚那都有海盗出现，其中，巴西圣多斯及其附近港口最多，多数以偷盗为主。在船舶靠泊时，偷盗者冒充工人潜入船舶，趁船员不在房间时撬开房门偷走贵重物品。在船舶锚地时，海盗则乘小船偷偷靠近船舶，登船偷盗物料或贵重物品。

八、南美西部

秘鲁也是海盗活动频繁的国家，持械抢劫常使船员受到伤害，卡亚俄、Kaleta 港及其附近水域发生的次数较多。2009 年在秘鲁卡亚俄锚地发生 12 起海盗事件，比 2008 年的 5 起增加了一倍多。这些海盗事件跟 2008 年一样大部分发生在靠泊或锚泊期间。

九、菲律宾水域、越南沿岸、地中海南部沿岸

这些地区也时有海盗出没。特别是菲律宾苏禄岛附近海盗颇多，作案特点是持械抢劫。

十、南中国海水域

系指印度尼西亚、马来西亚、菲律宾、泰国、越南、中国南海等水域，其中印度尼西亚、马来西亚、菲律宾三水域海盗活动最为猖獗。据IMB反海盗中心的数字显示，南中国海2009年报告发生13宗海盗事件，为近5年来最多，特别是在南中国海曼凯岛附近水域经常发生海盗上船洗劫事件。海盗上船一般洗劫船员个人物品和船上物料后离开。

十一、新加坡海峡及马六甲海峡

马六甲海峡水域范围不大，是印度洋与北太平洋之间连接的重要水道。过往船只较多，也是我国与西亚、欧洲、非洲国家海上贸易往来的必经之路，地处三国交界之处。航道距岸距离近，岛屿较多，不容易管理。自2004年马来西亚、印度尼西亚和新加坡3国海军在马六甲海峡航线上实施海上联合巡逻以来，海盗活动逐年减少，2009年马六甲海峡只发生2起，与2008年一样。但2009年是新加坡海峡连续第二年海盗事件增加的年份，这一年在这里发生了9起，其中6起登船，3起企图登船，而2008年该地区只发生了6起。这些地方海盗的作案特点是持械抢劫或偷盗。以前也有过海盗把船舶劫到印尼水域后，把船员流放，货物被卸下，船舶重新油漆、更名后卖出去的情况。

第三节 船舶应对海盗的防范措施

一、船舶进入海盗多发水域之前应做的准备工作和注意事项

(1) 船长和船员应注意尽量少地随船携带现金于船舶保险箱和船员个人物品中，以降低对海盗的诱惑，尽量减少发生海盗登船抢劫时的损失。

(2) 船长应该意识到有严密组织和计划的海盗有可能监控船岸通信，并截获信息来选取目标，因此当用电台发送有关货物或贵重物品的信息时要增强保密意识。

(3) 同样原因，船员应被告知在港口上岸时或在其他相关场所，不得向无关人员谈论有关货物或航次的细节信息。

(4) 制订航次计划时，船舶航线应远离已知晓的海盗多发海域，尤其应避免通过瓶颈地带，如果不可避免要通过，要根据海盗行动的特点控制通过的时机。比如东南亚偷盗海盗多在夜间活动，船舶应尽量选择白天通过；而索马里海盗劫船大部分发生在白天，船舶应尽量选择夜间通过。船舶要进入海盗多发港口，而该船又需要在该港口外水域抛锚一段时间，那么可考虑通过延长航线、推迟靠港抛锚或以其他方式降低船舶面临的危险，或者宁可在远海漂航也不要靠近锚地。

(5) 船舶进入海盗多发海域之前应将可以入库的物品、备件、工具等一律入库加锁。船舶到孟加拉和其他常被偷大缆的港口锚地装卸货，应提前将所有大缆收入储藏间并把收大缆的孔盖焊牢；所有梳房、物料间的门仅留一至两个日常工作需要打开的门，并以特殊的方法锁闭，确保这些门能从驾驶台看见，其他的门应焊牢；机舱备件间的门应采取进一步固定措施，使其不易被外

人打开；封闭所有货舱道门。

（6）关闭大部分通道口，限制在少量通道口进出，并保证紧急情况下从内部出来不受限制（不用钥匙可以打开）。

（7）离港前全面搜查所有处所，进入危险水域以后也要不间断地定时检查。船舶和船员安全容不得丝毫马虎。

（8）按照日常防海盗演习的要求，规定好万一发生情况时应发出的警报信号。预先为全体船员安排一个退守场所，该场所的门应该是铜质的且只能从外面用钥匙打开；该场所应有自然通风和充足的淡水食品，配有无线电话、摩斯灯和应急火箭，若有罗经和主机应急停车的布置则更好。

二、船舶在海盗多发水域航行应做的防范工作和注意事项

船舶在东南亚海域航行时特别容易遭到海盗袭击，大多数袭船事件发生在巽他海峡以及马六甲海峡内的一些航道上。在南中国海和菲律宾的相邻水域也发生过多起袭船事件。近来，东非袭船事件的数量也在迅速增长，特别是在亚丁湾/索马里沿岸以及红海海域，海盗不仅在公海上袭击船舶，更为普遍的是在沿岸国家的领海内也进行武装抢劫，所以要求船舶在以上相关海域航行时做好以下防范措施：

（1）驾驶台值班。船舶在接近或进入海盗多发区域时，驾驶台值班人员应经常检查、核对通信系统，用望远镜加强瞭望，不间断地观察附近海面情况，包括瞭望船尾方向。同时开启雷达和ARPA 经常扫描，要经常改变雷达量程，用 GPS 准确定位，严密监视周围船只动向（包括使用AIS），为船舶及时发现可疑目标提供保证。

驾驶台值班人员应经常到驾驶台两侧观察左右水面和甲板的情况；经常用手提信号灯照射船舶附近水域和甲板，以示本船在密切注意船舶周围的情况，同时，又可查看到是否有小船靠近本船或海盗在甲板走动；与周围船舶保持沟通，互通信息，提高防盗的效果。

（2）甲板巡逻值班。船舶接近或进入海盗多发区域，应增派甲板巡逻值班，增派船尾以及雷达盲区的瞭望值班。加强值班巡逻，特别是强化夜间监视。防海盗值班人员要穿着整齐，戴安全帽，配对讲机、手电，佩带自卫器械，要用对讲机定时与驾驶台测试联络，保证联系的可靠性。

值班船员应在主甲板巡回检查，保持与驾驶台的联系，发现异常情况要及时报告驾驶台。在海盗较为猖獗的印尼、孟加拉、尼日利亚等地，防海盗值班应分为两组，一组在船首，另一组在船尾，如果需要，驾驶台可安排船首或船尾值班船员短时到主甲板查看。值班船员应在指定的值守区域无规律地来回走动，查看本区域和附近海面的情况，确保舷外照明和向舷外喷水正常；不得采取两组一前一后从船尾走到船首，再从船首走到船尾巡逻的方式值守；值班期间不得进入生活区、驾驶台、机舱、物料间等，不得静坐在某个位置，不得做与值班无关的事。

（3）机舱值班的机工应经常巡逻机舱的每一个角落，特别是配件间、物料间和舵机房。

（4）驾驶台值班人员应经常检查、监督，并确保船首和船尾执行防海盗值班的船员始终认真履行值班职责。

（5）船舶不管是在航行还是在锚泊中，下暴雨时，因雷达不易测到小船，海盗可能会利用此

机会靠近本船并登船行盗，值班船员此时应特别小心应对。

(6)海盗经常选择在船员交接班时下手行盗，因此，交接班前后半小时应特别注意坚守岗位，加强监视，交接班船员在交接班时应一起查看本组负责的区域，并把所有项目都交接清楚。

(7) 在夜间应根据情况增加舷外货舱灯照明，将两舷及后部照明灯打开，使用照明灯或摩斯灯经常搜索海面，这是在海盗多发水域航行时传统的、有效的做法。近年来也有很多船只在索马里/亚丁湾水域航行时，为防止海盗发现本船目标，关闭所有照明，甚至关闭航行灯和AIS，这些也都是根据不同具体情况而采取的措施。

(8) 不论在航行或是在锚泊中，都要收回引航员梯、看水尺的软梯和其他可能利于海盗登船的物品。锚链筒要盖妥，消防水常开，甲板上可移动设备及物品全部收进舱内。

(9) 准备好信号发射装置，包括应急火箭及信号发射枪。准备好适宜抛投的物品，包括装有油漆的袋子及装满沙土或汽油的啤酒瓶等（不提倡使用空的啤酒瓶，由于空啤酒瓶不易碎，有时还容易被扔回来)。每舷至少有 2 条水龙接妥备用，最好是冲洗舱用的带压缩空气的水龙，以增加水柱的压力。保证甲板水的供应，必要和条件允许时向舷外喷射水柱。

(10) 在海盗出没的水域，无论船舶是在港内、锚泊或在航，必须加固和严格控制通往船舶、船上的重要区域和安全区域的所有通道。

(11) 应该尽量让海盗明确知晓船舶有一支警觉性高、训练有素的船员队伍，并能执行船舶保安计划并阻止他们的袭击，让海盗知难而退。

(12) 航行中发现可疑小船靠近本船时，可用手提信号灯直照该船，迫使其远离本船。若有形迹可疑小船靠近时，驾驶员应主动避开，防止小船靠近。海盗可能会假装成遇难船，以此作掩护来靠近船舶，因此，任何企图靠近本船的船舶（包括大帆船、渔船、游艇和三角帆船）均应视为潜在威胁，并作为可疑船舶对待。

(13) 发现或接到船首、船尾值班船员报告海盗登船或企图登船时，应及时报告船长，报警呼叫全体船员按照保安应急程序行动；同时用驾驶台、船首、船尾通话系统警告海盗离船。

三、船舶在海盗多发港口锚泊应做的防范工作和注意事项

船舶在海盗行为活跃的港内或港外锚地锚泊，比航行时距离岸边更近，更容易被海盗接近和受到袭击，此时船舶主机不再运转而只是在原地停航，船舶抵御海盗的能力也会受到限制。相当数量的小团伙偷盗者也是趁船舶在锚泊期间，用各种方式偷偷登船实施盗窃。大多数海盗袭击发生在当地时间 2200 时到凌晨 0600 时，而且通过船尾或借助于锚链登船。海盗通常不惊动船员，他们抓住一个船员作为人质，其目的不是获取信息就是恫吓船员，然后控制船长或其他船员或控制船员舱室的出入口；破坏通信设备阻止船员报警或延迟正在发送的报警；抢劫船员的私人财物；打开船长保险箱窃走所有现金；打开全部或部分集装箱、大舱，根据货物舱单找出装有高价值货物的箱子，有选择性地打开。海盗还偷走船上仓库内的物品。他们离船时，通常会带走所能带走的一切东西。有时候登船袭船的人还会是曾经上过这艘船的码头清洁工或其他工人，因此船舶在锚泊时更应该密切加强对海盗的防范工作。

船舶在锚泊期间，应继续保持航行时所有的防海盗措施，比如保持并加强驾驶台值班和瞭望，保持并加强甲板值班和巡逻，同时还应该做到：

（1）驾驶员需保持对船舶附近区域连续的视觉和雷达警戒。驾驶台、船首和船尾值班船员应互相配合，加强瞭望和巡视检查，禁止可疑小船接近本船。

（2）船内生活区仅留一个出入口，锚泊以后，一水在梯口即该出入口附近值班，驾驶员在驾驶台值班，有必要时再加派船首和船尾的护船值班人员。

（3）舷梯口值班船员应严密监控上下船的人员，防止无关人员上船，严密注意是否有可疑人员上船。所有登船人员应该检查其证件，并且在船期间必须由本船船员全程陪同。

（4）在孟加拉的吉大港，到达锚地前及抛锚过程中最易遭到海盗的袭击，为此，船舶在到达港界前 5 n mile 就应安排防海盗值班。

（5）锚泊期间锚链筒应用盲板封住、加锁或从内部用螺丝紧固，并保持锚链水常开。这是船舶保安计划中对于控制登船通道的要求，事实上也有很多偷盗者在船舶锚泊期间是沿锚链从锚链筒爬进船舶实施偷盗或袭击船舶的。

（6）驾驶员需准备好手提摩斯灯及任何可用的信号弹和信号枪，并经常搜索海面。

（7）增加两舷货舱灯的舷外照明。

（8）抵港前收进甲板上所有可移动的设备，包括救生艇内的物品，锁妥于仓库内，不常取用物品的仓库间门用电焊焊死。

（9）每舷至少接妥 2 条水龙，水枪可绑在舷墙上，必要时可向舷外喷射水柱。

（10）建立并加强岸台和附近船舶的电话联系。

（11）与其留在锚地较易受海盗攻击，不如在夜间离岸足够的安全距离外航行，选择一个远离航道的锚地，晚上实行灯火管制并不断向信号台报告船舶的确切位置，直到有确切的进港动态后再驶近进港。如在尼日利亚的拉各斯港，船长要掌握到港时间，避免在该港锚泊候泊，到港向 Port Control 报告后，夜间应离开极为危险的等候锚地，到离岸 25 n mile 以外的水域漂航。

（12）另外，船舶位于尼日利亚或象牙海岸的水域及附近海域时，处于停泊状态的船舶（无论在港内系泊或在锚地抛锚）对登船人员的检查都需要异常谨慎和敏感。

四、船舶在海盗多发港口靠泊应做的防范工作和注意事项

船舶系泊码头或两船并靠时，海盗通常是通过舷梯（船与岸的舷梯、船与船连接的舷梯），或者爬系泊缆绳及锚链筒上船。以下是船舶在港内靠泊时对海盗的防范措施：

（1）生活区仅留一个出入口，值班人员严把该出入口，随时保持高度的警觉性。对所有登船人员要检查证件并进行登记，征得船长同意后才可放行上船，形迹可疑之人要盘查或劝其离船。如果船长确定有必要让对方人员上船，一次只能上一人，对上船的人应予以仔细搜查，并且其在船期间要有本船船员全程陪同，若有可疑的迹象，立即向船长、船舶保安员等报告。入口处不能放弃值班，保安应处于高度戒备状态，在船舶各侧保持瞭望。

（2）梯口值班人员应能联系到船上的支援力量，保持与其他值班船员以及船舶保安员的联系

畅通，并经常测试通信设备（如对讲机等）。

（3）梯口值班人员应能联系到当地岸上保安力量的支援，如警察、工头等。

（4）保持有人在甲板上巡逻并能与梯口值班人员相互联系。

（5）若有可能，在船首尾增派护船值班人员，值班驾驶员是在港当值期间的总负责人。

（6）交接班时，两组人员同时巡逻，确认没有问题后签字认可，分清责任。

（7）在所有系缆上使用防鼠挡并照亮全部缆绳。

（8）盖好锚链筒盖并保持锚链水常开。

（9）驱赶卖货小船离开，让与船舶装卸作业无关的人员离船。

（10）进港前，将甲板上所有可移动设备（包括救生艇内物品）全部移进储物间，同时用挂锁及螺栓锁锁好，不常取用东西的仓库门要用电焊焊死。

（11）码头工人不作业时，可将舷梯吊起，防止外人上船。

（12）如有可能在外档舷外增挂货舱照明灯，以便能及早发现企图登船者。

（13）万一有情况，值班人员可用船内广播系统或警铃召唤全体船员。

很多港口可能雇请或要求港方保安人员在船值班，船舶要与其保持良好合作并保持联系通畅，当然不能将所有任务都交给港方的保安人员，因为他们责任心并不强，甚至有的还与海盗串通。船员一旦发现海盗实施偷盗行为，可呼叫港方保安人员，以获得他们的支援。

第四节　船舶遭遇海盗时的行动

防范海盗工作的基本目的是及早发现可疑船舶和人员。一旦遭遇海盗，全船要做到思想统一，反应迅速，措施得力，按照事先演练的应急反应程序，并用一切有效手段在可能的情况下对海盗进行抵抗，将人员、财产的损失降至最低。

对于不同性质种类的海盗，船舶也应该相应实施不同的应急反应程序。

一、遭遇普通偷盗者

如果船员发现企图登船偷盗者，应启动应急反应程序，尽力用水龙等方式阻止其登船。大部分的偷盗者如果发现船舶已有充分准备即会放弃登船而离去（如果海盗强行登船，即可判定为武装海盗登船抢劫或劫船，应立即启动防武装袭击应急反应程序）；如果船员发现偷盗者正在船上实施或已结束盗窃活动，应启动应急反应程序，以驱赶其离船为主，并尽力抢救被盗财物。

实施以上的应急反应程序都应以保证船员人身安全为前提，对海盗采取的措施以阻止和驱赶为主，切忌船员为了保护船舶财产而不顾自己生命安危去冒险。如发现海盗在仓库、个人房间等封闭场所行窃，切勿单独入内驱赶海盗，应报警呼叫其他船员协助驱赶。要尽量避免对偷盗者造成人身伤害，对于已经逃离的海盗，即使其携带有盗窃来的船舶财物，也不要进行追击。曾经发生过船舶发现偷盗者以后，对其进行人身伤害，结果导致其召集大批人员甚至当地黑社会组织对船舶进行疯狂报复的案例。

二、遭遇武装抢劫船舶货物、船员财物或索要赎金为目的海盗

本类海盗作案方式往往是携带杀伤性较大的武器，乘坐操纵性能良好的小艇，趁航行或锚泊中的大船防备疏漏之时登船，以武力控制船员。对于这种类型的海盗，船舶的应急反应程序基本可以分为四个大的步骤：防止靠近、阻止登船、退守生活区、坚守安全舱。

（一）防止靠近

航行中发现有可疑小船企图接近本船时，值班驾驶员应用雷达对其进行不间断地跟踪，必要时用探照灯照射对方或鸣笛警告，如对方不顾警告一味接近，应通知全船准备水龙和自卫器械等，以加强戒备。如果是在港内，值班人员应互相通报，密切注意其动向；必要时用探照灯照射对方或鸣笛警告，若还无效，应报告船舶保安员，准备消防水龙和自卫器械等，加强戒备。

发现不明船只拦截或要求登船检查时，应立即通报全船，不减速、不停车、不抛锚，如果周围船舶密集度不大及航道宽敞，可大角度摆尾不让其登船，并将情况及时报告公司保安员。

如果可行，应加速和改变航向，甩掉或不给他船靠近的机会。实践经验证明，船速在防止小船靠近上能起到重要作用，高速航行的船舶造成船体周围的兴波也能有效起到阻止小船靠近的作用；而船舶左右满舵摆动的“Z”字形航法往往能使船速明显降低，反而有利于小船靠近。大船摆动频率过慢，往往对防止小船靠近并无明显效果。

夜间关闭甲板照明，使用探照灯直接照射接近的船舶。

对小船发出的任何信息（无线电、灯光、呼叫）不予以回复。

发出警报，全体船员迅速集合，按照事先演练的应急部署，使用消防水龙、信号弹、声光爆炸弹等阻止其接近。

发生海盗行为或武装袭击时，船舶保安员应在第一时间报告公司保安员，情况紧急时应启动船舶保安警报系统，并争取与沿岸国保安联络点取得联系。在港内，发现海盗行为或武装袭击，应立即报告港口设施保安员和公司保安员，以取得陆上支持，并尽可能采取措施阻止海盗或恐怖分子登船。

若有可能，要记录他船情况或拍照。

（二）阻止登船

若发现恐怖分子或海盗已接近并即将登船，全体船员应占据有利位置，设法阻止其登船。阻止恐怖分子或海盗登船可使用消防水龙、抛掷物品或其他器械，近年来很多船舶在防索马里海盗的实战中创造了很多阻止海盗登船的工具和方式，都是比较好的经验，这些将在下章中做详细介绍。

在阻止海盗登船的战斗中同样要注意自身的保护措施，避免船员人身伤亡。对于企图登船的海盗同样尽量避免伤其生命。此类海盗袭击船舶的目的基本都是为了钱财，对船舶久攻不下他们往往会自动放弃，所以应避免将局势激化而危及船员的生命安全。

（三）退守生活区

如果在海盗或武装分子持有强杀伤性武器，并对船员生命安全造成巨大威胁的情况下，或者一旦确认海盗登船不可避免，船长要命令所有船员尽快撤回生活区。全体船员有秩序退守生活区，并从内部封闭一切进入生活区的通道，利用生活区作为堡垒与海盗对峙。此时全部人员必须时刻待在一起，确保无落单船员，若个别船员处于孤立的境地，极易导致船员被袭击者捉住。同时启动保安应急报警，向有关当局或附近军事力量求援。此时船舶可加速和改变航向航行，驶往安全海域，或与救援部队会合。

退守生活区应该在日常进行多次演练并注意细节，比如封闭各进入生活区的通道的任务要指定给各船员负责，不能遗漏任何一处，包括应急逃生孔。还要指定专人负责收回放在室外玻璃盒子里的应急钥匙，争取不给海盗留下任何可利用的漏洞。

（四）坚守安全舱

很多船舶的船型和构造决定了船舶以生活区作为退守堡垒也不会是无懈可击的。在生活区堡垒面临即将被攻入的情况下，应停止主机和航海仪器的运行，必要时可将其破坏掉，全体船员要及时退守至安全舱内坚守，等待救援。

安全舱室应是提前安排好的并且退守程序经过多次演练。安全舱室的舱壁和门应坚固而不易被攻破，舱内自然通风，有充足的淡水和食品，配有便携式通信设备、摩斯灯和应急火箭，若有罗经和主机应急停车的布置则更好。此程序和退守生活区的目的一样，都是在发出警报以后争取宝贵的时间以等待救援部队的到来。

以上遭遇海盗时的反应程序要经常进行演练，在遭遇海盗袭击的时候要思想统一，动作协调而迅速，并树立必胜的信心。事实上此类海盗多数在发现船舶已做了充分准备以后，往往会主动放弃袭击而撤离，或者在以上任何一个步骤中知难而退。近年来在防索马里海盗中也有过多次成功阻退海盗的案例，所以船舶切不可轻易放弃，束手就擒。

万一船员没能够成功阻退海盗，遭到了海盗的劫持，在被劫持期间最好能防止事件的恶化。在等待军事营救或谈判结果的同时要努力做到以下几点：

（1）保持镇静，除非生命受到严重威胁，不要轻易采取抵抗行动。

（2）按照航海惯例确保船舶和人员安全。

（3）如有可能，船长、船舶保安员或其他人员应启动船舶保安警报系统。

（4）努力在人质和劫持者之间建立一种良好关系，这样可以减小恐怖分子对人质实施暴力行为的机会。

（5）故意拖延时间，时间拖延越久，他们结束劫持而不伤害人质的可能性越大。

（6）力求确定袭击者人数及获得袭击者其他信息。

（7）在没有危险的情况下，力求打开尽量多的登船通道。

（8）试图确定劫船者的要求以及可能的期限。

（9）若有条件，使用可靠通信设备供谈判人员与劫船者对话。

（10）除当局有指令外，船长和船员不应试图与劫船者谈判。

（11）如获释，应向救助协调中心、船旗国主管机关和公司报告，报告内容包括船名、国籍、遭劫持的位置、人员伤亡或物质损失情况，并对袭击者进行描述。

三、遭遇以杀害船员、劫持船员作为人质进行恐怖袭击为目的的海盗

如果船舶遭遇此类海盗，船员的生命安全将会受到极大的威胁。虽然目前全球此类海盗并不多见，但是此类海盗具有极大的危险性。面对此类海盗的袭击，船舶同样应该按照上述的四大步骤来行动，而且在行动中都应全力以赴抵抗到底，在每一行动中都可以采取攻击性更强的措施。只要有阻退海盗的希望存在，就要付出一切代价来保证每一步行动的成功。另外如果有能够利用救生艇或者潜水等方式逃离的可能性，要积极争取机会逃生。

第五节　不同类型的船舶防范海盗的特点

不同类型的船舶由于自身构造和所载货物都不相同，在遭遇海盗袭击时的抵抗行动也受到不同条件的限制。有统计表明，海盗的攻击目标比例分别为油船 25%，散杂货船 26%，集装箱船 11%，捕鱼船、游艇及沿海小船只占 28%。以下简要介绍几种常见类型船舶防范海盗的特点。

一、集装箱船

集装箱船的结构和形状与常规货船有明显不同，它外形狭长，单甲板，上甲板平直，航速较快，两舷都装有集装箱，海盗不容易上船，但船上容易形成瞭望盲点。航速比攻击者快将会有助于在其发动攻击前逃脱，被劫持的集装箱船舶大多为老旧船，航速没有优势，小型集装箱船也比较容易被登船，到目前为止，还没有海盗成功攻击航速超过 16 kn 的船舶的报道。因此，大型集装箱船舶只要加强巡逻，加强瞭望，再利用自身的航速优势即可击退来犯的海盗。

二、散杂货船

散杂货船一般航速较慢，因此在近 2 年逐步成为海盗最热衷攻击的对象，但散杂货船都有舷墙，这是其优势，可利用船舷制作掩体来防子弹。还可对舷墙进行改装，在舷墙上焊上直径大于 30 cm 的半圆钢管，这种钢管的直径应超过海盗用以登船的钩子的直径，既可以防范海盗搭钩上船，也防止其搭梯子上船；同时，散杂货船所载货物大多比较安全，因此可以在船舷四周自行安装高压电网，从根本上断绝海盗登船的途径。

三、油船

油船与散货船一样，航速慢、干舷较低且没有遮掩的地方，海盗更容易上来，前些年，油船一直是海盗攻击的主要目标。又因为船载货油的危险性，使得油船不能像散杂货船那样架设舷外

电网阻止海盗登船，所以防范措施较少。

可以利用修船的机会在船舷上焊接固定钢板，堆砌空油桶、木块等作为固定掩体，并在掩体处设置固定式水炮、滚木、石灰、啤酒瓶等来防范海盗登船；给负责摘钩的人员或现场重点人员配备防护装置（如防弹衣、钢盔）和自卫器械，还可以制作活动钢板来保护船员在甲板移动时抵御子弹的射击；对生活区外进入驾驶台的必经楼梯进行改装，设计成能随时放倒的形式，可在海盗登船后切断他们登上驾驶台甲板的通道，也可利用高耸的生活区阻击海盗。建议船舷防范条件不利的船舶把生活区作为抵抗海盗的第一道屏障。

四、小型船舶

小型船舶包括捕鱼船、沿海小货船、游艇及工程辅助船舶等，由于其航速慢、船舶尺寸小、干舷非常低，防止海盗登船的可能性非常小，因此强烈建议这类船舶跟随海军护航编队穿越海盗高风险区。一旦海盗登上船舶，建议船员不要直接与持枪海盗抗衡，应迅速撤离甲板进入生活区，封闭所有通道，如果时间和条件允许，可以在通道和楼梯泼洒滑油，并尽量拖延时间，以待海军船只或直升机救援。

第六节　防海盗报告

船舶在海盗活跃的危险水域航行时，除了提高警惕、严格执行各项防范措施外，还要提前向公司报告航次计划，航行时还要定时、不间断地向公司调度室报告，以便公司掌握船舶动态。例如在马六甲海峡，从东向西航行时，提前 12 h 向公司发报报告预计通过 104°E 的时间；从西向东航行时，提前 12 h 向公司预报通过 095°E 的时间；此后，航行和停泊船舶均应每 12 h 报告一次船舶动态，直到离开马六甲海峡为止。航行于印尼水域的船舶每 12 h 报告一次船舶动态。

发生海盗袭击或企图袭击本船时，船长应在 VHF16 频道发布求救警报，通过数字选择呼叫（DSC）和卫星 C 站发出求救信息。向所在的港口当局、所在地区域搜救协调中心或马来西亚防海盗中心报告，启动船舶保安警报系统（SSAS）发布警报或直接报告公司保安员。

发生海盗袭击事件后，船长应尽快向公司报告详情，包括地点、时间、海盗船名和特征、海盗人数、离去时间、损失等，并按 IMO 标准格式向船旗国主管当局报告（也可由公司转报），这将保证建立海盗活动的分析和趋势报告，同时方便评估海盗的技术手段或战术改变。另外，这些报告还可保证将正确的警告发布给附近的商船。

索马里、亚丁湾海域的防海盗报告将在下一章中介绍。

发送各种报告的联系方式详见附录。

以下介绍船舶向相关搜救协调中心报告的信文格式。

一、Initial message – Piracy/armed robbery attack alert / **初始信文——海盗/武装抢劫袭击警报**

Ship's name and Callsign, IMO number, INMARSAT IDs (plus ocean region code) and MMSI 船名和呼号，IMO 编码，INMARSAT 识别码（加上所在大洋地区码）和海上移动安全识别码

MAYDAY/Distress alert 遇险报警

Urgency signal 紧急信号

Piracy/Armed robbery attack 海盗/武装抢劫袭击

Ship's position (and time of position UTC) 船舶位置（和所在位置的时间 UTC）

Latitude , Longitude 纬度，经度

Course, Speed 航向，航速（KTS 节）

Nature of event 事件性质

二、Follow-up report – Piracy/Armed robbery attack alert **后续报告——海盗/武装抢劫袭击报警**

Ship's name and, Callsign, IMO number 船名和呼号，国际海事组织编码

Reference initial Piracy/Armed robbery alert 参考初始的海盗/武装袭击警报

Position of incident 事故的位置

Latitude, Longitude 纬度，经度

Name of the area 地区名称

Details of incident, e.g.: 事故细节，如：

While sailing, at anchor or at berth? 是在航行期间，还是锚泊或靠泊期间？

Method of attack 袭击的方式

Description/number of suspect craft 可疑船艇的描述/数量

Number and brief description of pirates/robbers 海盗/袭击者的数量和简要描述

What kind of weapons did the pirates/robbers carry? 海盗/袭击者携带哪种类型的武器？

Any other information (e.g., language spoken) 其他任何相关信息（如所讲的语言）

Injuries to crew and passengers 船员和旅客的受伤情况

Damage to ship (Which part of the ship was attacked?) 船舶的受损情况（船舶哪个部位受到攻击?）

Brief details of stolen property/cargo 简要说明被偷窃财物/货物的情况

Action taken by the master and crew 船长和船员采取的行动

Was incident reported to the coastal authority and to whom? 是否已向沿岸国当局报告事故？向谁报告？

Action taken by the Coastal State 沿岸国所采取的行动

Last observed movements of pirate/suspect craft, e.g.: 上次观测到海盗/可疑船艇的活动，如：

Date/time/course/position/speed 日期/时间/航向/位置/航速

Assistance required 要求的援助

Preferred communications with reporting ship, e.g.: 与报告船舶通信的较好方式，如：

Appropriate Coast Radio Station 合适的海岸电台

HF/MF/VHF 高频/中频/甚高频

INMARSAT IDs (plus ocean region code) 国际海事卫星识别码（加上所在大洋地区码）

MMSI 海上移动安全识别码

Date/Time of report (UTC) 报告的日期/时间（UTC）

三、船舶遭受海盗袭击事件结束以后，通过海事主管机关或国际组织向国际海事组织报告的格式

Ship's name and IMO number 船名和国际海事组织编码

Type of ship 船舶类型

Flag 船旗

Gross tonnage 总吨位

Date and time 日期和时间

Latitude, Longitude 纬度，经度

Name of the area 地区名

While sailing, at anchor or at berth? 在航、抛锚或是在靠泊状态？

Method of attack 袭击方式

Description/number of suspect craft 可疑船艇的描述/数量

Number and brief description of pirates/robbers 海盗/劫匪的人数和简单描述

What kind of weapons did the pirates/robbers carry? 海盗/劫匪携带何种武器？

Any other information (e.g., language spoken) 其他有用信息（如，所讲的语言）

Injuries to crew and passengers 船员和旅客的受伤情况

Damage to ship (Which part of the ship was attacked?) 船舶受损情况（船舶哪个部位受到攻击？）

Brief details of stolen property/cargo 被偷窃财物/货物的详细情况

Action taken by the master and crew 船长和船员所采取的行动

Was incident reported to the coastal authority and to whom? 是否已向沿岸国当局报告事故？向谁报告？

Reporting State or international organization 报告国或国际组织

Action taken by the coastal State 沿岸国所采取的行动

第十章　索马里海盗的防范

近年来，索马里/亚丁湾已成为海盗攻击次数最多的区域，据统计，2010 年索马里海盗共劫持各类船舶 49 艘，占全球被劫船舶总数的 92%。

针对日益严峻的反海盗形势，本章从索马里海盗的作案海域和特点入手，介绍通过海盗袭击区的准备工作，重点讲述防海盗的布防和防御策略，最后通过典型案例来分析如何具体防范索马里海盗。

第一节　索马里海盗的作案海域与特点

一、海盗作案区域

20 世纪 80～90 年代以来，索马里沿岸水域开始出现海盗活动现象，国际防海盗中心告诫航海者，航行于亚丁湾、索马里中南部外海及东北部邦特兰沿海地区，应保持在距岸 30 n mile 以外航行，后来，这一距离逐渐扩大，从 30 n mile 增加到 100 n mile、200 n mile、450 n mile。2006 年 10 月，索马里组建了过渡政府，由于该政府能力有限，不能有效控制全国局势，该国大部分地区陷入了无政府主义，海盗活动因此更加猖獗。

到 2008 年，海盗活动区域逐步扩大至距离海岸 500 n mile 的广大海域，向南延伸至肯尼亚外海。目前，由于各国商船和被护船只集中沿亚丁湾“安全走廊”航行，因而海盗事件也多发于“安全走廊”附近海域和索马里以东、塞舌尔以北广阔的印度洋海域，

从 2008 年年底以来，索马里以东 1 000 n mile 以内及塞舌尔群岛附近 400 n mile、马达加斯加岛以北海域均是海盗活动猖獗区域。根据 IMO 的统计数据，从 2008 年到 2010 年，远离索马里的领海的区域发生劫持事件的比率明显上升（见表 10-1，图 10-1）。

表 10-1　索马里海盗区发生劫持事件统计表

年份	被劫持船数（a）	公海被劫持船数（b）	b/a	被劫人数
2008	134	117	87.30%	703
2009	222	204	91.90%	668
2010	172	168	97.70%	629

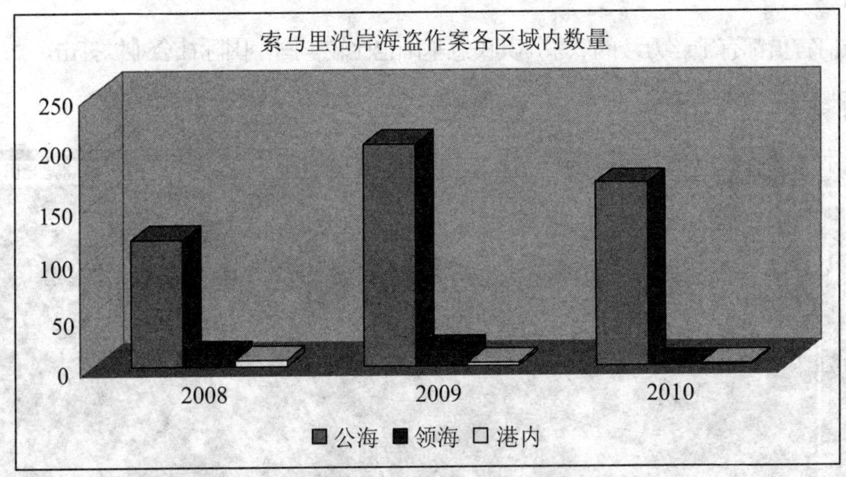

图 10-1 2008～2010 年索马里海盗袭击区域分布图

2010 年 12 月 16 日，伦敦战争委员会再次修改了亚丁湾战区的范围，将范围做了进一步的调整，并将其扩大，把红海里的 15°N 以南，阿曼湾的 58°E 以东，东部的 78°E 以西和南部的 12°S 以北的所构成的海区定义为亚丁湾战区，当然海盗活动的范围绝不限于这些海区。由于各方护航舰队多集中于亚丁湾海域，海盗在该海域的活动得到了遏制；但印度洋海域广阔，季风期结束后的海况亦利于海盗出海。

索马里附近海域的高风险被大家认知后，靠近索马里附近海域航行的商船已越来越少，随着航船远离而去，海盗们也玩起了“猫捉老鼠”的游戏，利用劫持到的一些性能良好的船舶作为母船，长途跋涉，商船躲到哪它就追到哪里，不断拓展他们的作案范围，东部已靠近印度和斯里兰卡沿岸，南部已经进入莫桑比克海峡，西部深入红海越过 15°N，而北部已经进入阿曼湾（见图 10-2 和图 10-3）。根据国际海事局（IMB）海盗报告中心资料，海盗重点监控区域为 73°E 以西，22°S 以北，21.5°N 以南的区域。

此外，索马里海盗还利用母船，航行到印度西海岸和马尔代夫等地区，所以整个印度洋海域成为海盗活动重点区域。为此，我们不能在规定的某一条经线或纬线来判定船舶是否处于海盗活动的威胁中，不能简单地认为线内是危险的，线外是安全的。航经该海区的船舶，应该在接近印度洋开始到离开的整航程中，使全体船员都保持防海盗的高度戒备。

二、海盗作案特点

（一）海盗组织趋向联合行动

索马里境内有 25～30 个规模不等的海盗集团，成员主要由当地渔民、前民兵武装成员和专业技术人员组成。此前，为数众多的索马里海盗各自割据一方，针对国际社会加强护航和打击的情况，索马里海盗各派别间开始加强勾连，并统一计划、组织和协调。2008 年 12 月，索马里各路海盗曾召开为期 3 天的秘密会议，成立了索马里海盗“行动委员会”，旨在加强彼此间的联系和协调能力，一改过去各自为战的方式，共同应对各护航舰队的围剿。另外，索马里海盗与当地部落、

甚至与政府官员都有千丝万缕的联系，其民意基础也比较牢固，国际社会难以打击。

图 10-2　2010 年海盗袭击分布

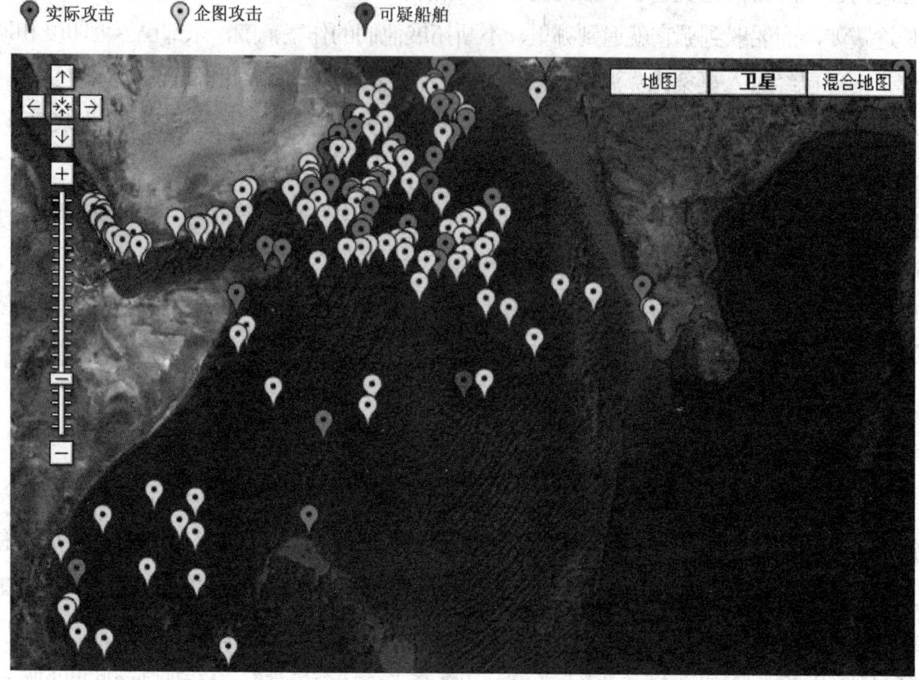

图 10-3　2011 年（1 月~6 月）海盗袭击分布

（二）海盗装备精良，渐趋职业化

索马里海盗大量采用精良的新技术装备。他们将赃款用于购买武器装备，拥有包括母船、高速快艇、自动步枪、榴弹发射器、GPS定位仪、无线电通信器材、海事卫星电话及海面搜索雷达等先进装备。武装海盗持有轻火力武器及手持式火箭弹，采取在船头拦截及用武器威胁袭击对象，迫使船舶减速或停车的方式以登船抢劫。2009年1月23日，索马里安全部队在抓捕海盗时，还曾缴获10部防空导弹发射装置，显示海盗已经装备了可用于攻击直升机的防空导弹。另外，海盗基地设施也逐步完善，基本具备了船只保养、维修和补给的能力。

鉴于世界各国都在采取措施对抗海盗，海盗也加强了“基础建设”。海盗组织对其成员进行严格训练，并招募当地一些勇敢、头脑灵活、善于格斗的年轻人加入，并对他们进行管理与培训，以适应今后可能更加困难的劫船局面。近期，海盗出海时间延长，甚至具备在不同海域同时发动袭击的能力，说明海盗装备水平、人员实力和组织能力均有所增强。海盗职业化、规模化的演变趋势也使各国海军和普通商船应对和抗击海盗面临更加严峻的挑战。

（三）海盗袭击目标扩大，频率增加

随着海盗装备的日益先进，袭击船舶的对象早已不限于低速船、小船等，其袭击目标已从吨位较小、完全无防护能力的渔船、游艇，扩大到排水量大、有一定防护能力的货船、油船甚至军火船，凡是途经该地区船舶都有可能成为海盗袭击的对象。此外，美国船舶“马士基·阿拉巴马”号遭袭等事件说明海盗敢于袭击大型船舶、大国商船，敢于向大国叫板。令人震惊的是军舰也成为海盗袭击的目标。目前，海盗袭击目标涉及货船、军火船、油船、化学品船、渔船、拖船、邮轮等各类船舶。他们还将袭击范围扩大到军舰，如2009年5月3日，在肯尼亚蒙巴萨以东540 n mile处，索马里海盗以“母子船”形式，试图袭击法国海军“雪月”号导弹护卫舰；2009年5月6日，在索马里东部沿海，2艘海盗船追击美海军干货与军火船“刘易斯·克拉克”号约1 h，并向其开火，只是该船未被击中。

总部设在马来西亚吉隆坡的国际海事局海盗活动报告中心发布的2010年度调查报告称，2010年全球总计53艘船只遭海盗劫持，绝大多数劫船事件发生在索马里附近海域，“自1991年有统计以来，2010 年是海上劫持船员人数最多的一年”。另据国际海事局海盗报告中心提供的数据，仅2011年第一季度在索马里海域发生的海盗袭击事件就达97起，同比增加了约2倍。据韩国国土海洋部统计，2011年前3个月全球共发生了142起海盗劫持与袭击事件，同比猛增了111.9%。

（四）海盗袭击战术多变，出击灵活

海盗控制的“母船”数量逐渐增多。因索马里海盗近期连连作案得手，其可利用的“母船”不断增多，一类为载重量大、价值高的大型商船作为抢劫的海上移动“基地”，海盗利用其适航性好、航程远的特点，用母船将子船拖至计划水域，进行远海作案，这样的“基地”兼顾行动时的后勤补给，此类“母船”有“IZUMI”号货船、“AL NISR AL SAUDI”号油船等。另一类为小吨位的渔船或机帆船，目标较小且不易分辨，过往船只容易受其迷惑，放松警惕。在他们没有出手前，外国军舰很难从外表上判断出哪一艘船是海盗船，而在海盗登船控制船员后，考虑到船员的安全问题，外国军舰此时不敢轻易动用武力，海盗使用的此类“母船”有“TAI YUAN 227”号渔船、“GOLDEN WAVE 305”号渔船和“AL-NASSR”号机帆船等。

海盗在锁定目标后，“母船”上会出动数艘载有6～10名武装人员的快艇。快艇配备有全球定位系统、AK-47冲锋枪和火箭筒并有一些带钩的梯子或类似攀爬用的工具等，他们在靠近目标船舶后以武力相威胁，然后登船控制住船员，并将船舶驶往偏僻海域。

海盗有时也采用“声东击西”的策略，在袭击过程中，他们会使用1艘快艇在目标船舶一侧佯动，同时，从另一侧船舷后部接近目标实施登船。若遇袭船舶发出求救信号，海盗母船会在VHF16频道播放高分贝的音乐，干扰过往商船或附近军舰接收信号，而他们通过内部预定的方式联系，避免被军舰打击。海盗袭击也由单打独斗向集群团伙扩展，海盗以往零星出动，现在则多是集中5～10艘快艇采取分组配合、分工合作、分向围攻的方式对船舶实施集群化攻击，1～2艘快艇负责警戒或分散护航军舰注意力，其余小艇集中攻击目标船只，速战速决。有时海盗还采用诱骗战术，以多艘快艇佯动迷惑施救军舰，掩护其他同伙登船行动。如2009年4月25日，在亚丁湾东部海域，至少5艘海盗母船和10艘快艇采取集群攻击方式，袭击了15艘以上向西航行穿越亚丁湾安全走廊的船舶，其中2艘商船被劫持。

（五）海盗抢劫行为更趋暴力

近来，海盗抢劫加大了对所劫船舶的武力攻击强度。此前，海盗通常采取武力恐吓或向船身开火，逼迫船舶停船，很少发生射击人员的案例，而现在，由于海盗直接面对护航军舰，受到的威胁越来越大，面临被捕或被击毙的危险，所以采取了更多的暴力手段。海盗在攻击船舶时使用火箭筒或轻武器直接进行射击，登船后首先射杀警卫人员。

曾屡次发生遇袭船舶受损、船员受伤的情况，特别是海盗发射的火箭榴弹对船舶构成较大威胁。2009年2月25日，海盗分子在袭击我中远公司“雁荡海”号过程中，就向“雁荡海”发射2枚火箭弹，并使用冲锋枪扫射，造成船上人员受伤，后因丹麦军舰及时赶到，海盗分子才未能得手。2011年1月6日在距离Ras Al Hadd东南205 n mile处（21°10.4′N/063°17.4′E），5名武装海盗乘坐一艘快艇向一艘正在航行中的液化石油气船开火，海盗的火箭筒将船上的生活区打穿，船长采取规避航线，最终避免海盗登船。在海盗行动的暴力性迅速升级的同时，海盗行动时对反海盗舰队的警觉性也有所增加，挟持人质胁迫反海盗舰队撤退的情形也屡有发生。

海盗劫船后射杀人质是一个新动向，过去，海盗劫船、劫人以索要赎金为唯一目的，而如今，随着反海盗行动力度加大，海盗正越来越多地使用人质作为“盾牌”，人质的危险性增加。2009年4月26日，海盗射杀了4个月前被劫持的“海公主2”号船上的1名印度船员并将其尸体抛入大海，行径极端恶劣。据国际海事局统计，2010年全年在海盗劫船过程中，或在沦为人质后死亡的船员总计13人，同比增加9人。

第二节 通过海盗袭击区时的准备

一、风险评估

在通过索马里海盗袭击高危险区时，船公司管理人员和船长应该根据最新的海盗信息，进行风险评估，主要是对海盗攻击船舶的可能性和后果进行风险评估。海盗信息的收集是风险评估的第一步，通过公司发给船舶的保安信息、公司各级领导来电、EGC、NAVTEX、联军军舰通告、询问过往船舶等渠道，了解亚丁湾、索马里东岸及红海南部水域海盗活动情况，并在海图上做好标记。船长、船舶保安员要研究海盗活动的区域、规律和特点，注意收集国际海事局反海盗中心或附近国家发布的海盗活动信息，阅读相关资料，掌握船舶所在的海域和港口海盗活动最新情况。

该风险评估结果应确定预防、减轻和恢复措施，并结合有关规定和补充措施来抗击海盗行为。在风险评估中考虑的因素应包括（但不仅限于）以下几个方面。

（一）船员安全

应将确保船员安全作为首要考虑因素。在制定措施预防非法登船和从外部进入上层建筑时，应注意船员不会被炮弹伤害，或被本船的防海盗设施所伤。可以在船舷上焊接固定钢板、堆砌空油桶、木块等作为掩体，还可以制作活动钢板抵御子弹的射击。应对负责摘钩或现场重点人员配备防护装置（如防弹衣、钢盔）和自卫器械。可在掩体处设置水枪，驾驶台或甲板人员要注意隐蔽，不得暴露身体。另外，在布置本船的防海盗设施时应注意确保通道畅通，不要使船员被困在舱内，以致若出现其他紧急情况（如火灾）时无法逃脱。对架有电网、钢丝网的船舶要注意不要使人员被电击伤或被铁钩刺伤。

（二）干舷

海盗很可能会设法在水线以上的最低点登船，通常是在船的尾部。最近的趋势表明，最小干舷大于 8 m 的船舶比那些干舷较小的船舶成功逃脱海盗袭击的可能性要大得多。但是，如果船舶的结构使得海盗很容易爬上船，再大的干舷高度也是无济于事的，仅仅是干舷高，不足以阻止海盗的袭击。

（三）航速

一种最有效的防御海盗袭击的方法就是利用船速使海盗难以登船，如果提早发现潜在攻击，航速比攻击者快将会有助于在其发动攻击前逃脱。到目前为止，还没有成功攻击航速超过 18 kn 的船舶的报道。但海盗利用一定的战术和手段，登上航速比较快的船舶也不是不可能的，因此，建议船舶在高危险区可全速航行。如果参加编队航行于推荐的国际安全走廊，则听从护航舰艇的指挥来调整航速。

在亚丁湾，超过 18 kn 的船舶，强烈推荐其全速前进，特别是在高危险区，船舶保持全速行

驶是防止和阻止海盗和武装抢劫最重要手段，有关最新海盗作案时船速的更新，建议查阅欧盟海上安全中心——非洲之角网站（www.mschoa.org）。

（四）船型

杂货船一般航速较慢，且有船舷，可利用船舷制作掩体，但也容易被海盗搭钩或搭梯子上船。散货船船体宽大且航速慢，周围无掩蔽的地方，最容易使海盗上船，可在栏杆上绑铁丝网。半潜船没有舷墙、干舷低，更容易使海盗上来，也可以绑铁丝网和制作电网。油船与散货船一样，航速慢且没有遮掩的地方。汽车滚装船一般干舷较高，航速也较快，但船尾的跳板是薄弱点。集装箱船一般航速较快，两舷都装有集装箱，海盗不容易上船，但船上容易造成瞭望盲点。

（五）海况

海盗驾驶小型船舶，虽然他们有“母船”做后盾，但这也限制其只能在微风轻浪的海况下进行活动。虽然没有统计数据，但在海况 3 级及以上的条件下，可能很难操纵这些小型船舶。

（六）通过时间

目前看来，选择在天黑期间通过高风险区域被认为是一个较好的选择。到目前为止，所有的海盗袭击事件都发生在白天，唯一一次例外是在有明亮月光的夜晚发生的。白天的袭击更可能发生在清晨或傍晚。船舶不太可能在天黑的几个小时内完全通过高风险区域，因此，船长可能会考虑哪些区域是最高风险区域（根据在通行之前获得的最新消息确定），并计划在天黑期间通过这些区域。在黑暗中通过，有利于降低风险，而在白天通过，则有助于提早发现潜在攻击者，需要在这两个方面进行权衡。在区分船舶能否成功逃脱攻击时，“早发现、早报告、早行动”这“三早”是很重要的因素。

（七）海盗活动

在释放被劫持船舶和/或印度洋季风过后，海盗攻击的风险一般会增加。夏季印度洋受季风影响，风浪比较大，海盗活动受到一定的限制，而冬季海盗攻击的风险更大。

二、航线设计

航线设计在保证安全、经济的同时，应遵循尽量远离海盗活动猖獗区域的原则。船舶航行于自愿报告区域，同时也是高危险区域，这时推荐利用 UKMTO（英国海上贸易组织）的船位报告表报告船位、航向、速度和目的地，同时鼓励船舶增加报告频次，例如进入或者航行于国际安全走廊的 6 h 船位报。

（一）对航行于红海/亚丁湾航区的船舶

强烈建议船舶航行在有海军力量护航的国际安全走廊内。西行船航行于国际走廊的北半部分，东行船航行于国际走廊的南半部分。参加护航编队的船舶按海军规定的航线行驶。中国海军护航编队规定东行集合点在 B 点：12°17′.8N/043°49′E，西行集合点在 A 点：14°36′N/053°00′E。护航舰队在护航过程中还会根据情况做出适当调整，例如从 2011 年 3 月 1 日起，我海军第七批护航编队亚丁湾西部汇合点调整为 11°52′N，44°12′E，向东南移动了 34 n mile。

如果走联军推荐的航线，按 2008 年 9 月到目前多国联合海军的军舰及飞机在该区域进行保安巡逻的 UKMTO 推荐的通道航行（见图 10-4）。

经修正的 UKMTO 通道坐标如下：

045°E/12°00′N，053°E/14°30′N；

045°E/11°55′N，053°E/14°25′N；

045°E/11°53′N，053°E/14°23′N；

045°E/11°48′N，053°E/14°18′N。

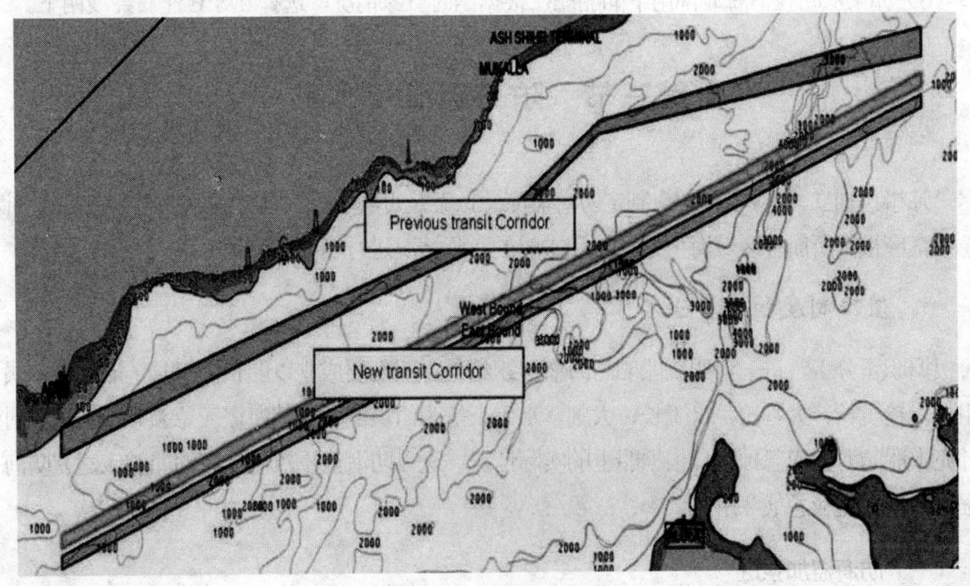

图 10-4 国际安全走廊

对上述通道的修正包括设置了分离的往东及往西的通道，每一条通道分别为 5 n mile 宽，并以一条宽为 2 n mile 的缓冲区分隔。往东的通道起点为 045°00′.0E 介于 11°48′N 和 11°53′N 之间，该通道随着一条（真航向）072° 直线航线延伸，并终止于 053°E 介于 11°18′N 和 11°23′N 之间。往西的通道起点为 053°E 介于 14°25′N 和 14°30′N 之间，该通道随着一条（真航向）252° 航线延伸，并终止于 045°E 介于 11°55′.0N 和 12°00′.0N 之间。

UKMTO 通道没有航标，也并非设定为一种专用交通分离安排，但为确保一旦受海盗袭击时能及时得到军舰的援救，建议通过亚丁湾的船舶遵守上述关于使用 UKMTO 通道的指引，同时准确计算并调整到达集合点的时间，避免到达集合点前慢速行驶或者停航等待。

（二）对航经或靠离东非、南非附近港口的船舶

（1）如南印度洋没有飓风恶劣天气，航行此区域的船舶一般不走莫桑比克海峡，而走马达加斯加东部，将毛里求斯岛放在西边，取印度洋直插马六甲海峡口（往返航线相同）。

（2）如果印度洋有飓风，但可以安全规避，而且基本不影响船期的航行船舶，同样走印度洋上述安全航线。

（3）如果靠离南非理查德湾或马普托港口的船舶，应绕马达加斯加南部海域上述安全航线驶往目的港。

（4）如果靠离东非港口蒙巴萨或达累斯萨拉姆港口的船舶，北上船舶沿东非沿海、保持离岸12 n mile 外谨慎驶往目的港。

（5）如果从阿拉伯海南下或从马六甲西行前往这些港口的船舶，航行至12°S/078°E，再转向西行至岸边12 n mile 外沿岸驶往目的港。

（6）如果从阿拉伯海北部南下的船舶，根据当时气象情况，选择078°E 左右经线南下。

第三节　防海盗应急预案

"凡事预则立，不预则废"，制定防海盗应急预案是每艘航行索马里高危区船舶必备的功课。应急预案应根据所航行区域海盗的特点和本船的实际情况进行精心编制。

一、值班制度和人员分工

根据职责分工，进一步明确船舶防海盗组织结构，船上要成立以船长为组长，船舶保安员为副组长，轮机长、大管轮、机工长、大副、水手长等为组员的防武装海盗应急领导小组，及时修订补充本船防海盗应急预案。根据船上的实际情况，进入防海盗重点监控区的船舶应建立防海盗加强班和抗海盗应急战斗组。

（一）防海盗加强班

防海盗加强班是在防海盗重点监控区正常的值班安排。

在进入海盗活动区域时就应启动防海盗加强班，并按《船舶保安计划》的要求实施保安等级2 的措施，下面以某船为例，说明防海盗加强班的组织结构、功能及职责，船舶可以此为参考，根据本船的实际情况（人员数量、素质、船舶结构、器材配备等）进行修改。

××船索马里海盗区值班安排

背景：船舶驶入亚丁湾、索马里海域，全船停止一切维护保养工作处于应急状态，宣布实施该方案。

编组：与驾驶台值班时间同步，每天6 班，每班4 人，具体是：

0～4 为4 人　　4～8 为5 人　　8～12 为5 人

岗点：驾驶台两翼各1 人（驾驶台值班水手负责一翼），船尾2 人。

装具：着工作服、工作帽、工作鞋，戴线手套，持对讲机、望远镜、个人防海盗装具（木棍或水手刀等），夜间配强光手电。

职责：24小时不间断地监视船舶周围小船动态，保持与驾驶台联络（每半小时测试对讲机一次），发现可疑情况立即报告驾驶台，夜间加强班人员应经常用强光手电照射周边海域示警。有可疑小艇向本船逼近，第一时间到达现场展开阻击，并为甲板战斗组提供情况。

要求：

（1）严肃履行职责，严格交接班制度，严防漏情或贻误战机的情况发生。

（2）交接班由驾驶台当班水手负责叫班，接班人员不到场，交班人员不得离开值班岗位，做好交接班记录。

（3）餐厅预留饭菜，待值班人员下班后就餐。夜间驾驶台、机舱、加强巡逻班人员不得做夜宵，夜餐由伙房统一制作预留，可委托非值班人员代送至值班现场。

（4）加强班人员喝水、上厕所等需要暂时离开值班岗位时，必须相互轮换并告知驾驶台，不得以任何理由擅离职守。

（5）非值班人员（含驾驶台、机舱正常值班人员），除工作和足够的睡眠以外，有三项任务：一是一律到甲板协助瞭望，一旦有情况能够迅速做出反应；二是为各类值班人员送水送饭；三是临时顶替防海盗加强班人员。

（二）抗击海盗的应急部署

在发现并抗击海盗时应启动抗击海盗应急部署。一般把全体船员分为3个抗海盗应急战斗组：值班战斗组、现场战斗组和医疗救护队。下面以某船为例，说明抗海盗应急战斗组分工及一般程序，船舶可以此为参考，并根据本船的实际情况（人员数量、素质、船舶结构、器材配备等）进行修改。

总指挥：船长

把握海盗攻击形势，指挥全船人员采取一切必要措施摆脱武装海盗的袭击和侵扰，确保船舶、货物和人命安全。

现场总指挥：船舶保安员

根据船舶总指挥的命令和抗击现场形势，及时果断地调整兵力分配、部署抗击器材、落实防护措施，指挥现场人员坚决阻击海盗登船。

1. 值班战斗组

分为驾驶台和机舱值班战斗组。

驾驶台值班战斗组

责任人：船长（全船总指挥）

组　员：二副、值班水手、报务员

听从船长的指挥，掌握海盗来袭方向、快艇数量、攻击动态和停靠地点，果断采取规避航法，干扰快艇靠泊，指导现场人员阻止海盗登船，及时启动保安报警系统，向公司和海盗报警中心报告情况，连续不断地向联军舰队和兄弟船舶发出救助信号，发射对空信号弹、投放无线电示位标、鸣笛、喊话，做好自身的隐蔽防护工作。

机舱值班战斗组

责任人：轮机长（机舱总指挥）

组　员：二管轮、值班机工

听从船长的指挥，时刻处于备车状态，确保“四机一炉”和各种应急设备正常运转，在驾驶台操舵失灵的情况下，听令操控应急舵。

2. 现场战斗组

现场战斗组，设一名现场总指挥，分左右甲板战斗组，每组又分为四个战斗小组。根据现场形势，一侧一点受敌，全船共同抗击；两侧多点受敌，各组分头出击。既分兵作战，又相互配合、相互支援，形成整体。

责任人：船舶保安员（现场总指挥）

在船长的指挥下，利用各种防护设施、阻击器材和威慑手段，及时有效地保护自己、援助他人、抗击海盗，坚决拒海盗于船舷之外。

个人佩戴：安全帽、工作服、工作鞋、线手套、防盗木棍、自卫刀具、对讲机（置船上指定的频道，充足电），夜间需携带手电。

岗位：甲板，组织人员利用一切手段打击海盗阻止登船。

现场战斗组，分左右甲板两个战斗组，每组又分为两个战斗小组，分别负责驾驶台前部和船尾。根据现场形势，一侧一点受敌，全船共同抗击；两侧多点受敌，各组分头出击。既分兵作战，又相互配合、相互支援、形成整体。现以某船为例说明现场战斗组是如何安排的：

左甲板现场战斗组

责任人：大副

组　员：船员9人

配备器材：对讲机4部、电警棍2根、防弹衣2套、钢盔5顶、专用镰刀2把、脱钩器2把、太平斧2把，铁钩2只、盾牌2个。备汽油弹、石灰、卡拉姆、丝葫芦、大小铁块若干、啤酒瓶、大小木块若干等放置于甲板有利位置。夜间配强光手电2只，各人自备防海盗铁棍。声光爆炸弹10发（如有）。

第一组（左前）：4人

组长一名：突击队员，戴钢盔，穿防弹衣，携带对讲器、电警棍、脱钩器。岗位在主甲板左二舱前部。其主要任务是带领本组成员阻击左舷前甲板海盗，并根据现场总指挥命令随时调整人员部署，灵活运用兵力和现有防盗器材，当海盗抛钩时，在其他队员掩护和其他组队的支援下，任突击队员前往摘钩，必要时手持盾牌防护。在战斗中要与第二组、第三组密切配合，负责发射一舱声光爆炸弹和使用其他器材阻止海盗登船。

队员1：戴钢盔，携带镰刀。岗位在二舱中部。其主要任务是利用手中武器和就便器材打击、驱赶企图来犯之敌，当突击队员前往摘钩时，紧跟其上，配合或掩护其行动，利用镰刀、石灰粉、铁块等打击海盗。

队员 2：携带太平斧。岗位在一、二舱之间。听从组长指挥全力驱赶海盗，当突击队员前往摘钩时，配合或掩护其行动，利用太平斧、石灰粉、铁块等打击海盗。个人负责管理前甲板（一舱）的消防水龙，当海盗企图接近我船时，用高压水龙对准其喷射。

队员 3：携带铁钩，在组长的带领下全力驱赶海盗，其主要任务是利用手中武器和就便器材打击、驱赶企图来犯之敌。岗位在左二、三舱之间，个人负责管理前甲板（二舱）的消防水龙，当海盗企图接近我船时，用高压水龙对准其喷射，突击队员摘钩时，用高压水枪喷射掩护。

第二组（左后）：6 人

组长一名：现场指挥，任突击队员，戴钢盔、着防弹衣，携带电警棍、对讲器，携带脱钩器。岗位在左甲板四舱中部。其主要任务履行左甲板现场指挥并第二组组长职责，带领本组成员利用地形地物和各种障碍物阻击左舷后甲板海盗，并根据船长船舶保安员命令随时调整人员部署，注意与第一组及右甲板战斗组的协同和配合，灵活运用兵力和现有防盗器材，当海盗抛钩时，在其他队员的掩护下，任突击队员前往摘钩，必要时手持盾牌防护。负责发射艇甲板声光爆炸弹，人员撤离时殿后关门。

队员 4：戴钢盔，携带镰刀。岗位在左甲板三舱中部。其主要任务是利用手中武器和就便器材打击、驱赶企图来犯之敌，当突击队员前往摘钩时，紧跟其上，配合或掩护其行动，利用镰刀、石灰粉、铁块等打击海盗。

队员 5：携带太平斧，戴钢盔。岗位在左甲板三、四舱之间。听从组长指挥全力驱赶海盗，当突击队员前往摘钩时，紧跟其上，配合或掩护其行动，利用太平斧、石灰粉、铁块等打击海盗。个人管理三、四舱之间水龙，海盗靠近时对准其喷射。

队员 6：携带铁钩在组长的带领下全力驱赶海盗，利用手中武器和就便器材打击、驱赶企图来犯之敌。岗位在四舱后部。个人负责管理四舱后的消防水龙，当海盗企图接近我船时，用高压水龙对准其喷射，阻止其登船。

队员 7：听从组长的调配和指挥，携带自卫武器，利用各种就便器材全力驱赶海盗。岗位在舷梯甲板。突击队员摘钩时，利用各种手段进行积极配合掩护。按照指令负责左舷电网供电。

队员 8：携带自卫武器在组长的带领下全力驱赶海盗。岗位在艉甲板及左艇甲板。负责管理尾甲板的消防水龙，当海盗企图接近我船时，用高压水龙对准其喷射，用高压水枪喷射掩护。按照指令负责生活区甲板供电。

A. 左侧一点受到攻击时

两组齐上。

B. 左侧两点同时受到攻击时（包括前甲板和船艉）

1 组前，2 组在后。

C. 左侧受多点同时攻击时

现场决定。

右甲板现场战斗组

责任人：大管轮

组　员：10人

配备器材：对讲机4部、电警棍2根、防弹衣2套、钢盔5顶、专用镰刀2把、脱钩器2把、太平斧2把、铁钩2只、盾牌2个。备汽油弹、石灰、卡拉姆、丝葫芦、大小铁块若干、啤酒瓶、大小木块若干等放置于甲板有利位置。夜间配强光手电2只，各人自备防海盗铁棍。

第三组（右前）：4人

组长一名：突击队员，戴钢盔，穿防弹衣，携带对讲器、电警棍、脱钩器。岗位在主甲板右二舱前部。其主要任务是带领本组成员阻击左舷前甲板海盗，并根据现场总指挥命令随时调整人员部署，灵活运用兵力和现有防盗器材，当海盗抛钩时，在其他队员掩护和其他组队的支援下，任突击队员前往摘钩，必要时手持盾牌防护。在战斗中要与第一组、第四组密切配合，负责发射一舱声光爆炸弹和使用其他器材阻止海盗登船。

队员1：戴钢盔，携带镰刀。岗位在右二舱中部。其主要任务是利用手中武器和就便器材打击、驱赶企图来犯之敌，当突击队员前往摘钩时，紧跟其上，配合或掩护其行动，利用镰刀、石灰粉、铁块等打击海盗。

队员2：携带太平斧。岗位在右一、二舱之间。听从组长指挥全力驱赶海盗，当突击队员前往摘钩时，配合或掩护其行动，利用太平斧、石灰粉、铁块等打击海盗。个人负责管理前甲板（一舱）的消防水龙，当海盗企图接近我船时，用高压水龙对准其喷射。

队员3：携带铁钩，在组长的带领下全力驱赶海盗，利用手中武器和就便器材打击、驱赶企图来犯之敌。岗位在右二、三舱之间，负责管理前甲板（二舱）的消防水龙，当海盗企图接近本船时，用高压水龙对准其喷射，突击队员摘钩时，用高压水枪喷射掩护。

第四组（右后）：6人

组长一名：现场指挥，任突击队员，戴钢盔、着防弹衣，携带电警棍、对讲器，携带脱钩器。岗位在右甲板四舱中部。其主要任务履行左甲板现场指挥并第二组组长职责，带领木组成员利用地形地物和各种障碍物阻击左舷后甲板海盗，并根据船长船舶保安员命令随时调整人员部署，注意与第三组及右甲板战斗组的协同和配合，灵活运用兵力和现有防盗器材，当海盗抛钩时，在其他队员的掩护下，任突击队员前往摘钩，必要时手持盾牌防护。负责发射艇甲板声光爆炸弹，人员撤离时殿后关门。

队员4：戴钢盔，携带镰刀。岗位在右甲板三舱中部。其主要任务是利用手中武器和就便器材打击、驱赶企图来犯之敌，当当突击队员前往摘钩时，紧跟其上，配合或掩护其行动，利用镰刀、石灰粉、铁块等打击海盗。

队员5：携带太平斧，戴钢盔。岗位在右甲板三、四舱之间。听从组长指挥全力驱赶海盗，当突击队员前往摘钩时，紧跟其上，配合或掩护其行动，利用太平斧、石灰粉、铁块等打击海盗。个人管理三、四舱之间水龙，海盗靠近时对准其喷射。

队员6：携带自卫武器与铁钩在组长的带领下全力驱赶海盗，利用手中武器和就便器材打击、驱赶企图来犯之敌。岗位在四舱后部。个人负责管理四舱后的消防水龙，当海盗企图接近本船时，用高压水龙对准其喷射，阻止其登船。

队员 7：听从组长的调配和指挥，携带自卫武器，利用各种就便器材全力驱赶海盗，岗位在舷梯甲板。突击队员摘钩时，利用各种手段进行积极配合掩护。按照指令负责右舷电网供电。

队员 8：携带自卫武器在组长的带领下全力驱赶海盗。岗位在艉甲板及右艇甲板。负责管理尾甲板的消防水龙，当海盗企图接近我船时，用高压水龙对准其喷射，用高压水枪喷射掩护。

A. 右侧一点受到攻击时

两组齐上。

B. 右侧两点同时受到攻击时（包括前甲板和船艉）

1 组前，2 组在后。

C. 右侧受多点同时攻击时

现场决定。

3. 医疗救护组

当在抗击海盗过程中有人员受伤时，负责救护工作，由医生、大厨、大台等人负责。

医疗救护组

责任人（组长）：医生，配备对讲器一个。

组　员：大厨、大台

备足急救药品和器材置于右后甲板应急发电机旁，平时参后甲板抗击防海盗任务，携带自卫器械在组长的带领下全力驱赶海盗，一旦有船员受伤，立即止血并迅速将其转移到安全地带，尽一切努力挽救伤员生命。

二、抗击武装海盗一般程序

在人员分工安排到位后，确定本船的抗击海盗的一般程序，以下以某船为例进行介绍。

程序背景：全体船员处于紧急待命状态，防海盗加强班严格值守，驾驶台谨慎驾驶，密切关注海面小艇动向。

（1）发现险情，拉响警报，同时广播。

听到警报（同时广播），全体船员按分组分工立即奔赴各自岗位，现场战斗组携带个人装备迅速在海盗来袭方向位置集结，按 1 组、2 组、3 组、4 组顺序编队准备迎敌。

（2）海盗接近，离船较远。

调整消防水龙位置，开足压力，对准小艇喷射。其他人员迅速调整反击器材，备好打击器材、亮出自卫器械，齐力驱赶海盗。

（3）海盗武力威胁，绕船侦察。

发射声光爆炸弹警告，找好隐蔽位置，与海盗小艇同步移动，判断海盗登船器械和攻击方式，一旦海盗分左右两舷攻击，立即按计划分组，分向迎敌，迅速将有效的反击器材置于手中全力驱赶海盗。

（4）海盗放枪扫射，试图攻船。

对准小艇发射声光爆炸弹，连续变换船舶位置，向海盗小艇投掷玻璃瓶、小型铁块、木块、石灰等，必要时，向其投掷重型铁块给以重击。

（5）海盗靠拢船舶，搭钩攀爬。

立即给高压电网送电，采取一切有效手段，坚决砍断、摘除其登船器具。要全力阻止海盗攀登，使用铁块、自制棍棒、石灰、啤酒瓶等各类可用器材，密集攻击登船海盗和海盗小艇，尽力阻止小艇靠近船舷或海盗攀爬上船。

（6）海盗登船并武装袭击。

一旦局面无法控制，按照2、1及4、3组的顺序从左右甲板通道门退守生活区，左舷组长大副最后撤离，并负责放下关好一、二层梯子闸门，木匠负责关一层水密门，右舷大管轮最后撤离，并并负责放下关好一、二层梯子闸门，机工长负责关一层水密门（船头1、3组人员若来不及撤回生活区则撤进前尖舱）。人员撤离到艇甲板通过投掷燃烧弹、倒机油等手段继续抗击海盗，阻止海盗进入生活区，争取救援时间。

（7）海盗即将攻入生活区，且已成无法阻止之势时（该状态由船长做出判断）。

Ⅰ. 主机停车，并采取绝密措施使主机无法被启动，避免被海盗劫持船舶开往他处。

Ⅱ. 所有船员从机舱应急通道退入最后一道防线（如舵机房），防止人员被劫持或受伤，关闭锁死舵机房通道门，等待救援。

（8）医护应急：备足急救药品和器材，一旦有船员受伤，立即止血并迅速将其转移到安全地带，尽一切努力挽救伤员生命。

三、其他要求与注意事项

防海盗中比较繁琐的工作在完成人员分工和反海盗一般程序预案后，还要注意实施细节，以下以某船为例加以介绍。

（1）着装：进入防海盗区域，所有人员包括驾驶台、机舱值班人员都必须戴安全帽，着工作服，穿工作鞋，戴线手套。所有人员必须着工作服和衣睡觉，不能栅门，把安全帽、工作鞋、手套、应急工具置于随手可得的地方。除非紧急情况不能大声喧哗，保持公共场所安静。

（2）撤退信号：汽笛急促连按七声，三次。船尾从主甲板退至艇甲板继续抗击海盗，组长确认人员全部撤离后才能关门。船头人员如来不及往后撤则进入前尖舱，从内关好水密门，打开锚链舱道门透气，等待救援。

警报解除信号：以驾驶台对讲机通知为准。

（3）发射声光发射弹：驾驶台为二副，船头、艇甲板为各组组长。在接到驾驶台指令后才能发射，不能擅自发射。

（4）电网送电：海盗船接近船舶搭钩攀爬或海盗多点攻击不能控制局面的情况下，驾驶台发出送电指令后，各小组组长必须确认收到指令并通知到小组内所有人员，由现场总指挥指定人员送电并报告驾驶台（建议电网共三组，分为左、右甲板组与生活区甲板组，现场人员都要知道控制开关位置与送电断电方法）。

（5）抗击海盗重点区域：海盗容易登船处为船中，此区域为防范重点。

（6）武器管理：接收到解除紧急警报后个人把所携带自卫器械带回并妥善保管，撤退时尽可能把武器带回。

（7）纪律要求：听到应急信号后，所有人员必须立即奔赴岗位，行动中听从指挥、协调配合，在紧急警报没有解除之前任何人不能以任何理由擅离岗位，没有船长、船舶保安员命令任何人员不能脱离岗位退回生活区。

所有人员既要思想重视，但也不要过分紧张，要相信全体船员的能力，保持旺盛的士气与斗志，既要注意自我保护，又要相互支援，海盗出现初期，在没有威胁到人身安全的情况下，人员要按本预案要求站位并做出反应，在气势上压倒海盗。

四、紧急撤退程序的建立和演练

海盗一旦成功登上船舶，面对拥有武器的海盗，除非拥有像“振华4”号船那样特殊的结构，否则船员方为策略只能选择最后的大撤退。虽然很少有人经历过战争，但至少可以想象得到撤退的紧张，如果没有建立起行之有效的紧急撤退程序，一旦出现混乱，在撤往安全舱（在海盗登船后供船员避难的场所）的过程中难免出现疏漏，就可能让海盗有机可乘。

防海盗中的应急撤退与弃船撤退有些相似，但时间要求更高。撤退程序应能满足：

（1）撤退命令能让每一个船员实时收到。

（2）撤退最后关头极短时间内完成指定的职责，如确定必须停止的设备，收藏好重要物件和资料、使船舶无害于他船（即不冲撞其他商船）和向公司报告（在海盗临近船舶发起进攻的过程中，应保持卫通电话处于畅通状态，一旦撤退立即报告公司）等。

（3）迅速撤至安全舱。安全舱需事先就位，撤退时应轻装上阵，以最快的速度撤入安全舱。

（4）熟门熟路。熟悉从岗位迅速撤退到安全舱的路线，即使黑暗无照明也没有问题，而设计中的这些撤退路线应尽可能避开海盗可能快速接近的地方，为此，撤退路线应进行安全评估。

（5）迅速关闭“洞门”而不留一个船员在门外，这个“洞门”既包括生活区的入口，也包括安全舱的内外通道。需要安排有经验的、反应灵敏的专人把关。

（6）报告撤退成功与否（如可行）。抵达安全舱后，尽快通过铱星电话报告情况，船员是否已经完全撤人，如果联系公司或有关单位不成功，一定要守听甚高频电话，随时准备向靠近的救援飞机通报本船情况，如果船员生命不受威胁，海军就可以进行武装除暴救援。

（7）救援成功后出舱。当我国海军通知出舱时，可以随即出舱；有人用英语通知时，要谨慎，若有可能，应先与公司联系确认，避免上当受骗。

（8）成功解救后，在解救人员离开前，一定进行一次全船搜查，谨防海盗躲藏，造成对船舶和船员的二次威胁。

船员制定好撤退程序后，必须经历实战演练的检验，通过演练，优化下达命令的时机和撤退路线，确认船员全部入内的方式和关闭洞门的时机，检查船员抵达后安全舱必需品是否到位，验证船员的撤退速度是否能快过海盗的速度，找出船员中最迟撤离的人员和岗位。

一旦荷枪实弹的海盗登船，伴随着刺耳的枪声，即便是处于撤退中的船员，出现恐惧感也是难免的，就是听到自己船员的急促脚步声，也会担心正在接近的是不是海盗，尤其当身后有人接近时会更加紧张，这种本能反应所激发的恐惧感是完全可以理解的。为此，建议建立起一种自我识别的措施，譬如轻声地用中文说“是我”，以便对方知道靠近的是自己人，避免出现误认和恐慌的局面。

总之，只有在不断的演练中总结经验，优化和完善撤退程序，才能在实战中起到作用，完成撤退任务

五、工作检查表

在完成初步防海盗应急预案后，可以根据本船的实际情况，制定并执行工作检查表，这样可以起到对预案进行核对和检查的作用，防止遗漏。表 10-2 是某船的工作检查表。

表 10-2 进入索马里/亚丁湾前船舶应做的工作检查表（仅供参考）

序号	工作项目	责任人	完成日期
1	是否制定适合本船的《防海盗应急预案》？	船长、船舶保安员	
2	是否根据上述《预案》对全体船员进行防海盗培训并保持记录？	船长、船舶保安员	
3	是否根据上述《预案》对全体船员进行防海盗演习并保持记录？	船长、船舶保安员	
4	是否根据上述《预案》安排防海盗加强班？	船长、船舶保安员	
5	是否根据上述《预案》安排应急战斗组？	船长、船舶保安员	
6	全体船员对自己的防海盗职责是否清楚？动作是否熟练？	全体船员	
7	是否做好防海盗方面的硬件准备？包括但不限于：安装水龙水枪、声光爆炸弹发射架；制作掩体、脱钩器、盾牌、铁钩、镰刀、斧头、防盗棍；拉电网等。	船长、船舶保安员	
8	是否做好防海盗方面的软件准备？包括但不限于：进行全船动员、精心部署防海盗工作的每一步骤、通过培训、演练使每个人的工作职责明确、动作熟练等。	船长、船舶保安员	
9	是否通过 VHF、EGC、NAVTEX、EMAIL、电话、传真等多方收集防海盗方面的信息？	电子员	
10	是否在进入海盗猖獗区域前对 SSAS 进行测试并记录？	电子员	
11	是否提前储存公司、中国海军护航编队、中国海上搜救中心、IMB 反海盗中心、UKMTO、联军军舰等方面的联系方式并在发生险情时，根据船长的指令立即发出报警？	电子员	
12	是否对全船机械设备进行检查确保其百分百可靠？	轮机长	
13	是否选取一、两处牢固、隐蔽的地方作为海盗登船后全体船员藏身之处，该地方储存有食物、淡水、通信设备等必需品？	船长、船舶保安员	

第四节　报告制度与防海盗布防

一、报告制度

船舶进入防海盗重点监控区时要按公司和有关部门的规定执行报告制度。一般要求每天当地时间的0600时、1200时、1800时、2400时，即每隔6 h向公司值班调度室发送船位报，同时在报文备注栏中注明值防海盗班的情况，在此期间，公司值班人员对船舶的动态随时跟踪，直到离开防海盗重点监控区，恢复正常船位报。

参加海军护航编队的船舶按护航舰艇的要求进行报告。

参加联军护航编队的船舶用电子邮件向设在巴林的美国海军MARLO报告船名、呼号、船籍港、上一个停靠港、下一个目的港、货物、当时船位、航向和在亚丁湾的转向点，同时抄报公司。公司也可通过网站：www.mschoa.org 向欧盟海军海上保安中心——非洲之角（MSCHOA）登记本公司船舶通过亚丁湾/索马里区域的情况，以期一旦有紧急情况能得到他们的救援。

进入联合海军巡逻海域后，应主动用VHF16/10频道与海军的军舰联系，并按要求报告（提前主动联系海军的船舶，当受到海盗袭击呼叫海军协助时，更能及时地得到响应）。

一旦发现可疑船舶在本船附近活动，船长应立即用 VHF16 频道向中国护航海军军舰或联军军舰报告，如果确定为海盗船，应打电话向公司和/或中国海上搜救中心报告，同时可向驻在巴林的美国海军MARLO和IMB海盗举报中心等机构报告、发送求救信号、启动C站和DSC等报警系统、启动船舶保安警报系统。防海盗报告联系方式见附录1。

二、防海盗布防

“巧妇难为无米之炊”，船舶的防海盗方案做得再完善，没有一定的防海盗设备和工具作为硬件支持也无济于事。公司保安员要确保航经海盗高危区的船舶在开航前及时补充必要的防海盗物资。

（一）防海盗专用设备

针对海盗问题研发的防海盗专用设备很多，选取以下几种介绍。

（1）ShipLoc卫星监测仪，可以通过一台上网的个人电脑随时探知船舶的准确方位。

（2）带有防海盗电网的Secure Ship装备，能产生9 000 V非致命的脉冲电流，同时触响警报系统，阻止海盗登船，这是目前最有效的防海盗设备。

（3）“虎之门”报警系统（日本开发），当海盗登船用的抓钩抛到甲板上时，系统就会发出警报。

（4）“海上劫持警报与船舶追踪系统”，它可以每天6次发送卫星信号，向公司报告船舶所处的位置、速度和航向。如果海盗一旦干扰或破坏了安装在船上的“船舶追踪系统”，海上劫持警报器就会通过电子邮件和移动电话及时向公司示警。

（5）红外线或微光闭路电视监控系统，在驾驶台设立监控中心，在船首、船尾、两舷各设监控摄像头，可提高监控和防范能力，为以后的取证和资料收集提供便利。

（6）便携式雷达，安置在船尾，增强探测船尾小目标的功能，并可预警。

（7）声光爆炸弹，一种可以在船上专用发射器点燃发射，在发出巨大响声和亮光同时伴有烟雾的非伤人性的烟花爆炸性物品（发射装置见图 10-5）。“TWX”轮 2009 年 8 月 16 日在索马里非洲之角东南 300 n mile 处遇主机故障漂航，附近的一艘海盗母船携 2 艘快艇出动，意在必得，用自动步枪和火箭弹向该船开火，造成该船 No.2 克令吊室损坏，但该船在合适时机分别向海盗小艇及其母船发射了 6 颗声光爆炸弹，最终逼退了海盗船。

图 10-5　声光爆炸弹发射装置

（8）LRAD（远程声波控制器），这是一种声音定向传输设备，能够实现远距离喊话、定向驱散、警告威慑功能，其有效作用距离可达 2 km。

（二）可以利用的设备和工具

防海盗仅仅依靠专用设备是不能满足要求的，目前多数船舶并没有配备多少先进的专用设备，这就要求船舶应因地制宜，充分利用现有的设备和工具。以下是常见的可利用的设备和工具。

（1）信号发射装置：包括降落伞火箭信号及信号发射枪等，可阻吓海盗。

（2）橙色烟雾信号：可用来干扰海盗视线。

（3）抛缆器：其发射枪可对海盗产生一定的威慑作用。

（4）太平斧：可用来砍断海盗攀爬的缆索，面对持冷兵器的海盗时可作自卫工具使用。

（5）灭火器：可用于自卫和驱赶海盗。

（6）警报器：用于报警，阻吓海盗。

（7）钩镰枪或长柄铁钩：可用来解除海盗登船的绳钩。

（8）铁棍：用于自卫。

（9）火箭降落伞火焰：要由专人负责保管、清点登记、日常维护。注意做好保安用途的标志，不要与 SOLAS 公约要求配备的救生信号弹相混淆；使用后再向公司申请补充，作为交班内容书面列出；手提或绑在架子上朝天空发射，注意不要伤到人员。

（10）无雾状高压水龙（见图 10-6）：由专人负责保管、清点登记、日常维护。使用时抓住水龙，注意水龙的惯性和冲击力，对准海面或目标冲射，不要伤到自己人员，也要注意降低身高，利用舷墙保护自己，以免受武装海盗开枪袭击；使用后清水冲洗维护，由水手长存放入库，作为水手长交班内容书面列出。

图 10-6　无雾状高压水龙

（11）石灰：由专人负责保管、清点登记、日常维护。进入海盗活动海域前，船舶保安员组织相关人员对石灰进行分小包处理，在进入海盗活动海域时分别存放在左右两舷甲板、生活区和艉甲板几个点位，并将存放位置明确告知船上全体船员。在海盗企图强行登船时利用石灰粉对准海盗进行攻击，注意不要伤到自己人，也注意要降低身高，利用舷墙保护自己，以免受武装海盗开枪袭击。整个操作过程中要注意防潮，船舶离开海盗活动海域后，由船舶保安员、水手长负责将石灰收集入库。

（12）汽油：由专人负责保管、清点登记、日常维护。进入武装海盗活动海域前，船舶保安员组织相关人员对汽油进行装瓶（啤酒瓶），制作一定数量燃烧瓶，在进入海盗活动海域时分别存放在左右两舷甲板和艉甲板几个点位，并将存放位置明确告知船上全体船员，记录各位置存放数量，在海盗企图强行登船时利用燃烧瓶对准海盗进行攻击。注意在包装时瓶头一定要扎紧，抛投时防止汽油或火苗被抛在甲板上而伤到自己人，也注意要降低身高，利用舷墙保护自己，以免遭武装海盗开枪袭击。船舶离开武装海盗活动海域后，由船舶保安员、水手长负责收集清点处理，汽油和燃烧瓶存放一定要有防火和预防自燃的措施。

（13）防弹衣、迷彩服、钢盔（装备见图 10-7）：船舶保安员根据防海盗情况评估、分发给防海盗的相关人员，作为各防海盗小组交接班内容；平时要培训正确使用方法和技巧，主要用于保护阻止武装海盗船靠近及其人员登船的人员（如甲板面负责脱钩、控制高压水龙的人员），完成防海盗工作后由船舶保安员负责清点登记、入库。

图 10-7　防海盗人员装备

（14）强光手电、大功率激光手电、手提式智能探照灯：可以有效干扰海盗的视线。由船舶保安员负责保管、清点登记和日常维护。船舶保安员根据防海盗、防偷渡任务分发给相关人员，作为各防海盗小组交接班内容。平时要培训正确使用方法和技巧，使用前检查其是否有足够的电量，完成防海盗工作后由船舶保安员负责清点登记、入库。

（15）电警棍：由船舶保安员负责保管、清点登记、日常维护。船舶保安员根据防海盗、防偷渡等任务分发给相关人员，作为各防海盗小组交接班内容。平时要培训正确的使用方法和技巧，使用前检查其是否有足够的电量，完成防海盗工作后由船舶保安员清点登记、入库。

（16）手铐：由船舶保安员负责保管、清点登记、日常维护。船舶保安员根据防海盗、防偷渡等情况进行使用，完成防海盗、防偷渡等任务后，由船舶保安员清点登记、存放。

（17）对讲机：所有对讲机电池充好电以备随时使用，船长、驾驶员的由其自己负责检查，分配给其他人员的由船舶保安员亲自负责检查。

（18）超高功率喇叭：通过噪声阻止海盗接近。

（19）红外线望远镜等夜视光学设备：可用于夜间值班瞭望使用。

（20）超滑泡沫：增加海盗攀爬和行走的难度。

（21）臭味剂和刺激剂：通过气味驱离海盗。

（22）激光眩目枪：可使海盗暂时失明。图 10-8 为绿色激光炫目枪，在 50 m 内可以造成眼睛损害，有效作用距离晚上为 2 km，白天为 200 m。

图 10-8　绿色激光炫目枪

（23）轻便望远镜：用于值加强班的人员瞭望。

（三）构筑本船的防御体系

防御体系的构建要立足现有条件，因地制宜地制定，下面从架设电网、高压水、实物障碍、安全舱、重点区域的保护五个方面进行介绍。

1. 架设高压电网

（1）安装的位置

根据船体特点，第一舱前，船首兴波大，海盗无法从该处攀登，因此，从第一舱后端开始沿舷侧，一直到艉甲板舷墙，安装一个封闭式的高压电网，高压电线用支架支撑到船舷外 30 cm（见图 10-9）。

图 10-9 高压电网的安装位置

（2）所用材料及安装方法

①利用圆钢、扁铁、角铁和卡码做电网支架，将电网支撑到船舷外约 30 cm 的位置。支架一定要结实，而且要与船体可靠固定，这样才能承受钢丝收紧时的拉力和具有一定的抗破坏性能。对于主甲板两舷只有栏杆、没有舷墙的情况，支架一般装在最下端的栏杆上；对于像船尾没有栏杆、只有舷墙的情况，支架一般装在舷墙上。

②用铁丝或铜丝拉电网是不结实的，有可能被海盗的挂钩拉断，可将绑扎钢丝破股，用单股钢丝拉电网，这样既保证了强度，同时又不会因为钢丝自身太重，经过一定的跨度后荡到船壳而造成接地。

③安装时，在钢丝通过支架上卡码的 U 形处，套上两层塑料软管，以用来绝缘。在支架外端的卡码收紧前，用钢丝收紧器将钢丝收紧，然后再用卸扣将钢丝连起来。因为破股的钢丝弹性太大，所以要用收紧器收紧。将钢丝绷紧后再处理它与支架间的绝缘。不同的两层塑料软管在干燥时能保证对地绝缘 10 MΩ 以上，上浪或水汽会使绝缘变低，甚至绝缘降为零，因此在安装好后，再给支架上的卡码上包上一层塑料布。电机员应每天测量它的绝缘（在集控室内就可以测各路电网的绝缘），发现绝缘低时，只要擦去塑料布表面的盐分，就能恢复它的绝缘效果。

④为了防止一处接地造成全部电网失效，两舷的钢丝和船尾的钢丝中间用琵琶头连接，并且在琵琶头上套塑料管，这样两舷的钢丝和船尾的钢丝之间就是绝缘的，要给它们分开独立供电。但是为了保证钢丝间不发生短路，几路钢丝都应提供同一相电源。

（3）供电线路及电路控制

每一路钢丝的供电开关都安装在集控室，这个开关同时具备过载保护，在电网接地造成电流过载后它会自动跳闸，以使电网的使用不会影响全船的供电安全，所以可分为多路独立供电。可利用船上的备用空气断路器做开关，各个断路器可以是 32 A 或 52 A。安装后应做试验，使其既能供电又能自动保护跳闸。甲板上直接由集装箱插座或其他供电单元给电网供电，在集控室内，将集装箱插座或其他供电单元的供电主开关全部断开，另外接电源，通过各个空气断路器后再给集装箱插座或其他供电单元的各相供上同一相电源，并且集装箱插座或其他供电单元的每一相只供防海盗电网的其中一路电，这样才能保证每一路电网都可独立控制。而且这样的安装不需要从甲板另接电线到机舱。

（4）供电时机

为了防止船员触电，在电网安装好后，并不通电，只有当海盗实施攻击时，由船长下令才给电网供电。

（5）加强对海盗的警示

努力将海盗拒于舷外，尽量不与海盗发生正面冲突，要让海盗知道船上装了电网，让海盗望而却步，用英文和索马里语写明的“有电，危险！”及“高压危险”等警示牌，分别挂在两舷和船尾（见图10-10）。

图10-10　高压警示牌

（6）使用电网时的注意事项

①使用电网时不可同时使用高压水枪，以防电网接地失效发生触电事故。

②船长下令给电网供电前，一定要用对讲机通知现场指挥的船舶保安员，由船舶保安员提醒现场所有人员，以防船员被电网击伤。

③不建议在运输碳氢化合物的船上使用电网，但在安全评估后可在某些船型上使用。

2. 充分利用高压水

使用高压水可有效阻止或拖延试图登船的海盗。甲板部负责甲板上所有消火栓接上消防水龙和水龙枪且固定好，使阀门处于打开状态，消防泵处于随时启动状态（见图10-11）。

图10-11　消防泵开启状态下的高压水

在使用过程中注意以下几点：

（1）不建议手动操作软管和泡沫枪，因为这样可能会使操作者处于暴露的位置。如果条件允许，可以设计制作遥控装置。图 10-12 是某船装备的可遥控高压水枪，可在船尾 270°的范围内遥控喷射，有效距离达 60 m。

图 10-12 可遥控高压水枪

（2）装配并固定在适当的位置，建议使软管和泡沫枪处于就绪状态，仅需远程启动消防泵即可开始供水。不应直接进行泡沫供应，因为这会较快消耗完毕，导致在需要泡沫灭火时船舶处于无泡沫可用的危险情况。

（3）固定位置应覆盖海盗可能进入的路线，能观察喷水枪和泡沫枪的喷射情况，并可通过在喷嘴前不远处安装挡板来改善喷水的覆盖范围（见图 10-13）。

图 10-13 安装挡板的水龙枪

（4）液货船如有移动式洗舱机，可充分利用其高压并旋转的特性，悬挂在船舷外，见图 10-14。如果可以，适当加温会起到更好的效果（一般液货船洗舱温度可以达到 90°以上）。

图 10-14　旋转中的洗舱机

3. 实物障碍

海盗登上航行中船舶的典型方式是使用梯子和系着绳子的抓钩，因此可使用实物障碍增加其登船难度。在设置任何实物障碍之前，进行调查评估，确定海盗企图登船的薄弱区域。

（1）设置障碍将取决于其所应用的精确位置，但可能包括有刺或尖削的铁丝网式路障（见图 10-15）；同时可考虑扩大舷缘的宽度，防止梯子和抓钩获得抓点。

图 10-15　铁丝网式路障

（2）可考虑给舷缘及其他潜在的薄弱结构涂上"防攀"油漆、滑油或牛油（注意防止污染）。

（3）建议在通电围栏或障碍物上贴上警告标志，向内一面用英语或船员所操语言标志，向外一面用索马里语标志；即使实际上障碍物的任何部分都没有通电，也可考虑使用此种朝外警告标志。

（4）杂货船有舷墙，可以将舷墙作为掩体来防子弹。另外可在舷墙上焊上半圆钢管（直径大于 30 cm），所焊钢管的直径应超过钩子的直径，也就是将舷墙改装使海盗钩子挂不上，此法一劳永逸，成本也不高。

（5）在 No.1 舱后至生活区舷外距水面约 2 m 处挂上钢丝，后面拖一段废缆绳，这样可使钢丝及缆绳浮于水面，以使海盗小艇到船边会缠其螺旋桨，使其无法靠近；但注意不要太长，以免在本船转向时将本船螺旋桨缠住。

4. 安全舱的选取和配备

安全舱的理念来自于"莫斯科大学"号油船的成功的反海盗事件。2010 年 5 月 5 日，该船满载 8.6 万吨原油，在途经亚丁湾附近索卡特拉群岛以东约 350 n mile 处遭索马里海盗劫持，当时船上有 23 名俄籍船员，6 日凌晨，俄罗斯特种部队乘直升机飞抵油船上空，沿绳索登上"莫斯科大学"号，与海盗发生交火，击毙 1 名海盗，逮捕 10 人，俄罗斯籍船员全部获救。这次成功解救事件的关键点就是俄罗斯军方飞机抵达油船上空时，获悉船员躲进海盗无法进入的安全舱，船员生命和健康没有受到任何威胁，而劫船海盗的失败之处就是在海盗劫船后超过 20 h 的时间里，一直无法抓到一名船员作为人质。

不管该船的躲避行为是事先早有预案还是突发灵感的一时行为，这一事件在反海盗史上具有里程碑式的意义，不仅成为首例被海盗劫持后，不付赎金而成功解救的先例，而且找到了海盗劫持船舶的软肋，结束了海盗登船后船员只能束手被擒的被动局面，让人们有理由认定即使海盗登船成功，也不意味着海盗劫持船舶的企图就能得逞。

又如 2010 年 4 月，土耳其"亚辛 C"号货船在肯尼亚以东 250 n mile 处海域遭索马里海盗袭击，装备自动步枪和肩扛式榴弹发射器的海盗强行登船，但所有船员随后藏入坚固、密闭、闷热的船舱底部动力舱，关闭引擎坚守不出，海盗在甲板上等待 30 多个小时后无奈弃船而去。

这个供船员在海盗成功登船后的躲避场所就被大家称为安全舱。目前各船公司都十分重视安全舱的构建，甚至有的国家拟立法要求船舶设安全舱。

所谓的安全舱其实也就是一个避难所，它应具备以下条件：

（1）便于全体船员迅速进入。

（2）满足全体船员长时间呼吸的足够空气，至少数天的饮用淡水和食物。

（3）拥有并方便船员如厕的场所，排泄物的存放不会影响到舱内人员的健康。

（4）即使外界温度变化，也能满足全体船员在该场所较长时间的生活。

（5）满足应急医疗所需。

（6）如有可能，应满足听觉和视觉对安全舱外情况的了解。

（7）舱室不易被已经登船的海盗所发现。

（8）即使该场所被发现，海盗也不易突破并侵入，不易被海盗追使（如被切断空气、烟熏等）而出舱。

（9）具备与外界迅速建立通信联系的设备。

从目前已经设置安全舱的情况看，众多船员进入安全舱后出现极度闷热和缺氧是普遍存在的问题，如果这样，即使海盗没有发现和攻入，船员也不得不离开此处，那反劫持的全盘计划就功亏一篑了。

为此，安全舱应尽可能选择有较大空间的地方，安装温度相对可控式风窗；开启盖板要位于安全舱内侧，这样既可以为舱室通风换气，又可以作为舱内了解室外情况的窗口（为了解舱外情况，还可考虑在安全舱外装设隐蔽的微型探头），若经过安全评估，船员在撤退时选择不停止发电机的，则不妨把空调引入安全舱，以保障舱内的温度不至于太高。

5. 加强重点区域的保护

重点区域包括驾驶台、机舱、居住舱室等，驾驶台通常是海盗攻击的重点，在攻击开始阶段，海盗将火力对准驾驶台，强迫船舶停止航行。海盗一旦登上船舶，他们通常会设法利用驾驶台取得控制权。对驾驶台可进一步加强保护措施：

（1）驾驶台人员应戴上安全帽、钢盔等防护装备。

（2）提前准备好信号弹、声光发射弹等，尽量准备废铁块、玻璃瓶等，尚未开航的船舶在港内可寻找和储备一些石块、砖头等，并将其堆放在甲板适当的位置。要准备好太平斧、木棒、刀具和其他工具，以备解除海盗的绳梯挂钩。可准备一些滑油、油漆放在甲板和生活区外部的楼梯附近。

（3）为驾驶台侧窗和后窗以及翼门窗装配金属（钢、铝）板，一旦受到攻击可迅速关闭；还有的船舶为前窗加装了防爆玻璃和防弹钢板，如图 10-16 所示。前玻璃中间草绿色玻璃为透明的聚碳酸酯热塑性物质，具有很强的抗冲击力的特点，不易被击碎。前窗浅蓝色部分为防弹钢板。

图 10-16　驾驶台前窗防弹玻璃内外效果图

（4）可通过放置沙袋墙或者设置钢板掩体等为驾驶台侧翼平台或开敞处所提供保护，同时可设置假人迷惑海盗，见图 10-17。

图 10-17　钢板掩体与假人

（5）控制进入驾驶台、机舱、舵机舱和居住舱室的通道，无水密门的门窗应考虑加设防护钢板或栅栏。2008 年 12 月 17 日，“振华 4”轮割断从主甲板到驾驶楼的两架铁梯，利用主甲板到驾驶楼下生活区有 6 m 的落差，建立起一道防线并以生活区为屏障击退了海盗。

（6）对海盗可能有用的工具和其他器具，要集中保存在安全的地方，所有工具间锁闭，防止海盗利用工具破坏门窗。

第五节 航行于高危海盗区的防御策略

一、常规防范措施

1. 打破部门界限，全力以赴防海盗

船舶在高危海区航行期间，应暂停一切日常维修保养和其他能够推迟的工作，除日常航行值班外，启动防海盗加强班，安排全体船员轮流值防海盗班。船上要启动实施《船舶保安计划》中保安等级3的措施。

2. 做好思想动员和教育

针对船员年龄结构、交接班等实际情况，进行深入的思想动员和教育，引导大家既要克服麻痹大意思想，又要克服畏难情绪，坚定必胜的信心。召开船员大会，让老船员和有经验的同志给大家介绍情况和注意事项；船长、船舶保安员要亲自给大家讲好“如何防海盗”这一课，统一思想认识，确立“以防为主、周密准备、沉着应对、敢打必胜”的指导思想，从而打牢思想基础。

3. 落实培训与演习

进入防海盗监控区前，船长和船舶保安员要开展防海盗教育培训工作，使每个船员明白自己的职责，掌握防海盗的方法和注意事项，并根据本船防海盗部署举行不少于3次防海盗袭击保安演练，并做好记录。演练要根据预案模拟海盗袭击的各种场景，突出各种场景的应对方法，达到警铃一响，2 min 内全体船员可各就各位准备战斗的效果。演习也是对本船防海盗预案有效性的预检，可针对演习中出现的问题对预案进行适当修正。船员在训练时应认真、到位，不能有任何侥幸逃脱海盗袭击的思想。船舶还应适时开展军事训练，增强体质，掌握战斗技能，训练怎样蹲、卧、猫、侧、匍匐前进、翻身侧滚、鱼跃侧击、砍绳摘钩等战术，这样可极大地提高船员的机动反应及协作抗击能力。

4. 加强值班

船舶应安排1～2名值班水手和1名驾驶员在驾驶台值班，值班中应注意以下几点：

（1）要密切注意周围水域的船只动向，尽量远离滞航或航向频变的船只（应疑似海盗母船）；保持两部雷达常开，设置5 n mile以上警戒圈，如有1艘小艇进入警戒圈应通报值班人员加强警戒；如有2艘及以上小艇进入5 n mile警戒圈应立即启动应急程序（广播通知、启动全船警报系统、启动消防泵）。

（2）保持对所有遇险与安全频率的持续守听，尤其是VHF16频道和受监控区域的海事安全广播，并以军舰监听的频道作为备用频道。

（3）发现任何可疑船舶，应立即报告船长。

（4）机舱备车航行，以全速通过高风险区域。

（5）开启双副机航行，保证足够的电力供应，并随时启用主消防泵和应急消防泵。

5. 开启 AIS

在船舶位于高风险区域期间是否应打开或关闭 AIS 的问题上存在不同观点。SOLAS 公约要求安装 AIS 的船舶在任何时候都保持系统运转，除非有公约、规则或标准规定保护航行信息。如果关闭 AIS，海军护航部队很难对正在通过高风险区域的商船进行识别、跟踪和监控。船长可根据自己的专业判断，行使其决定权，根据实际情况决定是否开启或关闭 AIS。如果关闭了 AIS，在受到攻击时也必须立即启动。

6. 靠近护航编队航行

按计划航行在护航编队或联军推荐的航线上；在夜间要实行灯火管制（海盗艇除母船外都是开敞式快艇，没有装备雷达）。

7. 控制通行口

生活区通道只留一个通行口，其余通道在内侧反锁；通往机舱、上甲板防盗栅栏要全部锁闭，一层窗户要上紧金属挡板。

8. 加强巡逻

防盗巡逻班的组长和每班水手要穿防弹衣、戴钢盔，每人携对讲器并保持互相联络，每班与驾驶台至少进行 2 次对讲器测试；发现可疑情况立即报告驾驶台；值班人员务必坚守岗位，需就餐或有事需要暂时离开时必须有人替换。

此外，还要做到以下几方面：

（1）其他非当值人员一律在餐厅、甲板办公室和大台间休息，所有人员必须全天穿工作服，全天不脱衣、不脱鞋，安全帽和武器放置在身旁随手可取处。

（2）保留一至两个生活区通往甲板的通道通畅，且通道的门能够及时紧闭，其他的门全部紧闭。主甲板或艉甲板通往上一层甲板的楼梯应封闭。

（3）为防止海盗枪伤船员，负责摘钩的船员应穿着防弹衣，以防海盗突袭时来不及穿。

（4）按要求认真执行报告制度，加强与公司的联系，熟练掌握报警程序，以便获得岸基支持。

（5）增强应急反应能力，确保船员和船舶安全。

（6）印度洋季风期间，在索马里东部海区及索科特拉岛东北部海区，出现的海盗劫持船舶案例较少。随着季风期的结束，海盗活动必定增多，航行在上述海区船舶，应按规定远离沿岸和岛屿，航行中应增加瞭望人员，安排人员值防海盗班，保持雷达连续观测，发现可疑小船或快艇，应及时启动应急预案。在高风险区域，也会有一些小船从事合法活动，保守的做法是尽量远离并保持警惕。

二、船舶遇袭时的防御手段

发现海盗袭扰，全体船员随时处于临战状态，做到一声令下，不论何时、何地，按应急预案迅速到应急地点集合，突出一个“快”字。

驾驶台要拉响汽笛示警，适时运用车舵给海盗登船制造困难，不能给可疑小艇制造下风舷，尽可能不让其靠近本船。在海盗区航行期间，机舱值班和安全班人员实行 24 h 在岗值守，随时做好应急准备，任何时候不能停车或减速。

启动消防泵，甲板、船尾各消防水龙出水并保持对舷外冲击状态，避免船员近距离接触以防人身受到伤害。利用地形和较好的物体做掩体，机动灵活地进行出击。尽量不要伤害对方，以驱赶为目的，防止其报复，一切行动听指挥。最好以众示威，吓跑对方，但要采取一切措施将企图登船的海盗控制在船舷以外。

轮机长根据主机的负荷（因大舵角转向避让海盗小艇的需要），随时调整主机的转速，确保主机在安全运转的前提下开到最大的转速。

保安员根据船长的指挥信号及时调兵遣将，全体船员务必齐心协力、主动配合，以最快速度集合到海盗企图强行登船的甲板，以最大力量、最短时间阻击海盗登船，一旦发现海盗抛上挂钩，负责摘钩的人员要立即将挂钩摘除。

驾驶台用 VHF16 频道、卫通等有效手段发送遇险求救信号，向防海盗中心、防海盗巡逻联军、周边船舶和公司保安员通告遭遇海盗的情况。开启 AIS，视情启动船舶保安警报系统（SSAS），视情发射火箭降落伞信号、声光信号弹等。如有可能，对海盗船进行拍照和摄像（注意隐蔽，防止被海盗发现），以便向外报告和备查。

三、武装海盗登船后的应对措施

发现武装海盗登船，船员应立即撤退到生活区或其他坚固的安全舱内，避免船员受到伤害。锁闭驾驶台、机舱、舵机房和船员生活区；立即向公司和国际反海盗中心报警，启动 SSAS 报警，驾驶员启用 DSC、VHF16 频道、卫通等有效手段报警求救，并说明船上保安的情况。向空中施放火箭降落伞火焰信号弹；对登船海盗人数和威胁进行评估，灵活组织对抗登船海盗，避免与武装海盗正面冲突，确保船员生命安全。想尽办法阻止海盗进入生活区或安全舱，争取营救时间。

在黑夜遭遇海盗或海盗登船时，应增加以下应对措施：

（1）每位防海盗人员必须携带手电，熟悉防海盗线路和通道的情况，如果有障碍物应尽可能提早清除。

（2）驾驶台和防海盗巡逻人员利用探照灯对海面进行照射，警示企图靠近的海盗船。在不影响航行安全基础上，将对海面照射的大灯全部打开。

（3）发现海盗或海盗船企图靠近的情况，均要立即互相通告，启动消防泵，用探照灯照射海盗船，各小组充分利用高压消防水以及其他保安器材冲击和阻止海盗船靠近和登船。利用地形和较好的物体做掩体，机动灵活地进行出击。

在整个防海盗过程中，务必确保船员人身安全。船员应注意自身的防卫和保护，防止因光线较暗而致使船员受伤，防止武装海盗开枪袭击，包括因海盗袭击探照灯而造成伤亡。

四、船舶或人员被劫持时的应对措施

船舶保安员应规定好暗号（语言或手势），以便当某些人员（特别是值班人员）受到劫持或在胁迫下通信时，能通过暗号使其他船员知晓并及时采取措施。该暗号不应写在纸上。包括船长、驾驶员、值班人员在内的适当人员应熟悉并接受该程序的训练。

一般而言，在船舶被劫持期间以不发生事故为好，注意事项如下：

（1）保持平静并使他人也这样，除生命受到明显威胁外，不要抵抗和谩骂。

（2）若有可能，船长、船舶保安员或其他人员应启动船舶保安警报系统。

（3）提供合理合作，努力与劫船者建立合理的关系。

（4）只要可行，人员应尽可能地待在一起。

（5）尽力确定劫船者人数。

（6）若有可能尽量增加登船点数量。

（7）设法了解劫船者的要求以及可能的期限。

（8）若条件允许，提供可靠的通信设备供谈判人员与劫船者谈话。

（9）除当局有指令外，船长和船员不应试图与劫船者谈判。

如果有增援军队登船打击海盗的，应及时向其通报船舶及船员状况。船员在甲板上应保持低姿，用手保护头部，保持双手随时可见并未持有物品。除非有军方指示，否则不得突然动作，以免产生误会。

如果发现劫船者的意图是以本船作为攻击武器，应设法使本船处于暂时不可操纵状态，以延长反应时间，如启动应急速闭阀或砸掉主副机启动压缩空气瓶安全阀等，必要时，可以用误操作方式破坏动力设备。

如果获释，应向救助协调中心、船旗国主管机关和公司报告，报告内容包括船名、国籍、受劫持位置、人员伤亡或物品损失情况，并对袭击者进行描述。

五、船公司防抗海盗的工作部署

目前，各船公司都在致力于紧抓船期、节约成本，但公司管理人员也应清醒地认识到索马里海盗活动日益猖獗的形势，应意识到几乎每艘单独航行于亚丁湾的船舶都有可能遭遇海盗的袭扰，船方应急措施稍有不当就可能直接导致遭劫的后果。一旦海盗以船员和船舶要挟而提出高额的赎金，再加上因此而带来的船期、相关费用的间接损失等，绝不是几天的船期损失所能相比的。中国海上搜救中心获得的护航数据资料显示，几乎每批次护航编队都有外国船舶临时加入，其中不乏滞航数天专门等待编队的船舶。例如，某公司就曾因赶船期而指令某船放弃参加护航编队，后来该船遭遇海盗袭击，虽在船员全力阻击下海盗放弃了袭击，但此事无疑给高度紧张的船员带来了心理上的伤害，损害了公司的凝聚力。如果船员应急措施不力或海盗采取暴力措施导致船舶被劫，其后果更是不堪设想。所以建议船公司应信守安全管理文件中向船长充分授权的声明，尊重船长在船舶安全上的决定权，支持船长的合理决定，为船舶提供足够、有效的岸基支持。基于此，航运公司应从以下几个方面着重考虑。

1. 公司高层领导要重视

首先要成立亚丁湾/索马里海域防海盗领导小组和工作小组，召开专题会议研究和布置，组织有关人员认真分析武装海盗袭击船舶的特点，结合本公司船舶的实际情况，整理、研究船舶防海盗的方法及经验教训，不断完善防海盗应急预案。其次有关人员要对防海盗工作进行分工，跟踪落实。要求航经亚丁湾/索马里海域的船舶，要确保“四机一炉”正常运转，在确保船舶安全航行的情况下，停止一切正常的维修保养工作，以防海盗工作为重点。

2. 加大宣传教育力度

对媒体上刊登的英勇抗击海盗的事迹进行大力宣传，提高船员防范武装海盗的警惕性和自信心，消除恐惧心理。

3. 合理配载货物

公司指导船长应按照航运业务和特殊货物运输主管人员的要求和船舶货载情况合理配载，力求做到摆放有序、不易碰撞、防火防潮、安全保密、便于装卸。

4. 科学设计航线

海务总管根据船舶航经海域的海况等实际情况设计安全航线，并建议船舶遵照执行；对海盗活动猖獗的如亚丁湾/索马里海域，要严格按照中国海军护航编队或联军护航舰队提供的安全航行要求，结合以往船舶航经此海域的经验制定出具体的指导航线，尽可能减少船舶遭遇武装海盗袭击的可能性。

5. 集结船队同行

调度值班室应根据公司航经亚丁湾/索马里海域船舶多的特点，结合船舶航次动态尽可能安排同方向的船舶结队航行，前后照应，壮大声势。同行船舶指定指挥船，负责统一协调和指挥，其他同行船舶必须服从指挥。

6. 积极申请护航

航经亚丁湾和索马里海域的中国籍船舶，应按照交通运输部2008年第43号文《关于中国船舶在亚丁湾和索马里海域申请护航有关事项的公告》的要求，积极申请护航，公司调度值班室负责按照中国海军护航编队提供的护航时间安排及要求，结合船舶的航次动态进行申请，尽可能安排船舶加入中国海军护航编队航行。如果未加入中国海军护航编队，应联系并申请船舶参加其他国家（如日本、印度、俄罗斯等）有伴航服务的护航编队航行。

7. 加强保安提示

船舶在抵亚丁湾/索马里海域前，公司值班调度和海务总管要对船舶安全航行和防海盗工作进行重点提示，按照联军提供的“绿色通道”及船舶提供的实际情况，为船舶设计指导性航线。要求船舶在此海域每6 h报告一次船位、航行现状、船舶防海盗班人员落实情况及相关保安措施，公司保安员提前对船舶上报的防海盗工作预案进行审核并反馈船舶实施，同时向船舶提供最新的保安信息及其他船舶防海盗的先进经验，应进行单船跟踪指导，同时在船舶进入亚丁湾/索马里海域前，公司保安员均要通过卫通电话与船长通话，进行防海盗提示并提出具体要求。

8. 严格现场监督

加大船舶现场检查的力度，认真做好开航前检查。公司机务和海务总管在船舶抵国内港口时均要上船进行安全检查和指导，确保"四机一炉"和航行设备正常运转；公司保安员要对船舶保安情况进行现场具体指导和布置，为船舶提供技术支持并督导落实保安措施。

9. 加大保安信息收集力度

公司应通过不同途径及时向船舶提供海盗袭击最新信息和趋势，为船舶阻止海盗登船提供信息技术指导。指定专人负责保安信息的收集工作，每月或者每周至少给船舶发布一次最新的保安信息。

10. 确保通信畅通

公司要为航行于亚丁湾/索马里海域的船舶配备足够的对讲机，确保船舶内部的通信联络。船舶回国内港口时，应组织相关技术人员对船上通信联络设备进行技术检测，确保雷达、AIS、SSAS、EPIRB和DSC处于正常工作状态。

11. 配备保安器械

给每艘航经亚丁湾/索马里海域的船舶增配火箭降落伞火焰信号、无雾状高压水龙、智能充电式强光灯、电警棍、防弹背心、钢盔、石灰和硫酸等自卫器材；船舶用于制作电网、钢板掩体及船舶申请制作自卫器材的物料。所配防海盗器材必须在确保船员安全的情况下方可使用或制作。

12. 选调优秀船员

对航经亚丁湾、索马里海域船舶的主要船员进行评估和筛选，将政治思想素质好，业务技术精并具有一定航海资历的船长、船舶保安员、大副、轮机长确定为候选人并根据需要安排上船。选派近年招聘的退伍军队干部到船上工作，他们政治素质好，具有较好的军事技能和丰富的作战经验及组织指挥才能，是船舶应对海盗不可多得的人才。

13. 船岸应急反应要协调、迅速

公司要按照安全管理体系中有关应急反应的规定，迅速、妥善处置各类突发事件，保障与船舶和有关主管当局的通信畅通，确保船舶航经亚丁湾、索马里海域的船员、船舶及货物的安全。

第六节　中外海军索马里/亚丁湾海域护航

一、中国海军护航

根据联合国第1816号决议，应索马里临时政府请求，中国于2008年12月26日派遣海军第一批护航编队起航赴索马里/亚丁湾海域，为过往的中国商船以及联合国粮食计划署等国际组织运送人道主义物资的商船提供护航，此举为航经索马里/亚丁湾海域的各国商船，尤其是中国商船的安全提供了极大保障。截至2011年2月28日，中国海军护航编队已完成300批3 454艘中外船舶的护航任务，其中外国商船1 507艘，占被护船舶总数的43.6%，解救被海盗追击的船舶33艘，护航成功率 100%。中国海军在亚丁湾的护航已经常态化，我国航行于上述海域的商船应尽量寻求中国军舰的护航，以安全地通过此高风险区域。

我国海军护航编队在索马里/亚丁湾海域设立了七个巡逻区，其中四个位于亚丁湾内，三个在索马里东部海域，并在亚丁湾东、西口各设立一个集合点，为过往商船提供护航。集合点的位置随季节有所变化，具体位置需留意在中国船东协会网站公布的准确集合点。

目前我海军的护航方式主要有三种：即伴随护航、区域护航和随船护卫。

（1）伴随护航：根据事先公布在中国船东协会网站（http://www.csoa.cn）的护航班期，军舰在集合点集结申请护航的商船，并组织成编队，然后伴随编队通过亚丁湾水域。这是中国海军目前最主要的一种护航方式。

（2）区域护航：军舰在巡逻区内巡逻，遇有紧急情况前往救助。

（3）随船护卫：指海军根据实际情况，派遣特战队员登上商船，随船护卫商船航行至安全水域。海军选择随船护卫的商船多是风险大、自身防护能力低的船舶。

船东如果申请中国海军伴随护航或随船护卫，需要按照规定的程序提前申请。具体的申请程序为：中国籍船舶登陆中国船东协会网站，下载申报表格，按要求填报；将填妥的申请表发到中国船东协会，船东协会再将申请表发送到交通运输部水运局，水运局将申请护航的船舶资料汇总交中国海上搜救中心，搜救中心将申请护航的船舶组成编队，并通报海军蓝盾行动指挥所（即海军护航行动指挥所）。

中国香港籍船舶通过香港特别行政区海事处填报申请护航表格，香港海事处再将申请护航船舶汇总报送中国海上搜救中心，搜救中心将申请船舶组成编队，并通报海军蓝盾行动指挥所。

外籍船舶需要通过船籍国海事主管机关向中国驻当地外交使馆提交护航申请，使馆将申请转交至交通运输部，经有关方面批准后，由中国海上搜救中心将申请船舶加入编队，并通报海军蓝盾行动指挥所。

申请护航的船东及船舶应严格按规定填报申请表格，并保证所填报信息、资料的准确性，尤其是船东和船舶的联系方式，应尽可能完整、准确。根据本批护航舰队的联系方式（一般与旗舰（Flagship）联系）提前5天联系，按要求提供如下材料：

ship's name/call sign/flag/mmsi/kind of vessel/owner company/country/what cargo on board;

vessel's dwt/loa/mean draft/freeboard/economy speed/max. cruising speed/loading condition/crew numbers/nationality;

captain name/nationality;

year of built;

last port of call/country/Two week history ports of call/country;

ship's communication details: inm-c: tlx; inm-b/f/m: tel/fax; email (if available);

place for helicopter landing;

next port/destination;

any patient on board;

important: 48/24/12 hrs update eta by INM-c to flagship to ensure to dehver info safely.

护航旗舰提前3～4天将本次护航的集合地点、时间和起航时间、航向、起始速度和护航速度、解散地点、VHF呼叫和工作频道（CH 17/CH 77）在C站通告参加护航的船舶。提前12 h发布护航编队号码（各船的护航呼号），并提出护航要求。因故不能加入或退出本次护航的船舶，应事先告知旗舰。

被批准加入编队的船舶及其船东应根据公布的中国海军护航编队联系方式，及早与海军取得联系，确保按时抵达集合点，参加伴随护航。

加入护航程序：抵达集合点前2～3 h，在VHF16频道或指定的相关频道上与护航舰建立联系，提供相关资料并获知该次护航编队信息（如编队号、加入船只数量、队形、相互间的联系、势态报告、紧急情况报告等），按护航舰队的要求驶至指定等候位置等待起航。军舰一般提前4 h左右播报起航时间、航速、航向。编队队形调整好后，军舰播报通常的护航速度、航向，并对队形适时监控。如某船偏离方队，军舰会让其调整航向和航速尽快并入队形。军舰会不时派出直升机对护航船舶周围水域进行巡查，并将巡查水域情况通报各船，收到通报后各船要依次答复确认。军舰要求各船按时进行势态报告，并不时提醒各船发现异常情况时应立即报告。护航结束后不在VHF上明语通告，也不用说感谢告别语，以免海盗窃听。军舰一般在护航结束时出动直升机对周围水域进行巡视，并以E-MAIL或在C站上通告各船，各船收到解散报后，同样以E-MAIL或在C站上给予确认，并向护航舰致以谢意。护航编队解散后，无论是东行还是西行，并不意味着海盗袭击危险已经过去，海盗往往会利用这个机会打时间差，在军舰的眼皮底下登船，控制船舶或控制船员作为人质，对船舶实施劫持。因此，船舶不能有丝毫的松懈麻痹，仍需保持高度警戒，安排足额的防海盗人员，严阵以待，进行全天候巡逻值守，直至东行船舶驶近印度西海岸，西行船舶进入红海驶过15°N以北，这时方可撤离防海盗班，恢复船上正常的航行和生活秩序。

二、外国海军护航

（一）亚丁湾主要的外国海军力量

据不完全统计，至2009年4月，亚丁湾海域共有外国海军军舰29艘，其主要情况如下：

多国海上联合部队（CMF – Combined Maritime Forces），由20多个国家海军兵力组成，美国海军第五舰队司令戈特尼中将兼任司令。

151特混舰队（CTF 151）于2009年1月29日正式开始执勤，指挥官为美国海军少将麦克奈特，该舰队执行反海盗专项任务，任务区涵盖亚丁湾、阿拉伯海、印度洋和红海。

欧盟海军（EU NAVFOR-ATALANTA）于2008年年底正式组建，参加国家为法国、德国、希腊、荷兰、西班牙、葡萄牙、瑞典、挪威等。此外，还有北约海军编队以及部分国家军舰。目前俄罗斯、印度、日本、巴基斯坦、马来西亚等国海军未参加任何联盟性组织，其护航方式与中国海军护航舰队类似，主要为伴随护航。2009 年 2 月 1 日，联军与欧盟海军和英国海上贸易中心（UKMTO）合作修改了亚丁湾海上走廊推荐路线，公布了结队通过亚丁湾的方式方法（详细信息可登录 www.mschoa.org 查阅），他们建议各国商船按推荐航线和时间结队通过亚丁湾水域。联军主要护航方式为区域巡逻，过往船舶结队通过海上走廊，发现情况立即向相关报警中心报告或与军舰联系，联军收到报警信息后再进行处置。

（二）参加外国海军编队程序

参加印度护航编队可以不提前申请．只要按时到达集合点或赶上编队随时可参加。但他们护航编队日程表不公布，一般通过过往船舶或其他国家护航舰船获得其护航班期和联系方式，由公司安排加入编队。以下是参加印度护航编队要求的船舶资料：

PLEASE FORWARD THE FOLLOWING DETAILS ABOUT YOUR SHIP:

NAME OF VESSEL/FLAG

MMSI NO. /IMO NO.

LAST PORT OF CALL

NEXT PORT OF CALL

TYPE OF CARGO

MIN. FREEBOARD

MIN. SPEED/MAX. SPEED

HELO LANDING SPOT WITH POSITION（直升机落点）

CREW COMPOSITION WITH NATIONALITY

MASTER NAME AND NATIONALITY

CONTACT NO. VOICE, E-MAIL, FAX:

ANTI-PIRACY MEASURES IN FORCE (PLEASE SEND IN DETAIL THE ANTI PIRACY MEASURES YOU HAVE UNDERTAKEN ONBOARD YOUR SHIP LIKE FOR EXAMPLE CLOSING ALL ENTRY/EXIT POINTS INTO THE SUPERSTRUCTURE OR 0PERATING WATER HOSES ALONG THE DECK ETC.)

申请其他国家（如日本海军、俄罗斯海军）的军舰护航，一般提前 2～3 天，通过 C 站 EGC 的形式公布每月份或近期护航日程表。JMSDF（日本海上自卫军）的护航申请，是由公司向日本政府下属运输旅游机构的海上防盗联系协调部提出，具体可登录：http://www.mlit.go.jp/maritime/faikoh/ pirate/hp_english.doc 并依照提示完成申请程序，申请成功后，护航舰队会提前2天以E-MAIL形式通过公司将本次护航的事项告知船舶，诸如参加护航船舶的编号（呼号）、军舰名及呼号、护航中使用的 VHF 频道、具体的集合点和时间、具体的抵达时间和抵达后的等候位置等，也可通过电话+81 3 52538932 或传真+81 3 52531643 查询申请情况。如公司申请未成功，船上将不会按时收到包含上述内容的护航军舰的确认报，这时船舶抵达前 2～3 h 可通过 VHF 向护航舰重新申请注册。军舰询问船舶和公司相关资料后，将给船舶这次护航的编号（呼号），但需要公司向日本政府补交一个本次护航的申请。

俄罗斯的护航申请办法是公司向 RMSS（Russian Maritime Security Service）提出，E-MAIL: ISPS@MSECURITY.RU、SMB@SECURITY.RU，传真+7 495 6941003，由 RMSS 汇总所有申请表转发给护航舰队，最终由护航舰队司令决定是否接纳船舶加入编队，但通常都能加入（只要能赶上编队）。

由于种种原因，商船在发生紧急情况时往往不能得到军舰的及时救助，因此结队航行船舶遭劫持事件也时有发生。对此我国多艘船舶也反映，航行途中常常看不到联军军舰，沟通联系不顺畅，发生紧急情况时，军舰或飞机往往是姗姗来迟。对此，美国军方认为，要想对亚丁湾海盗活动进行全面控制，至少需要 50 艘以上军舰，目前军舰数量远远达不到要求，因而无法全面遏制海盗袭击事件的发生。所以，各公司和船舶应该注意到，联军的区域巡逻并不意味着各段水域都有军舰保持在巡逻，发生紧急情况后军舰赶至事发海域需要一定的时间，有可能丧失救援良机，因此船舶不可盲目依赖联军军舰，应积极加入我海军护航编队，并主动采取防御措施，阻止海盗登船。海盗袭击的资料也表明，海盗袭击在 30～45 min 内不能登船时，一般会放弃。

三、参加护航编队的注意事项

船舶加入护航编队后，应注意的事项如下：

（1）加入护航编队并不解除船舶、船长应尽的职责，船舶应首先立足自保，并始终保持最高的警戒。军舰巡逻在一定程度上打击了索马里武装海盗的嚣张气焰，但是，要在面积约为 53 万平方公里的亚丁湾对每一艘过往的商船加以保护是不切实际的，海盗往往见缝插针，与多国军舰打游击战，就在众多军舰在亚丁湾巡逻的时候，仍不时传来商船被劫持的报道。目前，不同国家军舰开展的护航行动虽可将海盗劫船成功率从 1/3 下降到 1/4 左右，但仍给海盗留下了巨大的活动空间，因此，船员自防、自救、早防、严防显得尤为重要。

（2）加入护航编队后应严格听从护航军舰的指挥，并积极配合军舰的要求，不得擅自行动。护航过程中因特殊原因或突发事件必须脱离编队，应立即报告护航军舰，取得其同意，并根据周围环境，以安全的方式出列。军舰有严格的纪律和计划，通常情况下，本船不要提出特别的要求，以免影响整个编队或军舰的计划。

（3）确保船舶适航。尽管交通运输部、海事主管机关、船东一再强调过往索马里/亚丁湾海域的船舶要保持船舶所有机电设备、导助航仪器以及其他设备工作正常，但是仍有船舶在护航过程中出现机电故障，甚至不得不停车漂航，给自身及编队内其他船舶带来极大风险。我海军在索马里/亚丁湾海域的护航兵力有限，通常一个编队只能有一艘军舰护航，若被护航船舶在护航期间停航，将使军舰陷入分身乏术的困境。

（4）根据编队内船舶数量，编队一般分成单纵队或双纵队航行。海军要求纵队内船舶纵距通常为 0.6～0.8 n mile，双纵队时纵队间的横距为 0.5 n mile 左右。虽然这样的距离与海上航行习惯的安全距离有差别，在保证安全的前提下，所有编队内船舶应服从军舰的要求，并在此航段保持

好队形，以利编队的安全（见图 10-18）。

图 10-18 护航编队双纵队航行

（5）编队内所有船舶应运用所有有效手段保持正规瞭望，发现可疑情况及时向军舰报告，并通报编队内其他船舶。

（6）如有特战队员随船护卫，应注意船长仍是本船防卫的总指挥，同时应全力配合特战队员执行任务，介绍本船防卫特点和防卫安排，保持畅通的通信联络，并始终保持热情大方的态度。

（7）编队内有统一的通信频道，必须在该频道上始终保持有效守听和畅通的联络。

（8）船长、船公司在填报船舶和公司信息资料的时候，应确保资料准确完整。

第七节 典型案例分析

案例一："TWX"号船在船舶失去动力的情况下成功击退海盗

1. 成功击退海盗的战斗经过

"TWX"号船执行第 9 航次上海—乌克兰等国的任务，当船舶航行至船位 06°17′N/054°41′E 时，遇强风巨浪，在阿拉伯南部海域距索马里沿岸约 310 n mile 处，主机第一缸排气阀烧坏，随即停车漂航，更换缸头，至 8 月 16 日船钟时 1535 时，二副及防海盗班人员报告船尾有一艘类似渔船的可疑船舶，距离约 2 n mile，慢慢向本船靠近，船长马上到驾驶台，观察到该可疑船舶为白色船壳，没有船名，船长约 60 m，甲板上吊有卷起的渔网，甲板约有 30 人，并继续向本船正后以 6～7 kn 的速度靠近，船长多次用 VHF 警告其不要继续向本船靠近，其仍置若罔闻，继续向"TWX"号靠近，遂确认为是海盗船舶。船长立即拉响全船警报，全船人员迅速穿好防弹衣、戴好钢盔，手持各种自制武器整装在船尾集中，做好战斗准备。主甲板两侧共 8 条、船尾共 4 条水龙同时开启出水。1550 时，该可疑船舶释放一艘小艇。船长一边指挥抗击海盗行动，一边命令二副、三副发出相关警报，向各方请求援助；而"TWX"号船的声光爆炸弹已经做好发射准备，海盗母船船头距该船约 0.35 n mile 时，船长下令对准海盗母船驾驶台发射第一枚，以震慑海盗船，声光爆炸弹擦海盗母船驾驶台，在其驾驶台右侧爆炸，海盗母船立即向左掉头，同时，海盗母船在其驾驶台右侧向“TWX”号船发射枪榴弹一枚，该弹贴着“TWX”号驾驶台左侧飞过，击中驾驶台前左主甲板上的 No.2 号克令操作室右下方并爆炸，克令操作室右侧玻璃被震碎。海盗母船退至 0.5 n mile 处调整航向，船头重新对准“TWX”号船。其释放的小艇顶风顶浪向“TWX”号船右后冲锋并用快速自动武器向该船扫射。小艇上 5 人身着迷彩服清晰可见，1 人操舵，其余 4 人持枪分坐两边，“TWX”号船右后声光爆炸弹发射架对准小艇发射第二枚声光爆炸弹，在其旁边上方爆炸，小艇立即终止第一次冲锋，马上掉头向其 0.5 n mile 处的母船方向退却，在退却的过程中，母船和小艇同时枪炮齐鸣，掩护小艇撤退。约 5 min 后，母船、小艇均对“TWX”号艉甲板开枪扫射，同时，小艇对“TWX”号船右后发起第二次冲锋，“TWX”号船在小艇靠近本船约 400 m 时，再次向小艇发射第三枚声光爆炸弹，在小艇上方爆炸，小艇立即停止第二次冲锋，并又向其母船方向退却，此时“TWX”轮又对母船驾驶台发射第四枚声光爆炸弹，母船再次掉头退至 0.6 n mile 处游弋，保持不进不退，与“TWX”号船成对峙状态；双方对峙约 15 min 后，小艇又在枪扫炮击的掩护下改变攻击方向，向“TWX”号船左后发起第三次冲锋，“TWX”号船左后的声光爆炸弹发射架在小艇进至左后约 300 m 时对准小艇发射了第五枚声光爆炸弹，在小艇右上方约 20 m 爆炸，小艇又立即向其母船退却，双方又成对峙状态。约 20 min 后，母船收回小艇，但仍停留在“TWX”号船正后 0.6 n mile 处观望。约 15 min 后母船用高频喊话：“TWX, I go home, Good bye”，同时向“TWX”号船右后索马里方向驶离。至此甲板防海盗人员仍在艉甲板监视海盗船，机舱人员迅速到机舱抢时间更换缸头，“TWX”号船终于于船钟时间 1840 时恢复航行。

在历时 1 个多小时的对抗、挫败海盗袭击的过程中，没有造成人员伤亡。事后查明，4 次伴有沉闷炮声的扫射没有造成重要设备受损，只有一枚击中 No.2 号克令操作室右下方，操作室右方玻璃被震碎，该弹贯穿操作室 1 cm 厚的克令墙壁，击穿瞬间形成的高温、高压、高速金属碎片射流，成散射性圆形击中千斤滚筒，造成滚筒部分破损。据初步分析该枚命中弹弹道低伸，内外弹洞径 1.3 cm 左右，不像火箭弹，可能是具有极强穿甲能力的枪榴弹，而其他越驾驶台顶而过的、没有命中的炮弹，疑似迫击炮弹。

2. 成功击退海盗艇三次攻击的经验总结

（1）船公司及有关部门指导及时、得力。“TWX”号船在 8 月 5 日、8 日、10 日、11 日分别收到该公司各部门主管对该船防海盗的详尽的指示和指导，为船舶防海盗工作提供了技术和信息的支持；另外，当该船遭遇海盗袭击并向各方发出报警后，该公司立即迅速做出反应，公司领导、值班调度等均多次去电指导该船抗击海盗的工作，中国海上搜救中心、迪拜国际防海盗中心及联军军舰均来电给予该船必要的支持，以上这些都极大地增强了船员抗击海盗的信心和勇气，坚定了抗击海盗的必胜信念。

（2）保持高度警惕，准备工作做得早。在 8 月 9 日船舶就制定并下发每人一份比较周密的《“TWX”号船索马里/亚丁湾海域抗击武装海盗人员分组分工及一般程序》、《“TWX”号船索马

里/亚丁湾海域防海盗加强班工作方案》等，并认真逐项准备落实。13 日又开始停止日常维保工作，集全船之力做防海盗突击准备工作，在全船左右主甲板、生活区二层道门出口和船尾正后的两侧共 11 处用 10 cm×10 cm 方木垒制防弹掩体，并用收紧器悬挂固定在栏杆外侧；接好左右主甲板 8 条和船尾 4 条高压水龙；打制关公刀 4 把；用煤油、火油和棉纱制作燃烧投掷瓶 20 个，准备了足够数量的铁块、木块和空啤酒瓶，布置了迅速脱钩装置。13 日晚专门召开防海盗工作动员部署会，把全体人员的思想和注意力及时转移集中到防海盗工作上，并于 14、15 日两次认真组织有针对性的应急演练、演习，从中查找方案的薄弱环节和缺陷，进一步完善防海盗方案和各项措施，增强船员的接敌应变和御敌技能，提高全船整体协同防范的能力，同时，充分利用时间对船上机器做好必要的维护工作。事实证明这些都是必须和有效的。

（3）临危不惧，狭路相逢勇者胜的顽强战斗意志。为了保护国家财产的安全和人员安全，全船上下一心，众志成城，同舟共济，从坐镇驾驶台指挥的船长到甲板的每一个披甲持械的船员都抱着“人在船存，胜败在此一搏”的必胜信念，都深知在船舶没有动力的危急现状下，只有豁出去，一战求胜，否则绝难善了。全体船员没有一个惊慌失措、大呼小叫的，在海盗枪炮齐发时没有一个因惧怕而畏缩退却，也没有一个情绪动摇而影响其他船员的战斗意志的。

（4）策略得当。由于“TWX”号船在国内申领声光爆炸弹一箱 10 枚，检验性演习时试打 1 枚，余下 9 枚数量有限，只能一枚一枚地数着用。使用上就要考虑可能对峙时间会长些，既要节省声光爆炸弹，又能打出威慑力。在近距离短兵相接的情况下，他们采取的策略是先打母船驾驶台，震慑其意志，迫其退却，又兼顾声光爆炸弹数量和射程；敌动我打，敌近我打，敌静我静，节省声光爆炸弹和保存船员体力，同时小施疑兵之计，不使甲板人员随意走动和暴露。保持船上内部通信的畅通，除用于协调指挥作战的必要通信外，甲板 6 个战斗小组的 6 部高频对讲机始终保持静默收听船长指令状态，不给海盗母船收听我方信息、摸清我方虚实的机会；同时，及时向外发出警报，请求外援。

（5）注意自我防护，不做无谓的牺牲，没有人员伤亡。针对海盗母船两侧虽挂出碰垫，但惧怕风大浪高，不敢直取主甲板，志在攻夺艉甲板的企图，船舶锁闭死一楼道门、窗户，盖死一楼到二楼的楼梯盖板。抱定死守艉甲板把海盗拒于船舷以外的信念，在船长和现场的船舶保安员、大副的指挥下，全体人员服从指挥，灵活机动，全部集中在艉楼两侧和正后。所有船员，均按要求充分利用艉甲板上的缆车、缆桩、导缆滚筒等作为遮蔽物，只露出戴在头上的铿亮反光的钢盔。为保存体力，以期做可能较长时间的对抗，要求全体船员既不喊叫，也不发出其他声响，任其开枪射击，我自以静制动，以逸待劳，择准时机发射声光爆炸弹，打击其嚣张气焰，震慑海盗，并针对海盗小艇或母船抵近后可能的攀爬或跨进艉楼甲板的预设情况，做好向其投掷燃烧瓶等打击器材、摘钩及近身格斗的准备。

（6）恶劣海况也是成功抵御海盗的原因之一。当时的海况风大浪高，可能基于此原因，海盗母船始终未做向该船左、右机动的尝试，可能仍是此原因才能解释为什么海盗母船只释放一艘而不释放多艘小艇。可能还是因为此原因，造成母船、小艇剧烈颠簸，4 次伴有沉闷炮声的射击没有击中艉甲板人员和艉楼后墙壁。

3. 击退海盗后的几点反思

（1）船舶航行在远离陆地的大洋上，附近无及时的外援，在这种情况下，船舶只有立足于自救才有生存希望。

（2）船舶自卫武器在声光爆炸弹的基础上，还应有所发展和提高。在索马里/亚丁湾海区，武装海盗活动十分猖獗，短期内反武装海盗劫持的形势仍十分严峻，对航行在该海区的船舶要配备有更可靠的自卫和反击的武器。

案例二："LT"号船亚丁湾勇阻海盗登船

1. 遭遇海盗袭击的基本情况

2008 年 9 月 12 日船时 1805 时，船位 13°24′.2N/048°110′.7E，2 万多吨级多用途船"LT"号船航行于亚丁湾，突然发现有一只快艇以 25 kn 左右的速度从左前方与该船航向垂直方向高速开来，越过船头。该船在距小艇 3 n mile 外已将其锁定在雷达上，驾驶台立即启动消防泵，前后左右 11 条水龙出水，同时，拉响警报，广播通知全体船员于左舷甲板紧急集合。

船长采取左满舵转向欲甩开快艇，但快艇（艇内有海盗 8 人，2 人各手持 1 支冲锋枪、1 人开艇、另 2 人携带挂钩梯）速度太快，很快绕到"LT"号船左舷 No.3 舱附近，企图强行登船，船员即用水龙水枪喷射，海盗立即用枪向船员扫射，2 名海盗在向船员开枪射击的同时，其中的一名海盗协助另一名海盗将挂钩甩到船舷上挂住，船医第一个冲在前面取掉挂钩，其他船员分别用三角木、木条、啤酒瓶（船上分别在左右舷主甲板、艉甲板提前准备 300 多根三角木、木条，100 多个啤酒瓶）连续不断往海盗身上砸。

驾驶台船员对空发射火焰降落伞信号（"LT"号船有一部分过期火焰信号，三副拿出来防盗备用），以求援助，驾驶员用 VHF16、10 频道与联合舰队联系，寻求支援。海盗估计在高频电话里听到了，遂恼羞成怒，立即向驾驶台和船舷连开 6 枪，而后快速绕到左舷 No.4 舱，在开枪射击的同时又将钩挂住，其他船员用三角木、木条、啤酒瓶猛力往下砸的同时，船医又迅速将挂钩脱掉。海盗见难以登船，遂向 No.3、No.2 舱机动，边开枪、边挂钩；脱钩、挂钩、脱钩，又连续 3 次被船医生摘脱，船员们用三角木、木条、啤酒瓶猛力砸，致使 2 名海盗受伤。之后，海盗迅速转向船尾袭击，"LT"号船船员已在艉甲板严阵以待，海盗见该船船员士气旺盛、反击有力，又听到他们一直联系呼叫联军军舰，才被迫放弃劫船计划，驶离距该船 1.5 n mile 处守候。前后与海盗激战了约 25 min，"LT"轮全体船员冒着生命危险，面对海盗连发 10 多枪的巨大威胁，利用船舷作掩护连续不断地向海盗投掷三角木、木条、啤酒瓶，成功地阻止了海盗 5 次挂钩登船。1836 时，船位 13°24′.4N/048°25′.8E 又发现两条高速快艇从左边横穿船头（估计是同伙过来报复），并又开枪射击船头，船长左满舵转向避绕，两快艇距该船 2.5 n mile 处与之相持并驶，驾驶员又用 VHF16、10 频道向联军军舰紧急求援，船长绕向避让，1910 时，航行至 13°210′.6N/048°35′.3E 处，联军舰载直升机到达"LT"号船，在该船上空盘旋，并沿海面搜索，海盗艇才驶离远去。之后联军舰载直升机在该船上空盘旋两圈后，于 1930 时离开。"LT"号船在与海盗的阻击过程中无一人员伤亡，此后该船全体船员分两班继续实施防范，于 9 月 14 日 0325 时安全离开 57°E 驶入印度洋航行。

2. 防范措施

（1）全船生活区左右两侧的通道门保持畅通（其他的封闭），保证船员在紧急情况下能快速进出。

（2）在船左右舷主甲板、艉甲板沿边线备足大量用于打击海盗用的三角木、木条、啤酒瓶、铁制品等，做到海盗来时，随处可捡，捡起能打。

（3）在船左右舷主甲板各备妥 4 条水龙，艉甲板备妥 3 条水龙，3 台主消防泵处于随时可启用状态（阀门开好后由驾驶台控制），一有情况，驾驶台立即启动任一台主消防泵。

（4）进入海盗区域附近时，在确保正常航行的情况下，停止一切维保工作，全船齐上阵，除当值人员外，其余全部编入防海盗班，分两班防守，每班 6 h 进行轮换，分三组分别在左右舷甲板、艉甲板值守（晚间，轮班休息的船员在餐厅休息，遇有情况，立即行动，配合值班人员共同驱赶海盗），明确各小组负责人，配备对讲机并保持 24 h 畅通。值班期间，密切注视周围海域小船情况，发现情况，及时报告驾驶台。

（5）合理部署兵力。防海盗值班人员编班时，不分甲板部、轮机部，全船统一编班（组），根据船员的体力、年龄、能力素质进行编班（组），确保海盗如果从各方同时攻击或转移方向袭击时，各方都具有打击能力。

（6）在重点时段、重点部位上实施重点防范。根据海盗活动的规律看，多数在下午 1700～2000 时和早晨 0500～0800 时（海盗认为这期间是船舶防范最薄弱的时候，如船员吃饭时容易出现防范的空当）这一时段对船舶实施袭击，主要袭击船舶的薄弱部位（左右舷 No.2～4 舱部位，因这些部位干舷较低，是海盗最易登船的部位）。在个这时间段上，全船出动组织防范，在船舶左右舷 No.2～4 舱部位，重点部署，重点防范。

（7）驾驶台值班人员要加强瞭望，保持雷达观测、经常改变雷达量程，密切注意周围小船的动态，及时锁定目标，加强与防海盗值班人员的通信联络，及时将发现的情况通报给防海盗值班小组长；情况紧急时，立即拉响警报（拉响汽笛或利用广播）通知全体人员到应急地点集合，全船共同驱赶海盗。

（8）报务员提前存储与国际反海盗中心和公司进行联系的应急电话号码，发生险情时，根据船长的指令立即报警，启动 SSAS、EPIRB 报警；驾驶员及时用 VHF16、10 频道向联军军舰求援。

（9）船长应 24 h 在驾驶台指挥，无异常情况也要在驾驶台休息。出现险情时，及时指挥水手操舵和给船舶保安员指挥信号，船舶保安员根据船长的指挥信号及时调兵遣将，以最快速度、最大力量、最短时间阻击海盗登船。轮机长及时下到机舱，根据主机的负荷（因大舵角转向避让海盗小艇的需要）随时调整主机的转速，确保主机在安全运转的前提下开到最大的转速。

（10）全体船员随时处于临战状态，做到一声令下，不论何时、何地、穿何种服装，迅速到应急地点集合，突出一个“快”字。

3. 体会

（1）船员的心态是制约和影响事态发展的关键。面对持枪和凶狠的海盗是坐以待毙，还是采取措施积极面对，是两种截然不同的结果。船员的命运更多取决于船员应对事态的认识态度。

（2）船员有无克服困难的信心和勇气，来源于船员之间是否齐心合力。

（3）全体船员齐心协力是阻止海盗登船的动力基础，指挥果断、有力，船员敢打、善拼是阻止海盗登船的根本保证。

（4）必须调动一切积极因素、采取一切可能办法阻止海盗登船，决不能有等、靠思想。同时，一旦发现有海盗小艇袭击本船时，除了及时采取各种自卫防范措施外，还应及时呼叫联合海军护航军舰请求援助，因为联军不一定就在附近，即使直升机过来也需一定的时间，如果在这段时间内自卫失败使海盗登了船，等于控制了船舶，就是有援兵来救，可能也是徒劳的。

（5）保证“四机一炉”的正常运转也是确保胜利的关键，在此之前一定要认真仔细地保养好主机，保证主机处在正常状态，以便关键时刻能及时加速摆脱险境。

案例三：“振华4”号船亚丁湾成功勇斗海盗及其启示

“振华4”号船是6万吨级特大件运输船，是振华港机公司专门运送港机（港口起重机等大型港口设备）的半潜驳船（见图10-19），半潜驳船一般用于运送海上钻井平台之类，不过也可运送港机，因为其干舷低，方便装卸。船舷离海面的高度只有4.5 m，这样的高度，对善于攀爬上船的海盗来说，十分容易登船。但是后段的船桥驾驶台到主甲板有6 m以上的高差，为船员防御海盗提供了一个坚固的堡垒。

图10-19 “振华4”号船

2008年12月17日当地时间0800时，亚丁湾。从苏丹港启程回国的“振华4”号船船长彭维源举起望远镜对四周海域进行瞭望。发现在前方5～6 n mile处有2艘白色小艇正在驶来，十分可疑。这引起了船长的警惕：会不会是海盗？望远镜里，2艘小艇正直扑而来，果然是不速之客！

在距离“振华4”号船大约4 n mile处，彭维源果断拉响了全船警报，同时，彭维源立即向其

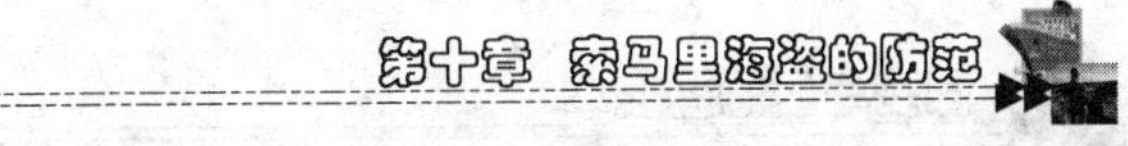

公司总部、联军护航编队和马来西亚反海盗中心等有关机构发出遇险报告。

紧急启动应急预案

全船警报响起后，船上的 30 名船员立即按照防海盗应急预案，紧急行动起来：封闭全船舱门，尤其是驾驶台下的生活舱的舱门，从里面反锁；用气割割断了从甲板前往驾驶台的铁梯。

这是因为，“振华 4”号船船舷的高度只有 12.3 m，卸载后必须压载航行，船舷离海面的高度只有 4.5 m。这样的高度，对善于攀爬上船的海盗来说十分容易，因此“振华 4”号船的防海盗预案是：割断从主甲板到驾驶台的两架铁梯，利用主甲板到驾驶台下生活舱有 6 m 高的落差，建立起一道防线。船员们搬出空的啤酒瓶，往里面灌上易燃的“油漆水”，再用棉纱浸上柴油做导火索，准备了 200 多只“土燃烧瓶”（见图 10-20）。船员们拉出了消防用的高压水枪，还有的握起铁棒，准备迎战袭来的海盗。

海盗的小艇越来越近了，歹徒们挥舞着手中的冲锋枪、机枪和火箭筒，气焰十分嚣张；而“振华 4”号船全船没有一枪一弹，危急时刻，船长彭维源响亮地吼了一嗓子：“狭路相逢，勇者胜！”。已经当了 25 年船长、经历过五大洲四大洋风浪的他，一边向远方的振华公司总部报告，一边鼓舞员工士气，带头操起了家伙。0843 时，海盗登上了船。2 艘小艇上总共有 9 名海盗，除各留下一名海盗守船外，其余 7 名歹徒爬上了“振华 4”号船（见图 10-21）。他们冲过 138 m 长的甲板，冲到驾驶台下，发现铁梯已经被割除，3 名歹徒只能用爬船时自带的轻便型铝合金梯攀爬上来。但驾驶台底层的生活舱门早已反锁，而且是厚厚的水密门，歹徒怎么也撞不开。恼羞成怒的歹徒，只能用冲锋枪对准锁孔乱射，虽然子弹横飞，但反锁的水密门性能良好，岿然不动。就在歹徒进攻受挫的时候，船员们的反击开始了。驾驶台里 8 支高压水枪从舷窗里有力地射出去，形成交叉火力，射得歹徒站立不稳。一只只“土燃烧瓶”从天而降，虽然没有强大的杀伤力，但足以吓阻歹徒的进攻。歹徒开枪时，子弹乱飞。船长一面提醒船员注意隐蔽，一边扔出一个个“土燃烧瓶”，不料，子弹打在船体上，飞溅起的漆皮溅进了眼睛。

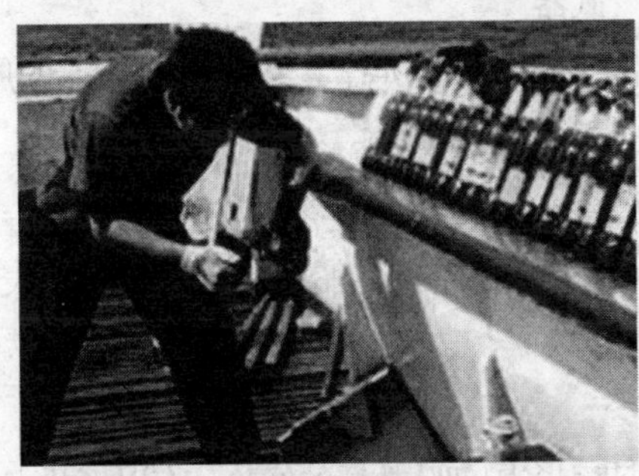

图 10-20　船员自制“燃烧弹”

图 10-21　荷枪实弹的海盗爬上甲板

北京时间 1345 时（亚丁湾时间 0945 时），中国海上搜救中心接到该船的报警，我国交通运输部的领导高度重视，按照张德江副总理的批示要求，立即启动了应急预案。交通运输部领导召开会议研究部署解救工作，翁孟勇副部长亲自坐镇指挥，要求在确保船员安全的情况下，尽量拖延时间争取外援；要求与国际海事局联系，请求协调多国部队的船舶和飞机去救援，并成立一个临时工作组，落实相关工作。

中国海上搜救中心立即和马来西亚防海盗中心联系，请他们协调多国部队来解救船员。交通运输部公安局与“振华 4”号船进行联系，指导他们与海盗周旋，拖延时间。交通部运输海事局与国际海事组织联系请求协调多国部队支援。此外，交通运输部国际合作司也联系我国外交部，通过外交渠道寻求其他国家支持。

经过协调，当地时间 1115 时，马来西亚一架武装直升机赶到现场，对海盗实施了一轮攻击。狡猾的海盗立即将一艘小艇挂在“振华 4”号船舷边，让直升机投鼠忌器，无法对小艇射击。两名原来守船的海盗也逃上了“振华 4”号船，另一艘小艇还来不及挂舷就被直升机击沉了。直升机因为油料有限，滞空作战时间有限，不一会儿就返回基地加油了。

直升机虽然飞走了，但“振华 4”号船上的攻防战进入了“相持阶段”。

困在主甲板的两个歹徒，突然做着手势、喊着向驾驶台上的船员提出了一个意想不到的请求：“给两双鞋子吧！”

原来，主甲板上满是“土燃烧瓶”爆炸后的碎玻璃，光脚的歹徒别说进攻了，就连逃命也无法迈步。海盗劫船，通常只是为了抢劫钱财或劫持人质勒索赎金，因此船员们在抵御海盗的侵袭时，既要坚决抵抗，又要尽可能不杀死海盗，以防对方丧心病狂，报复杀人。

这不仅是勇气的较量，更是智慧的较量。

于是两双鞋子扔了过去：“穿上滚吧！”

所有的歹徒都退回了船头。

相持中，马来西亚反海盗中心告知：马来西亚的军舰和两架武装直升机正在赶来。

马来西亚军舰正在也门沿岸，离“振华 4”号船还有 40～50 n mile，两船必须相对而行，尽快会合。可惜军舰的航速只有 12 kn，“振华 4”号船的航速只有 10.4 kn。

船长在马来西亚反海盗中心指挥下不断调整航向：“转向 010”、“转向 000”。

船员们将 15 箱没有喝过的听啤酒也当做自卫的“武器”。

1245 时，觉得苗头不对的 9 名海盗灰溜溜地下船，乘上小艇逃走了。至此，经过 4 h 的周旋，登船海盗被逼离“振华 4”号船，船上 30 名中国籍船员成功脱险。

1400 时，“振华 4”号船与接应的马来西亚军舰会合，30 名船员无一伤亡。

北京时间 2100 时，振华港机决定奖励“振华 4”号船英勇的 30 名船员 30 万美元，以表彰他们捍卫了中国海员的尊严。

几点启示

从“振华 4”号船成功阻击海盗攻击、拖延时间获得多国部队救援的经验，有以下几点值得我们学习：

（1）事先制定完善的防海盗应急预案并经常演练。从事后的调查得出，“振华 4”号船在船上已经有一套过亚丁湾、索马里海域的应急预案，包括人员分工和职责，海盗从被发现到登船等不同阶段的应对措施。从他们熟练地投掷燃烧瓶、割断梯子等动作看，他们肯定是事先操练了一遍又一遍。

（2）船长指挥得当，全体船员齐心协力、机智勇敢。没有船长的沉着果敢，指挥得当，没有

全体船员的齐心协力和熟练操作，该船可能是乌克兰军火船第二（此前有一艘乌克兰军火船被索马里海盗劫去）。而该船制作的燃烧瓶、水龙和啤酒瓶也没白费工夫。

（3）因地制宜，精心布置退路。他们利用后段的驾驶台到主甲板有 6 m 以上的高度差，当发现海盗后，封闭全船舱门，尤其是驾驶台下的生活舱的舱门，从里面反锁；用气割割断了从甲板前往驾驶台的铁梯。所以，如何根据船舶各自的结构特点，在海盗上船后选择安全坚守阵地、且能保持通信，是我们必须面对的问题。

（4）通信畅通、报告及时。该船在海盗登船时及时报告其公司并通过公司报告了中国海上搜救中心总值班室，从而通过国家层面联系各方力量支援。

（5）公司岸基部门反应及时，求援有方。该公司接到船上的遇险信息后立即上报中国海上搜救中心，在国务院、交通部领导的关心和指挥下，及时联络到了救援力量。

虽然逼退海盗的决定性力量是多国部队的军舰和飞机，但“振华 4”号船英勇机智的表现为他们自己争取到了宝贵的救援时间，实在是值得我们学习。难怪国际海事局设在马来西亚首都吉隆坡的海盗活动报告中心官员说：“因为中国船员们的反应，救援的军事直升机得以赶到，并试图击退海盗。海盗们最终被击退离开了轮船甲板。这是海盗虽然已经成功登船、却未能劫持船只的少有例子。”

附　录

附录一　防海盗联络对象及方式方法

发生海盗袭击时，船舶可联系以下单位或组织：

● 在 VHF16 上通知附近船舶或沿岸当局，在亚丁湾，可用该频道联系联军军舰。

● 与公司联系可根据该公司的安全管理体系规定进行。

● 也可立即联络中国海上搜救中心，该中心被确定为我国反海盗和武装劫船国家联络点，其联系方式为：

电话：86-10-65292218，65292219，65292221

传真：86-10-65292245

电传：85-222258

电子邮件：cnmrcc@msa.gov.cn

联系人：翟久刚

● 可考虑联系以下单位：

US Navy Maritime Liaison Office, Bahrain (MARLO)

美国海岸警卫队海事联络处（MARLO）（位于巴林，将会传递信息）

联系人：TOM HASTINGS 船长；

电话：+973 17853927/973 17853925，手机：+973 39442117

电邮：MARLO.BAHRAIN@ME.NAVY.MIL

UK Royal Navy's Maritime Trade Organisation (UKMTO)

英国皇家海军海上贸易组织（UKMTO）（将会转给海军部门）

电话：+971 50 552 3215 或+971 50 552 6007

传真：+971 4 306 5710

电传：(51) 210473

电子邮件：ukmtodubai@eim.ae

Maritime Security Centre - Horn of Africa (MSCHOA)

欧盟海上安全中心——非洲之角（MSCHOA）（具备资源，将会传递信息）

通过网站：www.mschoa.org

电子邮件：postmaster@mschoa.org

电话：+44 (0) 1923 958545

传真：+44 (0) 1923 958520

IMB Piracy Reporting Centre（将会传递信息）

IMB 海盗举报中心（位于吉隆坡）

电话：+60 3 2078 5763，传真：+60 3 2078 5769

电子邮件：imbkl@icc-ccs.org

电传： MA34199 IMBPCI

ReCAAP Information Sharing Centre, Singapore

亚洲反海盗及持械抢劫船只区域合作协定（ReCAAP）

电话：+65 6376 3091，传真：6376 3066

- 一旦遭遇海盗袭击，可立即启动 SSAS。

附录二　保安巡逻路线图

Route Map of Security Patrols

UPPER DECK

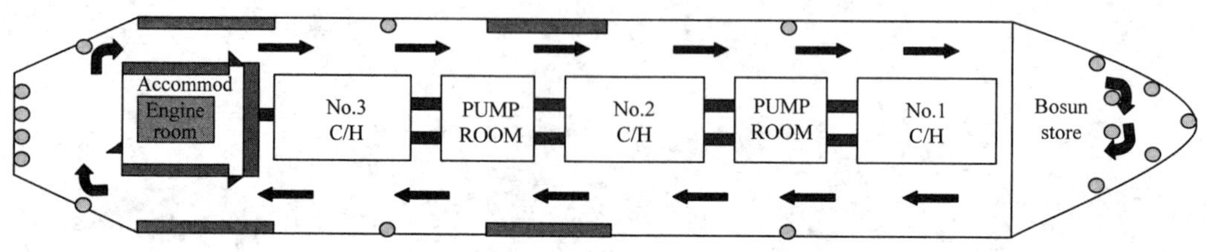

CAPTAIN DECK /BOAT DECK N. V. DECK

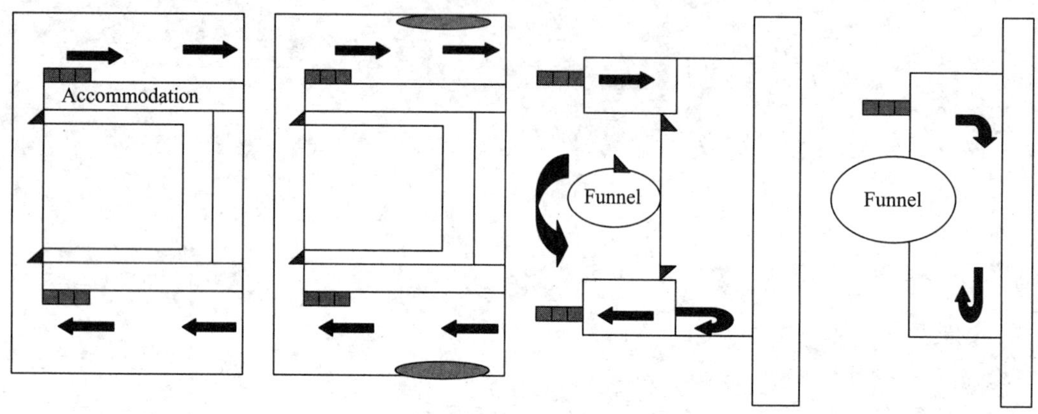

参考文献

[1] 郑和平. 船员防海盗培训教材. 北京: 人民交通出版社, 2010.

[2] 交通运输部国际合作司. 国际海事公约研究与动态. 大连: 大连海事大学, 2008.

[3] 交通运输部. 港口设施保安评估导则（JT/T779-2010）. 北京: 人民交通出版社, 2010.

[4] 交通运输部. 港口设施保安计划制订导则（JT/T780-2010）. 北京: 人民交通出版社, 2010.

[5] 国际海事组织. 国际海运危险货物规则（IMDG CODE）34-08 版. 北京: 中华人民共和国海事局, 2009.

[6] 黄娜. IMO 在吉布提召开高层会议通过关于打击海盗及海上武装抢劫行为守则. 中国海事, 2009(3).

[7] 郭正云. 船舶防海盗反劫持新措施探讨. 中国航海, 2011(3).

[8] 张在元. 索马里、亚丁湾水域防抗海盗及护航编队实操程序. 科技向导, 2010(2).

[9] 王刚. 对中国商船预防和应对索马里海盗的相关思考. 世界海运, 2010(3).

[10] 翟久刚. 浅析索马里海盗现状和船舶加强防范的措施. 中国海事, 2009(4).

[11] 傅爱国. 远洋船舶防海盗实务. 世界海运, 2010(8).

[12] 李凤宁. 当前海盗犯罪的特点、成因及对策研究. 经济与社会发展, 2007(3).

[13] 王国正. 预防海盗及防止船员人身伤亡. 世界海运, 2005(6).

[14] 梅雄. 浅析海盗的特点几期预防对策. 中国水运, 2006(4).